WOLFGANG SCHLICHT
WERNER LANG

ÜBER FUSSBALL
Ein Lesebuch
zur wichtigsten Nebensache der Welt

HERAUSGEBER:
WOLFGANG SCHLICHT
WERNER LANG

HERMANN BAUSINGER

CHRISTIANE EISENBERG

MICHAEL KRÜGER

ÜBER FUSSBALL

**Ein LESEBUCH
zur wichtigsten Nebensache der WELT**

WERNER LANG

KLAUS PRANGE

MARTIN SCHIMKE

WOLFGANG SCHLICHT

JÜRGEN SCHRÖDER

BERND STRAUSS

JÜRGEN WERTHEIMER

HOFMANN VERLAG

HANS-ULRICH VOGEL

Die Deutsche Bibliothek – CIP Einheitsaufnahme

Über Fußball : ein Lesebuch zur wichtigsten Nebensache der Welt /
Hrsg.: Wolfgang Schlicht ; Werner Lang. Hermann Bausinger .... –
Schorndorf, Germany : Hofmann, 2000
  3-7780-7250-1

Bestellnummer 7250

Das Werk ist urheberrechtlich geschützt. Alle Rechte, insbesondere
das Recht des Nachdruckes, der Wiedergabe in jeder Form und der
Übersetzung in andere Sprachen, behalten sich Urheber und Verlag vor.
Kein Teil des Werkes darf in irgendeiner Form ohne schriftliche Ge-
nehmigung des Verlages reproduziert werden. Das gilt insbesondere für
Vervielfältigungen, Übersetzungen, Mikroverfilmungen und die Ein-
speicherung, Nutzung und Verwertung in elektronischen Systemen.

© 2000 by Verlag Karl Hofmann GmbH & Co.,
Steinwasenstraße 6-8, 73614 Schorndorf, Germany

Titelfoto: Richard Schrade
Abbildungen im Text: Von den Verfassern

Gesamtherstellung in der Hausdruckerei des Hofmann-Verlags
Printed in Germany. ISBN 3-7780-7250-1

Inhaltsverzeichnis

Hans Ulrich Vogel
Homo ludens sinensis: Fußball im alten China 7

Hermann Bausinger
Kleine Feste im Alltag:
Zur Bedeutung des Fußballs 42

Christiane Eisenberg
Von England in die Welt:
Entstehung und Verbreitung des modernen Fußballs . 59

Michael Krüger
Fußball im Zivilisationsprozeß 85

Klaus Prange
Fangen, werfen, treten:
Über den Ball in der Erziehung 106

Werner Lang
Von der Politisierung des Sports zur Versportlichung
der Politik: Der Fall Berlusconi 126

Jürgen Wertheimer
„Sechzig" – Oder Fußball und Masochismus 152

Bernd Strauss
Wer gab Philipp Ozersky
für eine Lederkugel 2,7 Millionen Dollar? 163

MARTIN SCHIMKE
Transferrecht, Medienrecht, Spielervermittlung:
Zur Vorreiterrolle des Fußballs im Sportrecht 186

WOLFGAND SCHLICHT
Sieger, Helden und Idole 210

JÜRGEN SCHRÖDER
Die Lust der Intellektuellen am Fußball 224

Hans Ulrich Vogel

Homo ludens sinensis: Fußball im alten China (1)

Spiel und Sport sind zwei Aktivitäten, die sich nur graduell voneinander trennen lassen. Unter „Spiel" versteht man gemäß der berühmten Definition von HUIZINGA „eine freiwillige Handlung oder Beschäftigung, die innerhalb gewisser festgelegter Grenzen von Zeit und Raum nach freiwillig angenommenen, aber unbedingt bindenden Regeln verrichtet wird, ihr Ziel in sich selber hat und begleitet wird von einem Gefühl der Spannung und Freude und einem Bewußtsein des ‚Andersseins' als das ‚gewöhnliche Leben'." (2)

Sport wird oft als eine Unterkategorie von Spiel begriffen, denn grundsätzlich kann jedes Spiel durch Einführung einer meßbaren Leistungskomponente zum Sport werden. (3) Eine etwas enger greifende Definition schließt neben dem Leistungsvergleich im Wettkampf das Streben nach zunächst vorwiegend physischer Leistung mit ein. (4) Sowohl bei Spiel als auch Sport handelt es sich um universale menschliche Aktivitäten, weswegen in beiden Fällen von einem Antrieb im Triebleben des Menschen ausgegangen wird. (5)

Fragestellungen

Welche Bedeutung haben Untersuchungen über die Geschichte des Spiels und Sports im alten China? Auf elementarer Ebene geht es darum, eine Lücke unseres Kenntnisstandes der chinesischen Kulturgeschichte zumindest teilweise zu schließen. (6) Daß Spiel und Sport eng an Kultur geknüpft sind, ist unbestreitbar. Gerungen wird nur über die Art der Verbindung. So wird von zahlreichen Ethnologen und Sportwissenschaftlern die Meinung vertreten, daß jedes Spiel und daher auch Sport seinen Ursprung ausschließlich im Kultischen habe. Dieser Auffassungen steht die Behauptung von HUIZINGA gegenüber, nämlich, daß das Wesen des Spiels unableitbar sei und die Grundlage für jede menschliche Kultur bilde. Kultur beginne *in* der Form von Spiel. (7)

Einige Forscher gehen davon aus, daß das *gehäufte* Vorkommen von Spiel- und Sporttypen sich mit den damit jeweils korrelierenden Gesellschaftsformen in Verbindung bringen lasse. Es werden mit zunehmender Kulturhöhe eine steigende Interaktionskomplexität und mit steigendem Kulturniveau zunehmend komplexere Organisationsformen des Sports festgestellt. (8)

Ebenso von Bedeutung sind Aspekte sozialer Art. So kann es vorkommen, daß in bestimmten Gesellschaften bestimmte Sportarten entweder nur von Frauen oder nur von Männern betrieben werden. Neben diesen geschlechtsspezifischen Formen gibt es aber auch solche mit gemischter Teilnahme. Interessant ist auch die Frage der Exklusivität und Parteienbildung beim Sport, und zwar in der Art, daß beispielsweise gewisse Sportarten in bestimmten Gesellschaften nur von der Aristokratie ausgeübt wurden. (9)

Weiterhin sind die Fragestellungen der Sportsoziologie zu nennen. Norbert ELIAS ist der Meinung, daß der Sport des 19. und 20. Jahrhunderts durch eine weitgehende Kontrolle der Gewalt gekennzeichnet sei und dies Ausdruck des Prozesses der Zivilisierung sei. Industrialisierung und Entstehung des modernen Sportes werden als interdependente Teilentwicklungen einer umfassenden Veränderung der Staatsgesellschaften der Neuzeit aufgefaßt. (10)

Zu erwähnen ist schließlich, daß der unterschiedliche Forschungsstand über die Geschichte des Spiels und Sports innerhalb einzelner kulturwissenschaftlicher Fächer zu problematischen Schlußfolgerungen über Rang und Bedeutung des Spiels und Sports im Leben der unterschiedlichen Völker führen kann. Es wird immer wieder betont, daß das agonale Prinzip nicht nur eine, sondern *die* Wurzel der griechischen Kultur schlechthin gewesen sei und daß dieses Phänomen sie von allen ihren Nachbarn unterschieden habe. Während es gerechtfertigt ist, die überragenden Bedeutung des Konfrontationsstiles und Zweikampfes innerhalb vieler Bereiche der griechischen Kultur hervorzuheben, (11) wäre es ein Irrtum anzunehmen, daß sportliches Treiben im Alltag der Völker der frühen Hochkulturen außerhalb des Griechentums nur eine geringe Rolle gespielt habe oder ihnen überhaupt fremd geblieben sei. Zumindest in dieser Hinsicht sind Vorstellungen von einem unsportlichen orientalischen Menschentypus verfehlt. (12)

Quellen

Als ich vor einigen Jahren auf einer Buchliste auf eine Sammlung von Materialien zur Geschichte des chinesischen Fußballs stieß, ahnte ich noch nichts von der Faszination der dort gesammelten Nachrichten. (13) Die Materialien umfassen nicht nur verstreute Hinweise in chinesischen Quellen des 3. vorchristlichen bis 18. nachchristlichen Jahrhunderts, sondern auch spezielle, teilweise illustrierte Fußballanleitungen (*pu*, *tupu*, *gui*) vom 13. bis 16. Jahrhundert. Insbesondere diese Fußballanleitungen informieren uns über gesellschafts-, wirtschafts-, mentalitäts- und religionsgeschichtliche Aspekte sportlicher Betätigungen aus der Perspektive traditioneller chinesischer Fußballgesellschaften. Gleichzeitig erlauben uns Texte anderer Herkunft Korrekturen an der Selbstdarstellung und -wahrnehmung der Mitglieder dieser Fußballgesellschaften.

Die Faszination der Beschäftigung insbesondere mit den Fußballanleitungen liegt auch in den sprachlichen Herausforderungen der Texte. Einige der damit verbundenen Probleme bei der Interpretation der zahlreichen fachsprachlichen und jargonmäßigen Ausdrücke seien hier kurz geschildert. Die Fußballanleitungen geben dezidiert Auskunft über die unterschiedlichen Kickarten, Kickfiguren und

Kickstile. Beispielsweise werden all die Teile des Körpers genannt, mit denen der Ball gekickt werden soll. Während solche Ausdrücke wie *xi* (Knie), *jian* (Schulter) und *deng* (Hacke) nachvollziehbar sind, helfen uns bei Ausdrücken wie *lian, guai, da, nie, banlou*, usw. weder die üblichen Lexika noch das relativ detaillierte Song-zeitliche gerichtsmedizinische Handbuch des Song Ci weiter. (14)

Die Probleme lassen sich größtenteils nur textintern lösen. Nehmen wir das Beispiel *lian*. Im Handbuch des Song Ci finden wir zwar mit *lianren*, Unterschenkel, (15) einen Hinweis; er erweist sich aber als zu unspezifisch. Glücklicherweise gibt es jedoch einen Eintrag im *Cuju pu* (Fußballanleitung), der nahelegt, daß die Fußbeuge gemeint ist, nämlich der Ort zwischen Fuß und Schienbein (CJP, S. 39). (16) Die Vermutung, daß es sich bei *da* um einen Fußspitzenkick, bei *guai* um einen Fußknöchelkick und bei *lian* um einen Fußbeugenkick handelt, wird durch folgende Gedichtzeile erhärtet (CJP, S. 9): „...*guai, da* und *lian* liegen sehr nahe beieinander."

Zwei weitere, vorerst rätselhafte Ausdrücke sind *pie* (werfen, fortwerfen) und *du* (giftig, brutal, grausam). Der folgende Merkreim trug viel zur Klärung bei (CJP, S. 35): „Wenn [die Spieler] weit entfernt sind, dann darf man nicht sanft [kicken], wenn nahe [beieinander], dann nicht hart."

Neben fachsprachlichen Ausdrücken kann auch der Jargon, der von den Fußballspielern benutzt wurde, für Verwirrung sorgen. Beispielsweise verwendeten sie für „essen" nicht *chi shi*, sondern sagten *tian qi*, „Luft hinzufügen" (CJP, S. 36), das Schenken von Geld an die Lehrer bezeichneten sie als *chu han*, „schwitzen" (CJP, S. 5), und zur Hand sagten sie „Tigertatze" (*huzhang*) (CJP, S. 36). Allein für die Bezeichnung des Balles sind mindestens vierzig Ausdrücke bekannt, die metaphorische und symbolträchtige Namen tragen wie „Mond auf der Wolkenbank", „sechs Barren Silber", „zwölf Monde", „großer Friede unter dem Himmel", „Schildkrötenrücken", usw. (CJP, S. 17; CJTP, S. 57). Ganz am Rande sei erwähnt, daß neben den Problemen der Fachsprache und des Jargons zahlreiche Falschschreibungen und Auslassungen von Zeichen das Verständnis der Texte zusätzlich erschweren.

Ursprung des Fußballs in China?

In Publikationen chinesischer Sporthistoriker stoßen wir immer wieder auf die Behauptung, daß Fußball (mit anderen Worten: moderner Fußball) seinen Ursprung in China habe. Sowohl die Überlieferung als auch schriftliche Aufzeichnungen würden dies belegen. Ist also China, wie beispielsweise bei vielen technischen Errungenschaften, auch Geburtsort des Fußballs? Dieser Anspruch kann kaum aufrecht erhalten werden. Da das Spiel mit dem Ball, unter Zuhilfenahme von Fuß, Hand, anderen Körperteilen oder unter Einbeziehung eines Gegenstandes, eine universale kulturelle Erscheinung ist, die nicht immer unbedingt schriftlich festgehalten wurde, kann die erste schriftliche Erwähnung eines Ballspiels unter Zuhilfenahme der Füße kaum als Indiz für den tatsächlichen Ursprung gewertet werden. Ein noch gewichtigeres Gegenargument ist die Tatsache, daß sich der traditionelle chinesische Fußball erheblich vom heutigen modernen Fußball unterscheidet. Die Unterschiede finden sich in den Bereichen der technischen Fertigkeiten, Eigenheiten des Bewegungsablaufes und Körpereinsatzes, Bedeutung, Verbreitung und Universalisierung des Regelwerkes, des sozialen Ursprungs und Milieus, gesellschaftlicher und politischer Funktionen und religiöser Dimensionen.

Spielformen des traditionellen chinesischen Fußballs

Die Unterschiede zum heutigen Fußball werden sofort deutlich, wenn wir die Spielformen des Tang- (618–907) bis Ming-zeitlichen (1368–1644) Fußballs betrachten. *Grundsätzlich ging es darum, dafür zu sorgen, daß der Ball in der Luft gehalten wurde.* Der Ball durfte mit vielen Teilen des Körpers wie Fuß, Bein, Schultern, Rücken oder Kopf gekickt werden, wobei jedoch eine Vielzahl von Regeln über die Abfolge und Zulassung von bestimmten Kickarten und -figuren existierte. Viele dieser Kickarten und -figuren waren sehr kunstvoll und artistisch und die Bewegungen der Spieler sollten elegant und kontrolliert sein. Zudem evozierten sie bestimmte, teilweise erotische Bilder wie „der schwarze Drache wackelt mit dem Schwanz" oder „der zinnoberrote Phönix wiegt den Kopf" (QYSG, S. 63).

Beim chinesischen Fußball der Tang- bis Ming-Zeit, d.h. vom 7. bis 17. Jahrhundert, lassen sich vier Hauptformen unterscheiden, nämlich Ein-Personen-Spiele, Mehr-Personen-Spiele, Balltorspiele und sogenannte *baida*-Spiele. Ein kurzer Überblick muß hier genügen.

1. Ein-Personen-Spiele

Am besten wird dieses Spiel vom *Cuju tupu* (Illustrierte Fußballanleitung) illustriert (Abb. 1) und erläutert. Der Text des *Cuju tupu* (S. 56) dazu lautet:

„Mit geradem Körper aufrecht stehend; ein gekrümmter Rücken ist nicht erlaubt. Entweder führt man den dreiteiligen Zyklus, den kompletten Zyklus oder den lebhaften Zyklus auf. Mit dem ganzen Körper wird der Ball gespielt, kreisend und gewandt. Es gibt keine Ausführung, die

Abb. 1: Ein Kommandant (xiaowei) bei einem Ein-Personen-Spiel in einer Ming-zeitlichen (1368–1644) Darstellung
Quelle: CJTP, S. 56.

nicht ginge. Selbst bei den Könnern unter den Kommandanten (*xiaowei*) (17) gibt es unter tausend nur einen [der dies beherrscht]."

Gemäß dem *Cuju tupu* (S. 58) bestand ein dreiteiliger Zyklus aus einem ersten Teil mit achtzehn, einem zweiten Teil mit sieben und einem dritten Teil mit einunddreißig Kickfiguren. Beispiele einzelner Kickfiguren sind: Fußrückenstop (*jiaomianzhu*), Drehzapfen (*zhuanguan*), unechter Ristkick (*xunian*), Seitenristkick (*cenian*), echter Fußspitzenristkick (*jiaotou shinian*), aufrechter Reiter (*zhengji*), Kreuzreiter (*jianji*), Seitenreiter (*ceji*), „Phönix hält die Perle im Schnabel" (*feng xian zhu*), „die Gans mästen" (*e cha shi*), „drei Knüppelschläge" (*sanbangqiao*), „Unsterblicher geht über die Brücke" (*xianren guo qiao*) usw.

2. Mehr-Personen-Spiele

Über zehn Formen von Mehr-Personen-Spielen waren bekannt. Interessant ist eine Äußerung im *Cuju tupu* (S. 57), welche auf Schulenstreitigkeiten schließen läßt. Dort werden zwar insgesamt vierzehn Mehr-Personen-Aufführungen aufgelistet, aber nur die Zwei- und Drei-Personen-Spiele werden beschrieben. Zu den Vier- bis Zehn-Personen-Aufführungen heißt es (CJTP, S. 57):

„All [diese Aufführungen] werden raffiniert mit Bezeichnungen versehen. [Sie] sind [aber] konfus und laut und [von daher] ziemlich unkanonisch. Hier werden sie alle weggelassen, damit sie nicht [diese] Anleitung in Unordnung bringen."

Die Ausführungen zum Drei-Personen-Spiel (Abb. 2) lauten auszugsweise wie folgt (CJTP, S. 56-57):

„Ein Kommandant, ein Teevorsteher (*chatou*) (18) und ein Schüler. Die eingenommenen Positionen müssen gleichmäßig und ausgewogen [zueinander] sein. Der Kommandant spielt zum Schüler, und der Schüler mit der rechten Fußbeuge (*lian*) zum Teevorsteher. Erst nach einer Runde dürfen gemischte Kicks (*zati*) verwendet werden. ... Auch gibt es [die Form], daß man sich rechtsläufig

Abb. 2: Ein Kommandant (xiaowei), ein Teevorsteher (chaotou) und ein Schüler bei einem Drei-Personen-Spiel in einer Ming-zeitlichen (1368–1644) Darstellung
Quelle: CJTP, S. 56.

im Kreise dreht. Dies bezeichnet man als kleine offizielle Aufführung (*xiao guanchang*). (19) Wenn drei Personen eine feste Position einnehmen, wird dies ‚drei schauen nicht zurück' (*san bu gu*) genannt. Wenn einer die Kopfstellung einnimmt, dann nennt man dies ‚die Spitze kommt heraus' (*chu jian*)."

Einige weitere Beispiele für Mehr-Personen-Spiele mögen hier genügen. Bei einer Zwei-Personen-Aufführung namens „Sonne und Mond überqueren den Palast" (*ri yue guo gong*) wurden zwei Bälle eingesetzt. Die beiden Spieler waren drei Zwischenräume voneinander entfernt und spielten sich die Bälle synchron zu. Dabei durften nur solche Kicks zur Anwendung kommen, die dem offiziellen Aufführungsstil (20) zuzurechnen sind (CJP, S. 18).

Eine Fünf-Personen-Aufführung, genannt „das Leder ist kaputt" (*pipo*), wird im *Qiyunshe gui* (Regeln der Fußballgesellschaften) beschrieben (S. 68):

„Die erste Person spielt zur vierten Person, die vierte Person zur zweiten Person, die zweite Person zur fünften Person, und die fünfte Person zur dritten Person. So geht es im Kreis herum, jeweils durch eine Position getrennt. Man muß gemäß der Reihenfolge [den Ball] den anderen genau zuspielen. Ob man selbst Antrag auf Belohnungen und Strafen stellt, ist freigestellt."

3. Balltorspiele

Beim Balltorspiel (*qiumen*) dürfte es sich zumindest bei einer Version um ein Mannschaftsspiel gehandelt haben, bei dem explizit um Sieg oder Niederlage gekämpft wurde. Die Beschreibung eines professionellen Balltorspiels finden wir in MENG Yuanlaos (*floruit* 1110–1160) *Dongjing meng hualu* (Traum über den Glanz der Östlichen Hauptstadt) von 1147, in dem der Verlauf einer kaiserlichen Ge-

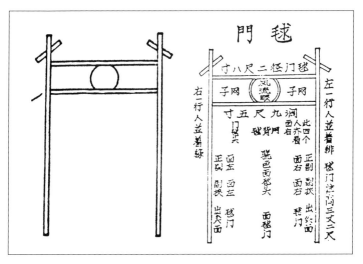

Abb. 3: Darstellung eines Balltores in einer Ming-zeitlichen (1368–1644) Darstellung
Quelle: QYSG, S. 65.
Anmerkung: Neben den Maßen für die einzelnen Teile des Balltores finden sich in dieser Darstellung auch Angaben über die Anordnung der einzelnen Spieler.

burtstagsfeier geschildert wird. Als sechster Programmpunkt treten zwei Fußballmannschaften auf, die einen in roten, die anderen in grünen Brokat gekleidet. Das Gerüst des Tores ist ca. 10 m hoch, das Loch jedoch nur 35 cm breit, ca. 50 cm weniger als sonst üblich. (21) Wie etwa aus dem *Qiyunshe gui* (Abb. 3) ersichtlich, handelt es sich um ein Gerüst, an dem oben ein Netz angebracht ist, in dem sich das sogenannte „Windströmungsloch" (*fengliuyan*) befindet. Auf der kaiserlichen Geburtstagsfeier läßt nun die linke Mannschaft mit kleinen Kicks den Ball mehrere Male im Kreis herumgehen. Neben einem Ballführer (*qiutou*) wird ein Vizeballführer (*ciqiutou*) erwähnt, der schließlich den Ball mehrere Male kickt und wartet, bis er einwandfrei [unter Kontrolle ist], wonach er ihn dem Ballführer vorlegt, der ihn mit einem großen Kick mit der Fußbeuge (*dalian*) durch das Balltor befördert. Von der rechten Mannschaft wird der Ball aufgenommen und mehrere Runden mittels kleiner Kicks herumgereicht, worauf dann wie bei der linken Mannschaft der Vizeballführer dem Ballführer den Ball vorlegt und dieser ihn durchs Balltor befördert. Diejenigen, die ihn wiederholt durchs Balltor befördern können, gewinnen. (22)

In den Fußballanleitungen selbst finden wir jedoch auch eine Spielart für Amateure, bei dem es sich offensichtlich nicht um ein Mannschaftsspiel handelte, sondern um eine Version, bei der einzelne Spieler der Reihe nach versuchten, mittels mehrerer Versuche den Ball durch das „Windströmungsloch" zu befördern und entsprechend mit Trommelmusik, Wimpeln und Wein belohnt wurden. (23)

4. *Baida*-Spiele

Baida ist wahrscheinlich eine Abkürzung von *baichang dahu* (QYSG, S. 67), d. h. „Spielaufführung auf leerem Grund". Wie beim Balltorspiel wurde explizit um Punkte, Gewinn und Verlust gespielt und das Element eines fairen Wettkampfes (*zhengsai*) betont (CJP, S. 31). Im Unterschied zum Balltorspiel befand sich aber eben kein Tor auf dem Platz.

Die Rekonstruktion dieser Spielform ist aufgrund der Knappheit, Unvollständigkeit und Fehlerhaftigkeit der Texte schwierig. Eine Reihe von Elementen läßt sich jedoch herauskristallisieren. Es wird grundsätzlich von zwei Mannschaften, einer linken und einer rechten, gesprochen. Insgesamt konnten bis zu 26 Kommandanten, d. h. 13 pro Mannschaft, an dem Spiel teilnehmen. (24) Jedem Kommandanten wurde ein eingegrenzter Spielraum zugewiesen, der je nach der Teilnehmerzahl eine bestimmte Breite aufwies. Beim Spiel mußte der Ball in ein eingegrenztes Grundstück der gegenüberliegenden Partei gespielt werden. Das Grundstück mußte getroffen werden. Der gegnerische Spieler mußte dann den Ball mit dem Fuß unter Kontrolle bringen, wobei dafür nur Knöchel und Fußspitze erlaubt waren. (25) Gelang dies, gewann man zwei Spielmarken. Wenn das Grundstück getroffen wurde, der entsprechende Kommandant den Ball aber verfehlte oder nicht unter Kontrolle brachte, verlor er eine Spielmarke, usw. (CJP, S. 31, 48-49; QYSG, S. 66-67).

Regulierungen der Bewegungsabläufe

Was bei den Fußballanleitungen auffällt, ist die alles durchdringende Regulierung der einzelnen Kickarten, Kickfiguren, Kickmethoden, Kickstile, Körperbewegungen und Körperhaltungen. Grundsätzlich können wir zehn alte Kickkategorien unterscheiden, die dann zu einem späteren Zeitpunkt zu 16 Kickkategorien erweitert wurden:
– Fußbeugenkick (*lian*)
– Kniekick (*xi*)
– Knöchelkick (*guai*)
– Fußspitzenkick (*da*)
– Spreizfußkick (*bazi*)
– *banlou* (?)
– Hackenkick (*deng*)
– *chao* (?)
– Fußristkick (*nie, nian*)
– Schulterkick (*jian*)

– Schuhspitzenkick (*zhuang*)
– bestickter-Gürtel-Kick (*xiudai*)
– *zuwo, zugan* (?)
– Brustkick (*pai*)
– gemischte Kicks (*zati*)
– Stopper (*kong*) (26)

Diese sechzehn Kickkategorien wurden dann in einzelne Kickarten und Kickfiguren unterteilt. So werden beispielsweise im Falle der Kniekickkategorie achtzehn Kniekickarten oder -figuren genannt.

Neben dieser Vielzahl von Kickkategorien müssen wir grundsätzlich zwischen dem Stil der gemischten (*zati*) oder kleinen Kicks (*xiaoti*) (27) und dem offiziellen Aufführungsstil (*guanchang*) unterscheiden. Beim offiziellen Aufführungsstil waren nur bestimmte Kickkategorien, -arten und -figuren erlaubt. Bewegungsablauf und Körperhaltung waren zudem offensichtlich gesetzter und ernster als beim Stil der gemischten Kicks. Die in den Quellen oft erwähnten Körperhaltungsregeln dürften insbesondere für den offiziellen Aufführungsstil von großer Bedeutung gewesen sein (CJP, S. 45). Über die vorschriftsmäßige Haltung lesen wir beispielsweise im *Cuju pu* (S. 7):

„Der Körper grade wie ein Pinsel,
wie beim Tragen eines Steins die Hände,
die Herz/Seele (*xin*) zwanglos und ruhig,
beweglich stehend die Füße.
Der Körper gerade, und nicht gekrümmt,
hängend die Hände und nicht fliegend,
die Füße tief, und nicht hoch,
die Kicks langsam, und nicht hektisch."

Einige der Kickarten oder -figuren werden beschrieben, so daß eine Rekonstruktion ihres Ablaufs möglich ist. Ein schönes Beispiel einer spezifischen Kickfigur des offiziellen Aufführungsstils ist die Figur „Mönch springt in den Brunnen" (*heshang tou jing*) (CJP, S. 33): „Man sieht, daß der Reihe entsprechend [der Ball] hoch von oben her kommt und senkrecht hinunterfällt; mit beiden Armen formt man einen Kreis und läßt den Ball durch den Kreis hinunterfallen; [danach] doppelter Knöchelkick." (28)

Spielvorschriften und -verbote
Neben der Regulierung der Ausführung und Körperhaltung durchziehen andere, sich allgemein auf das Spielverhalten beziehende Verbote und als wichtig erachtete Vorschriften die Fußballanleitungen. Sie verweisen in ihrer Konsequenz auf die Forderung nach fairem Verhalten gegenüber dem Mitspieler. So lesen wir in den in Gedichtform verfaßten generellen Instruktionen des *Cuju pu*, daß man beim Fußballspielen aufrichtig und genau sein muß, den Ball nicht für sich behalten, sondern ihn nach zwei bis drei Kicks weitergeben soll, damit die anderen nicht unwirsch würden. Die Kicks sollen leicht und langsam erfolgen, (29) und der Ball soll den anderen Mitspielern entsprechend der Distanz zugespielt werden. Und in den „zehn essentiellen Wichtigkeiten" desselben Werkes wird besonders die Rücksichtnahme gegenüber den Mitspielern hervorgehoben, umfassen doch diese zehn essentiellen Wichtigkeiten harmonische Atmosphäre, Glaubwürdigkeit, Aufrichtigkeit, Benehmen, sanfte Güte, Freundschaft, Achtung, Bescheidenheit, Verhaltensmaßregeln und Aufmerksamkeit (CJP, S. 8).

Historische Entwicklungen
Nach dieser zeitlich übergreifenden Darstellung des Spiels im engeren Sinne seien einige Daten zur historischen Entwicklung des chinesischen Fußballs genannt:
– Der erste Hinweis auf die Existenz des Fußballspiels bezieht sich auf das Ende des 4. vorchristlichen Jahrhunderts. (30)
– Für die Westliche Han-Zeit (206 v.Chr. – 24 n.Chr.) wird ein Werk über Fußball in 25 Kapiteln erwähnt, das leider nicht mehr existiert. Details über die Spielformen vor dem 8. Jahrhundert sind nicht erhältlich, mit Ausnahme von Passagen, die von Mannschaften mit je sechs Spielern

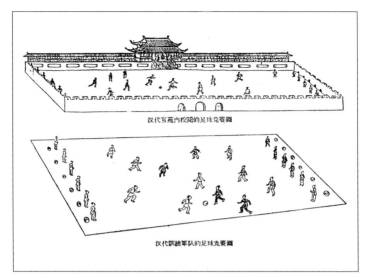

Abb. 4: Rekonstruktionsversuch eines chinesischen Sporthistorikers des Han-zeitlichen (206 v. Chr. bis 220 n. Chr.) Fußballs
Quelle: FAN Sheng, „Wo guo gudai zuqiu gaishu" (Eine allgemeine Darstellung des alten Fußballspiels in unserem Lande), in: Zhonghua renmingongheguo tiyu yundong weiyuanhui yundong jishu weiyuan (Ausschuß für Bewegungstechnik des Komitees für Leibeserziehung und Sport der VR China; Hrsg.), *Zhongguo tiyushi cankao ziliao* (Informationsmaterial zur Geschichte der chinesischen Leibeserziehung), Beijing: 1957, S. 55.

und von Ballräumen sprechen. Zudem wird das Spiel öfters mit militärischen Übungen in Zusammenhang gebracht. (31) Dies alles hat einen chinesischen Sporthistoriker zu einer nicht ganz unproblematischen bildlichen Rekonstruktion veranlaßt (Abb.4).
– Aufgrund von Äußerungen in einem Gedicht von ZHONG Wuyan (32) gehen einige chinesische Sporthistoriker davon aus, daß zumindest während der Tang-Zeit (618-907) eine Version des Fußballspiels darin bestand, auf zwei Tore zu spielen (Abb. 5). Ganz aus der Luft gegriffen ist diese Interpretation vielleicht nicht, in Anbetracht der Tatsache, daß auch bei Polo auf zwei Tore gespielt werden konnte. (33)

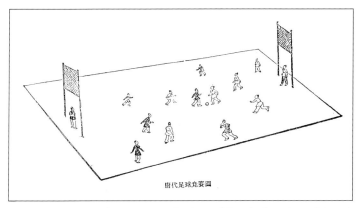

Abb. 5: Rekonstruktionsversuch eines chinesischen Sporthistorikers des Tang-zeitlichen (618–907) Balltor-Fußballs
Quelle: Fan Sheng, „Wo guo gudai zuqiu gaishu", S. 57.

- Wie dem auch sei, die Existenz eines Torgestells ist für die Tang-Zeit belegt, ebenso die Ausübung des *baida*-Spiels, welches in zahlreichen Tang-zeitlichen Gedichten in Zusammenhang mit dem Qingming-Fest am Ende des zweiten Monats des Mondkalenders erwähnt wird. Neben Fußball war zudem Schaukeln eine beliebte Beschäftigung während dieses Festes. Männer spielten Fußball, Frauen schaukelten. (34)
- Die anderen, weiter oben geschilderten Formen des Fußballspiels dürften spätestens in der Song-Zeit (960–1279) existiert haben, auch wenn detaillierte Beschreibungen frühestens für das Ende der Song-Zeit vorliegen.
- Eine das chinesische Fußballspiel revolutionierende Erfindung war der mit Luft gefüllte Ball. Während vor der Tang-Zeit der aus Einzelstücken zusammengenähte Lederball mit Stoff oder anderen Materialien gestopft war, bestand das Innere nun aus einer mit Luft gefüllten Tierblase. Das Gewicht betrug etwa 550 g. (35) Es war die Entwicklung dieses luftgefüllten Balles, der entscheidend zur artistischen Steigerung der Kicks und Bewegungsabläufe beitrug.

– In der Song-Zeit tauchen Fußballgesellschaften, *yuanshe* oder *qiyunshe*, auf. Sie sind Teil des hoch entwickelten urbanen Lebens in jener Periode. GERNET schreibt in seinem Buch über das Alltagsleben gegen Ende der Song-Zeit, daß die Urbanisierung während jener Periode zu einer Säkularisierung von Spielen und sportlichen Aktivitäten führte und daß diese Ausdruck für das unersättliche Verlangen der Stadtbewohner nach Unterhaltung, Vergnügen, sozialen Zusammenkünften und Banketten waren. Spezielle „Vergnügungsparks" existierten, beispielsweise im Hangzhou um die Mitte des 13. Jahrhunderts, wo sich Leute unterschiedlichster sozialer Herkunft trafen und Schulter an Schulter rieben, ohne sich um die üblichen Verhaltensregeln und Formalitäten kümmern zu müssen. (36)

Gesellschaftliche, moralische, gesundheitliche, kulturelle und religiöse Auffassungen chinesischer Fußballgesellschaften

Die uns bekannten Fußballanleitungen sind das Produkt von Fußballgesellschaften der späten Song- (960–1279) und Ming-Zeit (1368–1644). Sie informieren uns über das Selbstverständnis der leitenden Mitglieder dieser Gesellschaften. Auffallend ist, daß in vielen Passagen dem Streben nach Einebnung gesellschaftlicher Unterschiede, kommunitärer Lebensweise und gesellschaftlicher Anerkennung Ausdruck verliehen wird. Fußball sei ein Spiel, daß edlen Sprößlingen angemessen sei; es werde von talentierten und klugen hochstehenden Personen geliebt (CJP, S. 3). Schüler teilten Kleidung und Geld (CJP, S. 1). Edle Sprößlinge als auch [Söhne] gewöhnlicher Menschen speisten gemeinsam. [Sie betrachteten sich gegenseitig als] ältere und jüngere Brüder (CJP, S. 2).

Es wird uns zudem versichert, daß, obwohl die Mitglieder der Fußballgesellschaften ein ganzes Leben in Freude verbrächten und das ganze Jahr sorglos umherstreiften, sie nicht mit Herumtreibern und windigen Elementen gleichzusetzen seien (CJP, S. 21). Fußballspieler kämen herum und könnten sich an Prunk und Pracht von berühmten Gärten und anderen Orten erfreuen (CJP, S. 5). Sie spielten aber nicht nur in den Gärten und Parks [hochstehender Persönlichkeiten], sondern auch vor den kaiserlichen Jadestufen (CJP, S. 3).

Die Fußballanleitungen loben die positiven Auswirkungen des Spiels auf die geistige und körperliche Verfassung der Spieler im einzelnen sowie auf die Gesellschaft im allgemeinen. Fußballspiel hat mit Vergnügen und Spaß zu tun. Man freut sich am Spiel. Der Fußballspieler strebe nicht nach Ruhm und Profit, sondern erfreue sich am Umherschweifen (CJP, S. 5). Fußball sorge für Entspannung und Hochstimmung, vertreibe Trübsal und lasse die Mühen der geschäftigen Welt vergessen. Fußballspiel könne verhärtetes *qi* („Materie-Energie") (37) unbemerkt auflösen und bewirken, daß das tugendhafte Herz sanft und schön werde. Fußball stärke den Körper, unterstütze die Verdauung, helfe gegen Korpulenz und sei auch gut für die Kräftigung des Körpers im Alter (CJP, S. 1). Ausgezehrtheit und Schwindsucht schwänden (CJP, S. 5). Durch Fußball, oder besser gesagt durch die Fußballgesellschaften, werde Harmonie verbreitet und er sei ein Mittel zum Lächerlichmachen von Halbstarken und zur Bezwingung von Rüpeln (CJP, S. 1, 3, 14). Das Programm der sozialen Harmonie findet seinen Ausdruck in den Bezeichnungen der Fußballgesellschaften selbst, *yuanshe* und *qiyunshe*. So heißt beispielsweise *yuan* nicht nur „rund" und „Ball", sondern auch „gut" (CJP, S. 36).

Die Selbstdarstellung der Fußballgesellschaften ist natürlich mit Vorsicht zu genießen. WU Zimus (*floruit* 13. Jh.) *Mengliang lu* (Der Traum des Glücks) von 1334, welches das Leben in Lin'an, der Hauptstadt der südlichen Song-Dynastie, beschreibt, sagt aus, daß Mitglieder von Fußballgesellschaften Männer aus schwerreichen Familien, wandernde Fußballschüler sowie Müßiggänger seien. Beamte, die führende Schicht also, gehörten nicht dazu. (38)

Trotz ihrer Betonung der kommunitären Lebensweise waren Fußballgesellschaften hierarchisch gegliedert. Es gab Hauptverwalter, Instruktoren, Vorsteher und andere Amtsinhaber. (39) Darunter standen die Schüler, *zidi*, die sich zwar untereinander ältere und jüngere Brüder nannten, die aber auch wieder in eine obere und untere Schicht eingeteilt sein konnten (CJP, S. 2).

Die Fußballanleitungen stellen Fußball als reine Männersache dar. Frauen kamen nur als Zuschauerinnen vor, wobei der Fußballspieler als Frauenheld dargestellt wird. Typische Gedichtpassagen lauten wie folgt: Schöne Frauen lüf-

Abb. 6: Darstellung eines fußballspielenden Paares auf der Rückseite eines Bronzespiegels aus der Song-Zeit (960–1279)
Quelle: Press Commission of the Chinese Olympic Committee (Hrsg.), *China's Sports in Ancient Time*, o. O.: Press Commission of the Chinese Olympic Committee, Enterprise International of Hong Kong, o. J., S. 89.
Anmerkung: Deutlich lassen sich eine Frau (links) und ein Mann (rechts) beim Fußballspiel innerhalb einer Gartenlandschaft identifizieren. Bei den zwei Personen im Hintergrund dürfte es sich um Bedienstete handeln.

ten verstohlen die bestickten Türvorhänge, um nach draußen zu spähen (CJP, S. 4). Spät abends zurückkehrende Jadefrauen erkundigen sich lächelnd (CJP, S. 4). Oder sogar: Man verbringt die Nacht im Haus schöner Frauen (CJP, S. 5). Einerseits sind Beziehungen zum leichten Gewerbe offensichtlich, andererseits ist klar, daß die Bewegungen der Spieler erotische Anziehungskraft ausübten. (40) Im *Cuju pu* wird indes explizit davor gewarnt, Frauen und Töchter aus Beamtenfamilien zu belästigen (CJP, S. 4):

„Die Schüler sollen beim Fußballspielen weder singen, schwätzen noch schimpfen. Oft gibt es Frauen aus guten Familien und Töchter aus Beamtenfamilien, die sich das Spiel anschauen. Man soll sich davor hüten, den Ball hinzukicken und somit Unheil anzurichten. Eine Spielerei kann zu einer nur noch schwer zu behebenden Katastrophe führen oder zu wüsten Beleidigungen."

Die Fußballanleitungen unterschlagen, daß auch Frauen Fußball spielten, wenn auch sicherlich meistens unter Ausschluß der Öffentlichkeit. Zeugnis davon legen die Darstellung auf der Rückseite eines Bronzespiegels aus der Song-Zeit (960-1279) (Abb. 6) sowie ein Gemälde von Du Jin (*floruit* Mitte 15. Jh.) über eine Szene am Kaiserhof der Tang (618–907) in Chang'an (Abb. 7) ab.

Ein Gedicht von Li Yu (1611-1680), welches er diesem Gemälde voranstellt, verdeutlicht, daß auch von weiblichen Spielerinnen erotische Signale ausgehen konnten:

„Schweiß benetzt ihre geschminkten Gesichter,
wie Tau auf Blumen,
ihre schönen Brauen voll Staub, wie Weidenzweige
im Nebel.
Versteckt sind die schlanken Finger in den blaugrünen
Ärmeln,
und ein Zug an den roten Röcken enthüllt ihre kleinen Füße.
Wieder und wieder wird der Ball gekickt, grazil und ohne
zu sprechen,
mit Neid beobachtet von der galanten Jugend Chang'ans."
(41)

Abb. 7: Darstellung fußballspielender Frauen in einem Gemälde von Du Jin (floruit Mitte 15. Jh.)
Quelle: Press Commission of the Chinese Olympic Committee (Hrsg.), *China's Sports in Ancient Time*, S. 94-95.
Anmerkung: Es handelt sich um den Ausschnitt einer Bildrolle, die das Leben von Palastdamen während der Tang-Zeit (618-907) darstellen soll.

Fußballgesellschaften strebten danach, als treue Anhänger des Konfuzianismus zu gelten. Sie betonten die konfuzianischen Kardinaltugenden *ren, yi, li, zhi* und *xin* (CJP, S. 3), was wir im Falle der Fußballgesellschaften mit Mitmenschlichkeit, Gemeinsinn, Umgangsformen, Weisheit, Glaubwürdigkeit übersetzen können. Nicht, daß sie sich zu philosophischen Höhen aufschwangen – vielmehr sind ihre Popularisierungsbestrebungen, d.h. die Ummünzung dieser Tugenden auf das Fußballspiel, von Interesse.

Großer Wert wurde beispielsweise auf die Umgangsformen oder Rituale, *li*, gelegt, obwohl sie erst an dritter Stelle genannt werden. Vorgeschriebene Umgangsformen mußten beim Betreten und Verlassen des Spielfeldes, bei religiösen Aktivitäten und beim Empfang von Wanderspielern eingehalten werden (CJP, S. 2, 3, 6, 30). Durch und durch traditionell konfuzianisch ist auch die Betonung des Lernens und Einübens und die Notwendigkeit, einen berühmten, begnadeten Lehrer zu finden. Fußballspiel müsse bereits in jungen Jahren fleißig erlernt (CJP, S. 1) und tausend- und zehntausendfach gespielt werden (CJP, S. 2). Nur solche Schüler dürfen unterrichtet werden, die von Natur her mild und in ihren Empfindungen beständig, die intelligent und talentiert seien, die über Durchblick in allen Angelegenheiten verfügten, und die die Verpflichtungen dieser Zeit verstünden und wüßten, wann man vorzutreten und sich zurückzuziehen habe (CJP, S. 1).

Abb. 8: Yuan-zeitliche (1271–1368) Darstellung des Gründungskaisers der Song (960–1279) und seines Nachfolgers beim Fußballspiel, gemalt von QIAN Xuan (1235–1299)

Quelle: Press Commission of the Chinese Olympic Committee (Hrsg.), China's Sports in Ancient Time, S. 91.
Anmerkung: Die zentrale Figur im Hintergrund ist Kaiser Taizu (Zhao Kuangyin), Gründungskaiser der Song. Der Spieler zur Rechten ist sein jüngerer Bruder und Nachfolger Zhao Guangyi. Bei den anderen Personen handelt es sich um hohe Beamte und Militärs. Siehe Li Jinyan, „Qian Xuan's Scroll Painting ‚Playing Football'", Chinese Literature 7:114–117 (1980).

Fußballgesellschaften suchten auch Anschluß an die große Tradition und die geltende Herrschaftsform durch ihre Wertschätzung des mythischen Gelben Kaisers als Erfinder des Fußballspiels und die Nennung von Kaisern der Tang- (618–907) und Song-Zeit (960–1279), die selbst Fußball gespielt haben (CJP, S. 1, 38). Ein berühmtes Gemälde aus der Yuan-Zeit (1271–1368) zeigt den jüngeren Bruder des Gründerkaisers und zweiten künftigen Herrscher der Song beim Fußballspiel (Abb. 8).

Die religiösen Praktiken der Fußballgesellschaften zeigen jedoch auch deutlich volksreligiöse und daoistische Züge. Als Gründervater galt der „Wahrhaftige Edle des subtilen Weges der Klaren Quelle" (Qingyuan miaodao zhenjun) oder „Edle des subtilen Weges aus West-Sichuan" (Xichuan miaodaojun). Weitere Titel, die offensichtlich als identisch mit den beiden erstgenannten Bezeichnungen verwendet wurden, waren „Erlang von Guankou" (Guankou erlang) oder „Erlang von West Sichuan" (Xichuan erlang) (CJP, S. 2, 30, 38, 53; QYSG, S. 63). Während sich beim „Wahrhaftigen Edlen des subtilen Weges der Klaren Quelle" oder „Edlen des subtilen Weges aus West-Sichuan" eine Beziehung zu einem Beamten namens Zhao Yu aus der Sui-Zeit (581–618) herleiten läßt, handelt es sich bei Erlang (wörtl.: „zweiter Herr" oder „zweiter Sohn") um Li Erlang, den zweiten Sohn von Li Bing. Li Bing wurde 277 v. Chr. vom damaligen Qin-Herrscher als Gouverneur von Shu (Sichuan) eingesetzt und initiierte das berühmte, noch heute existierende Dujiangyan-Bewässerungsprojekt bei Guanxian, welches von seinem Sohn fortgesetzt wurde. (42) Ähnlich wie Li Bing, der einen unheilvollen Drachen in Ketten legte (43) oder einen den Flußgott repräsentierenden Bullen zur Strecke brachte, (44) soll Zhao Yu einst einen Hochwasser verursachenden Drachen in Jiazhou, Sichuan, getötet haben, weswegen er zu einer Gottheit erhoben wurde. (45) Weitere Abklärungen sind jedoch notwendig, um Herleitungen, Überschneidungen und Verschmelzungen der Tradierungslinien dieser Gottheiten zu klären. Eine weitere wichtige Gottheit, die von den Fußballspielern verehrt wurde, war der daoistische Unsterbliche Luyang (Song-zeitlich?). Er soll derjenige gewesen sein, der während seiner Wanderungen durch Sichuan mit Pracht und Reichtum des Fußballs in Kontakt gekommen sei, eine Truppe von jungen Spielern versammelt, eine Fußballgesellschaft gegründet und das Spiel in andere Landesteile verbreitet habe (CJP, S. 2, 30, 38). Auffällig ist, daß die oben genannten Schutzgottheiten eine starke Verbindung zu der im Westen Chinas gelegenen Provinz Sichuan, dem Ursprungsgebiet des religiösen Daoismus, aufweisen.

Der traditionelle chinesische Fußball scheint sich in seiner moralisch-ethischen Dimension wohltuend vom heutigen Fußball mit seinen verbalen, physischen und moralischen Entgleisungen und seinen horrenden finanziellen Aufwendungen zu unterscheiden. Dies ist aber wahrscheinlich nur graduell der Fall, denn gerade die Fußballanleitungen selbst geben uns mit ihren zahlreichen Verboten, Warnungen und Ermahnungen Hinweise auf ähnliche Probleme, wenn auch nicht von derselben Dimension und Intensität. So warnt das *Cuju pu* vor Geschwätzigkeit, Wettspiel, Streit, Rechthaberei, rüdem Verhalten, Hinterlist, Wut, Rechtsstreitigkeiten, Liederlichkeit, Alkohol und Frauen (CJP, S. 8). Es ist auffällig, wie häufig beim Jargon Ausdrücke vorkommen, die mit Frauen und Trunkenheit zu tun haben (CJP, S. 36–37). Wir können zudem davon ausgehen, daß sich nicht nur Leute zum Fußballspielen einfanden, die jahrelang die nötigen technischen Fähigkeiten eingeübt hatten, sondern eher Gesellschaft und Vergnügen suchten. Als Beispiel mag hier ein seltenes Zeugnis aus dem 12. Jahrhundert aus Japan dienen, wo der Kammerherr Minamoto in einem Brief schrieb:

„Obwohl ich für meine Person wahrhaftig kein Geschick zum Fußballspielen habe, warum soll ich nicht trotzdem hingehen und vielleicht die Rolle übernehmen, zum Trinken zu animieren." (46)

Geld spielte ebenfalls keine unerhebliche Rolle. Insbesondere die Lehrer und die Wanderfußballer, Könner ihres

Faches, sollten von Geld- und Sachgeschenken der Schüler profitieren. Fußballgesellschaften führten ein spezielles Empfangsritual für wandernde Berufsfußballer durch, bei dem vor dem Altar Räucherstäbchen abgebrannt, Gebete gesprochen, Opferungen vorgenommen und Bankette ausgerichtet wurden. Bevor diese Handlungen aber vorgenommen wurden, mußte sich ein Wanderfußballer beweisen, indem er gemäß einer Liste eine Vielzahl von Kickfiguren ohne Fehler durchspielte (CJP, S. 44–45). Es gebe wandernde Spieler, die sich durch Vornehmheit auszeichneten, die reich und berühmt seien (CJP, S. 1).

Das *Cuju pu* weist immer wieder darauf hin, daß, um Schüler zu sein, man Geld für Kleidung und Essen brauche. Wenn man es zu etwas im Fußball bringen wolle, müsse man aufhören, sparsam mit Geld umzugehen. Gleichzeitig führe Fußball aber auch zu Überfluß und Reichtum. Ob man satt und reichlich Kleidung habe, hänge von den [eigenen] Fähigkeiten ab (CJP, S. 5).

Abschließende Bemerkungen

Es wurde anfangs gesagt, daß einige Forscher davon ausgehen, daß mit zunehmender Kulturhöhe eine steigende Interaktionskomplexität und mit steigendem Kulturniveau zunehmend komplexere Organisationsformen des Sports festgestellt werden könnten. Das Beispiel des chinesischen Fußballs zeigt, daß dies nur bedingt zutrifft. Sicherlich ist richtig, daß die Komplexität des chinesischen Fußballs mit der damals erreichten Kulturhöhe korrelierte, doch würden wir dies als einziges Kriterium nehmen, könnte man leicht zum Schluß kommen, daß die damalige chinesische Gesellschaft komplexer als unsere heutige Gesellschaft gewesen sei.

Für ELIAS ist der Sport des 19. und 20. Jahrhunderts durch eine weitgehende Kontrolle der Gewalt gekennzeichnet. Dies sei auf das Ansteigen der Scham- und Peinlichkeitsschwellen gegenüber körperlicher Gewalt nicht nur in den Oberschichten, sondern in der gesamten Gesellschaft zurückzuführen und sei weitgehend Ausdruck des Prozesses der Zivilisierung. Zudem gelte, daß im 19. und 20. Jahrhundert die Regeln viel genauer und daß im Gegensatz zur Antike an die Stelle mündlich überlieferter schriftlich fixierte Regeln getreten seien. (47) Bereits August N̲ITSCHKE hat Kritik an dieser Auffassung geübt. In der Geschichte sei keine zunehmende Disziplinierung und somit keine zunehmende Dämpfung von Affekten zu beobachten. Vielmehr gebe es einen ständigen Wechsel, so daß beispielsweise das Schamgefühl der Menschen in einigen Jahrhunderten zu-, in anderen abnehme. (48) In der Tat kann man sich – trotz Abweichungen von den normativen Vorgaben – eigentlich keinen zivileren und geregelteren Sport vorstellen als den chinesischen Fußball der Song- (960–1279) bis Ming-Zeit (1368–1644). Es wäre jedoch ein Trugschluß, daraus abzuleiten, daß das Ausmaß der individuellen, kollektiven und staatlichen Gewalt im damaligen China gering gewesen sei. Man könnte geradezu die Gegenthese wagen, nämlich, daß das Ausmaß an Gewalt derart hoch war, daß ein großes Bedürfnis nach friedfertigem Spiel und Sport bestand. Die Klärung dieser Zusammenhänge und Verbindungen bedarf allerdings weiterer, tiefergehender Forschungsarbeiten, die im Zusammenhang mit diesem Artikel nicht geleistet werden konnten. Insbesondere dürfte hier die Berücksichtigung der weitverbreiteten und vorherrschenden Vorstellung des Vorrangs des „Zivilen" (*wen*) vor dem „Militärischen" (*wu*) interessante Perspektiven eröffnen. (49)

Ein entscheidendes Kennzeichen für die Entwicklung des chinesischen Sports scheint mir zu sein, daß zumindest ein Teil der körperlich kraftvollen und anstrengenden Sportarten an Bedeutung verlor oder sogar verschwand. Ein berühmtes Beispiel ist Polo, welches während der Tang-Zeit (618–907) Bestandteil aristokratischer Kultur war, in der Song-Zeit (960–1279) aber zunehmend in den militärischen Bereich abgedrängt wurde und schließlich danach verschwand. James T. C. L̲IU hat in Zusammenhang mit seiner berühmten Studie über Polo auch auf die ideologischen

Ursachen der zunehmenden Geringschätzung sportlicher Aktivitäten hingewiesen. Vom Standpunkt einer strikten konfuzianischen Moral wurde Polo zunehmend mit solchen unmoralischen Erscheinungen wie Trinken, Wettspiel, gängige Musik und lasterhafter Lebenswandel gleichgesetzt. Diese strikte Moral, so Liu, repräsentiere die Werte einer wohlhabenden urbanen Kultur, errichtet auf der Basis einer enormen seßhaften, landwirtschaftlich tätigen Bevölkerung. Während der Song-Dynastie konnten nur noch wenige Beamte reiten und ließen sich statt dessen in Sänften herumtragen. Unter diesen Bedingungen waren Veränderungen am Hof und in der Gesellschaft allgemein unabwendbar, Veränderungen, welche gezierte, feine und elegante Beschäftigungen begünstigten. Wie Ballspiele im allgemeinen wurde auch Fußball zunehmend durch strikte konfuzianische Beamten-Gelehrte kritisiert. Eine wichtige Rolle spielte dabei die historische Figur Gao Qiu (?–1126), der unter dem Kaiser Huizong (reg. 1101–1125) vom Hofgünstling zum General aufstieg. Seinen Aufstieg soll er seinen Fußballkünsten verdankt haben. Die Mißbräuche, die Gao Qiu und andere Günstlinge begangen haben sollen, trugen zum niedrigen Ansehen bei, welches Fußball, Polo und anderen sportlichen Aktivitäten zunehmend entgegengebracht wurde. (50) Mit dem Schwinden der Fußballgesellschaften spätestens während des Übergangs von der Ming- (1368–1644) zur Qing-Zeit (1644–1911) (51) läßt sich auch eine gewisse Verarmung sozialer Organisationsformen feststellen, die für eine Pluralisierung in der Anerkennung von Berufsbildern hätten sorgen können.

Zum Schluß seien einige erhellende, wenn auch anachronistische Kontraste zu den sportlichen Aktivitäten im antiken Griechenland aufgezeigt: Erstens, die Griechen scheinen individuelle Sportarten, wo sich zwei Kontrahenten gegenüberstanden, dem Mannschaftssport entschieden vorgezogen zu haben. Zweitens, die beiden Kontrahenten kämpften ausschließlich gegeneinander und nie gegen ein absolutes Raum- oder Zeitmaß. Drittens, es gab in den meisten griechischen Wettkämpfen nur Gewinner und Verlierer, keine Zweiten, Dritten oder „ferner liefen". Viertens, sportliche Aktivitäten waren mit Krieg und militärischen Übungen aufs engste verknüpft. (52) Wenn auch dem traditionellen chinesischen Fußball das Element des Wettkampfes nicht fremd war, so wurde doch zumindest seit der Tang- (618–907) und Song-Zeit (960–1279) der Schwerpunkt auf Harmonie, Fairneß und Respekt gegenüber dem Mitspieler und auf zivile Tugenden gesetzt. (53)

Vergleich und Kontrastierung mit anderen Sportarten, sowohl westlichen als auch chinesischen, machen deutlich, daß wir weitere Studien in diesen Bereich benötigen, um ein klareres Bild über die Zusammenhänge zwischen Spiel und Sport einerseits und der kulturellen Entwicklung andererseits zu erhalten. Vor voreiligen Vereinfachungen sollte man sich hüten, denn es ist davon ausgehen, daß, wie Spiel und Sport in der westlichen Kulturgeschichte, auch die diesbezüglichen chinesischen Aktivitäten komplex waren und im Brennpunkt unterschiedlicher gesellschaftlicher, wirtschaftlicher, politischer, kultureller, religiöser und ideologischer Interessen standen.

Anmerkungen

(1) Es handelt sich bei diesem Aufsatz um eine überarbeitete Fassung meiner Antrittsvorlesung bei der Fakultät für Kulturwissenschaften, Eberhard-Karls-Universität Tübingen, gehalten am 30. 1. 1997. Für einige wertvolle Hinweise bin ich Richard KANNICHT, Tübingen, zu Dank verpflichtet. Die Geschichte des Fußballs in China ist Gegenstand eines größeren, erst am Anfang stehenden Forschungsprojektes. Von daher sind die hier vorgelegten Überlegungen vorläufiger Natur.

(2) Johan HUIZINGA, *Homo ludens: Vom Ursprung der Kultur im Spiel*, Hamburg: 1987, S. 47–51.

(3) Siehe Christoph ULF, „Sport", in: Walter HIRSCHBERG (Hrsg.), *Neues Wörterbuch der Völkerkunde*, Berlin: 1988, S. 448. Es wird jedoch auch die Auffassung – beispielsweise 1937 von H. BOLKENSTEIN – vertreten, daß dem Wettstreit, dem agonalen Prinzip der Kultur, eine eigene Phänomenalität zukomme, so

daß man ihn nicht mehr dem Spiel zu- oder unterordnen könne. Siehe dazu Andreas FLITNER, „Nachwort", in: HUIZINGA, *Homo ludens*, S. 234.
(4) Siehe Christoph ULF, „Sport bei den Naturvölkern", in: Ingomar WEILER, *Der Sport bei den Völkern der Alten Welt*, 2., durchgesehene Auflage, Darmstadt: 1988, S. 18.
(5) ULF, „Sport bei den Naturvölkern", in: WEILER, *Der Sport bei den Völkern der Alten Welt*, S. 41.
(6) Zur Geschichte des Fußballs im China vor der Tang-Zeit (618–907) siehe meinen Aufsatz „'Kick-ball' (*cu ju, ta ju*) in Pre-Tang China", erscheint in der Festschrift für Professor Gimm, *Ad Seres et Tungusos*, hrsg. von Lutz BIEG und Erling von MENDE. Über den Fußball im alten China siehe auch Mark Edward LEWIS, *Sanctioned Violence in Early China*, Albany: 1990, S. 146–150. Der Beitrag von LEWIS konzentriert sich im Zusammenhang mit der Gesamtthematik seines Buches auf diejenigen Aspekte des Fußballs, die mit Gewalt, dem Militärischen und staatlichen Emblemen und Ritualen im Zusammenhang stehen. Praktisch keine Beachtung findet bei ihm das Spielen von Fußball als Möglichkeit des Vergnügens und der Zerstreuung. Generell müssen wir davon ausgehen, daß auch vor der Tang-Zeit unterschiedliche Versionen des Spiels existierten, die unterschiedlichen Funktionen und gesellschaftlichen Schichten dienten. Weitere westliche Beiträge zur Geschichte des chinesischen Fußballs sind: Herbert A. GILES, „Football and Polo in China", *The Nineteenth Century* 59:508–513 (1906); Wolfram EBERHARD, „Sport bei den Völkern Zentralasiens, nach chinesischen Quellen", in: ders., *China und seine westlichen Nachbarn: Beiträge zur mittelalterlichen und neueren Geschichte Zentralasiens*, Darmstadt: 1978, insbes. S. 128–131; William DOLBY, „Football in Ancient China", Manuskript, o. J. Herrn DOLBY sei an dieser Stelle für die Überlassung seines Manuskriptes gedankt. Auf die Notwendigkeit einer neuen Studie zur Geschichte des chinesischen Fußballs hat jüngst Derk BODDE aufmerksam gemacht. Siehe Derk BODDE, „Competion: The Example of Sports", in: ders., *Chinese Thought, Society, and Science: The Intellectual and Social Background of Science and Technology in Pre-modern China*, Honolulu: 1991, S. 295n133.
Zur Bedeutung des Spiels in China siehe Silvia Freiin Ebner v. ESCHENBACH, „Das Spiel in der chinesischen Literatur. Aspekte eines Phänomens von seinen Anfängen bis zur Song-Dynastie", *Nikephoros* 9:7–39 (1996), wo insbesondere auf Wurf- und Brettspiele sowie Sprach- und Trinkspiele eingegangen

wird. Würfel-, Ball-, Sprach- und Trinkspiele sind auch Gegenstand von Volker KLÖPSCHS Aufsatz, „Homo ludens sinensis: Zur Bedeutung der Spiele im ‚Traum der Roten Kammer'", der ebenfalls in der Festschrift für Professor GIMM, *Ad Seres et Tungusos*, hrsg. von Lutz BIEG und Erling von MENDE, erscheinen wird. Zur Überlassung des Manuskriptes sei Herrn KLÖPSCH gedankt. Vergnügungen und Spiele im alten China und Japan (Du divertissement dans la Chine et le Japan anciens: „*Homo Ludens* Extrême-Orientalis") sind Thema von Heft Nr. 20 (1998) von *Extrême-Orient, Extrême-Occident*. Zur Gesetzgebung zum Glücksspiel während der Song-Zeit (960–1279) siehe Roger GREATREX, „Song Dynasty Legislation Concerning Gambling", in: Bjarke FRELLESVIG und Christian Morimoto HERMANSEN (Hrsg.), *Florilegium Japonicum: Studies Presented to Olof G. Lidin on the Occasion of His 70th Birthday*, Kopenhagen: 1996, S. 93–101.

(7) HUZINGA, *Homo ludens*, S. 56–57; ULF, „Sport bei den Naturvölkern", in: WEILER, *Der Sport bei den Völkern der Alten Welt*, S. 16.

(8) ULF, „Sport bei den Naturvölkern", in: WEILER, *Der Sport bei den Völkern der Alten Welt*, S. 42–44, 49–52.

(9) ULF, „Sport bei den Naturvölkern", in: WEILER, *Der Sport bei den Völkern der Alten Welt*, S. 44–45.

(10) Norbert ELIAS und Eric DUNNING, *Sport im Zivilisationsprozeß: Studien zur Figurationssoziologie*, Münster: um 1983, S. 13 ff.

(11) Über die Bedeutung des Konfrontationsstils innerhalb der antiken griechischen Naturwissenschaften siehe auch G. E. R. LLOYD, *Adversaries and Authorities: Investigations into Ancient Greek and Chinese Science*, Cambridge: 1996, S. 20–23, 218.

(12) Siehe dazu WEILER, *Der Sport bei den Völkern der Alten Welt*, S. 3, 53–57, 72.

(13) LIU Bingguo, *Zhongguo gudai zuqiu shiliao zhuanji* (Sondersammlung von geschichtlichen Materialien zum Fußball im alten China), Beijing: Huaxia chubanshe (*Tiyu shiliao di 12 qi* (Geschichtsmaterialien zur Leibeserziehung, Nr. 12)), 1987. Fortan abgekürzt: ZGGDZQ.

(14) Siehe Brian E. MCKNIGHT (Übers.), *The Washing Away of Wrongs: Forensic Medicine in Thirteenth-Century China*, Ann Arbor: 1981.

(15) MCKNIGHT, *The Washing Away of Wrongs*, S. 77–78.

(16) Die Passage lautet wie folgt: *Jiao jinggu li lianshang dayu xiashou* (Man kickt [den Ball] zum nächsten Spieler [und

zwar] auf der Fußbeuge zwischen Fuß und Schienbein). Zusammen mit dem *Cuju tupu* (Illustrierte Fußballanleitung; Abk.: CJTP) und dem *Qiyunshe gui* (Regeln der Fußballgesellschaften; Abk. QYSG) ist das *Cuju pu* (Abk.: CJP) in die Quellensammlung ZGGDZQ aufgenommen. Die Seitenzahlen beziehen sich auf diese Quellensammlung. Wertvolle quellenkritische Angaben zur Datierung und Herkunft dieser Werke finden sich in ZHANG Xunliao „Wumingshi 'Zuqiu Pu' yanjiu – jian lun Mingdai de zuqiu yundong„ (Untersuchung zur *Fußballanleitung* eines anonymen Verfassers – mit einer Erörterung des Fußballsports während der Ming-Zeit [1368–1644]), in: ZHANG Xunliao, *Gu Wenxian luncong* (Aufsatzsammlung zu alten Quellen), Chengdu: 1990, S. 238–298. Während das QYSG um die Mitte des 13. Jahrhunderts entstanden sein dürfte, ist das CJP möglicherweise irgendwann zwischen der Xuande- (1426–1435) und Jiajing-Periode (1522–1566) verfaßt worden. Das CJTP könnte um die Wanli-Periode (1573–1620) herum geschrieben worden sein. Siehe ZHANG Xunliao, „Wumingshi 'Zuqiu Pu' yanjiu", S. 252–253. Auf ZHANG Xunliaos Arbeit hat mich dankenswerterweise John MOFFETT, Bibliothekar des Needham Research Institute in Cambridge, hingewiesen, der mir auch eine Kopie zukommen ließ.

(17) *Xiaowei* war von der Han- (206 v.Chr. bis 220 n.Chr.) bis zur Song-Zeit (960–1279) ein realer militärischer Titel, dem normalerweise ein funktional-deskriptives Präfix oder ein Ehrentitel vorangestellt war. Von der Tang- (618–907) bis zur Ming-Zeit (1368–1644) war dies zudem eine Prestige- oder Verdienstbezeichnung, die ebenfalls oft mit einem Präfix versehen war. Siehe Charles O. HUCKER, *A Dictionary of Official Titles in Imperial China*, Stanford: 1985, Nr. 2456.

(18) Gemäß LONG Qian'an, *Song Yuan yuyan cidian* (Wörterbuch zur Sprache der Song- [960-1279] und Yuan-Zeit [1271–1368]), Shanghai: 1985, S. 621, ist ein *chatou* ein für das Teewasser verantwortlicher Mönch eines buddhistischen Klosters.

(19) Folgende Emendation wurde vorgenommen: *xiao ming = ming xiao guanchang*.

(20) Zu diesem Stil siehe weiter unten.

(21) Zu den sonst üblichen Maßen siehe CJP, S. 28; QYSG, S. 65.

(22) Ein Zitat dieser Stelle findet sich in ZGGDZQ, S. 86.

(23) Siehe CJTP, S. 50.

(24) Siehe CJP, S. 29, 31, 48; QYSG, S. 67.

(25) Zum Treffen des Feldes und zur Kontrolle des Balles, alles entscheidende Elemente des *baida*-Spiels, siehe auch CJP, S. 29.

(26) CJP, S. 39-42. Nicht alle Kickarten können identifiziert werden.
(27) Es ist davon auszugehen, daß *xiaoti* und *zati* sich auf denselben Aufführungsstil beziehen.
(28) Siehe CJPT, S. 60. Das CJP, S. 33, spricht von „doppelten Knöchel- und Hackenkicks".
(29) Für das langsame Kicken wird auch häufig der Ausdruck *man* (langsam) verwendet. Siehe CJP, S. 10.
(30) Siehe VOGEL, „'Kick-ball' (*cu ju, ta ju*) in Pre-Tang China"; LEWIS, *Sanctioned Violence*, S. 147.
(31) Siehe VOGEL, „'Kick-ball' (*cu ju, ta ju*) in Pre-Tang China"; LEWIS, *Sanctioned Violence*, S. 146-150.
(32) Siehe ZGGDZQ, S. 80. Die Lebensdaten von ZHONG Wuyan ließen sich nicht eruieren. Beim Werk, in dem ZHONG Wuyan zitiert wird, handelt es sich jedoch hauptsächlich um ein Kompendium von Tang-Literatur. Zum *Wenyuan yinghua* (Feinste Blüten aus dem Garten der Literatur), einer Anthologie des 10. Jahrhunderts, siehe William H. NIENHAUSER et al. (Hrsg.), *The Indiana Companion to Traditional Chinese Literature*, Taipei: 1988, S. 897-898.
(33) James T. C. LIU, „Polo and Cultural Change: From T'ang to Sung China", *Harvard Journal of Asiatic Studies* 45.1:207 (1985).
(34) Siehe entsprechende Passagen in ZGGDZQ, S. 79, 80. Wie mir Maram EPSTEIN und Michael FISHLEN, University of Oregon, Eugene, versicherten, weist das Schaukeln erotische Konnotationen auf. Zur erotischen Anziehungskraft des Fußballspiels siehe weiter unten.
(35) Zu frühen Hinweisen auf einen mit Luft gefüllten Ball siehe ZGGDZQ, S. 80. Zum Gewicht des Balles siehe CJP, S. 38. Vgl. auch ZHANG Xunliao, „Wumingshi 'Zuqiu Pu' yanjiu", S. 256-257. Giles, „Football and Polo in China", S. 509, ist der Meinung, daß der luftgefüllte Ball bereits im 5. Jahrhundert existierte. Allerdings bringt er keine Quellenhinweise.
(36) Jacques GERNET, *Daily Life in China on the Eve of the Mongol Invasion 1250-1276*, Standford: 1970, S. 219-227.
(37) Zu einer weiterführenden Definition von *qi* siehe Nathan Sivin, *Traditional Medicine in Contemporary China*, Ann Arbor: 1987, S. 47.
(38) ZGGDZQ, S. 88; GERNET, *Daily Life in China*, S. 221.
(39) Siehe z.B. CJP, S. 44, 48.
(40) Erotische Anziehung löste offensichtlich auch die Fußballaufführung von LI Guangyan (ca. 760-826), Präsident der Kanzlei und erfolgreicher Feldherr in der Huaixi-Kampagne (815-817), am Hofe aus. DU MU (803-852) beschreibt diese

Vorführung in einem Gedicht wie folgt:
„His merit won, he was feted at the Hall of Unicorn Virtue. Quick as a monkey on the ballfield, with a falcon's grace – Three thousand ladies tilted their heads to watch him, Trampling shiny earrings as they crowded for a view. Standards bobbing, waving, banners flashing, glowing, His spirit pitched high, he went home.„
See Michael FISHLEN, „Wine, Poetry and History: Du Mu's ‚Pouring Alone in the Prefectural Residence'", *T'oung Pao* 80.4–5:277, 282–283 (1994). Hiermit möchte ich Michael FISHLEN, Eugene, danken, der mich auf diese Passage aufmerksam gemacht hat.

(41) Siehe SHAO Wenliang; LIU Naiyuan (übers. ins Englische), *Zhongguo gudai tiyu wenwu tuji, Sports in Ancient China*, Beijing: 1986, S. 238–239, 248.

(42) Siehe Steven F. SAGE, *Ancient Sichuan and the Unification of China*, Albany: 1992, S. 148–151. Erlang-Tempel scheinen sich aber nicht nur auf LI Erlang zu beschränken, sondern dürften auch LI Bing mit eingeschlossen haben. Siehe LUO Zhufeng (Hrsg.), *Hanyu dacidian* (Großes Wörterbuch der chinesischen Sprache), Xianggang: 1987–1995, Bd. 6, S. 211.

(43) Siehe LUO Zhufeng (Hrsg.), *Hanyu dacidian*, Bd. 6, S. 211.

(44) SAGE, *Ancient Sichuan and the Unification of China*, S. 150–151.

(45) Zu ZHAO Yu siehe ZHANG Xunliao, „Wumingshi 'Zuqiu Pu'", S. 282–284.

(46) Jörg MÖLLER, *Spiel und Sport am japanischen Kaiserhof im 7. bis 14. Jahrhundert*, München: 1993, S. 96.

(47) ELIAS & DUNNING, *Sport im Zivilisationsprozeß*, S. 16.

(48) August NITSCHKE, *Bewegungen in Mittelalter und Renaissance: Kämpfe, Spiele, Tänze, Zeremoniell und Umgangsformen*, Düsseldorf: 1987, S. 16–17.

(49) Siehe dazu und zu weiteren Charakteristika sportlicher Aktivitäten im vormodernen China die interessanten Ausführungen bei BODDE, „Competion: The Example of Sports", S. 304–305, die allerdings meiner Meinung nach in der dort geäußerten Form nicht unbedingt auf den traditionellen chinesischen Fußball der Song- und Ming-Zeit zutreffen.

(50) James T. C. LIU, „Polo and Cultural Change", S. 203–224.

(51) ZHANG Xunliao, „Wumingshi 'Zuqiu Pu' yanjiu", S. 240–248, führt zahlreiche Belege für die Existenz von Fußballaktivitäten während der Ming-Zeit auf.

(52) Siehe Glenn W. MOST, „Schönheit und Wettkampf: Der Körper des Athleten im antiken Griechenland", *Neue Zürcher Zei-*

tung (Internationale Ausgabe) 29./30. März 1997, Nr. 73, S. 53; Richard KANNICHT, „Die Olympischen Spiele im alten Griechenland", in: Ommo GRUPE (Hrsg.), *Olympischer Sport: Rückblick und Perspektiven*, Schorndorf: 1997, S. 45, 49–50.

(53) Über enge Verbindungen zwischen Fußball und militärischen Übungen im antiken China siehe jedoch VOGEL, „'Kickball' (*cu ju*, *ta ju*) in Pre-Tang China"; LEWIS, *Sanctioned Violence*, S. 146–150.

Glossar chinesischer Zeichen

bazi 八字
baichang dahu 白場打戶
baida 白打
banlou 板摟
ceji 側騎
cenian 側捻
chatou 茶頭
Chang'an 長安
chao 抄
chi shi 吃食
chu han 出汗
chu jian 出尖
ciqiutou 次毬頭
Cuju pu 蹴鞠譜
Cuju tupu 蹴鞠圖譜
da 搭
dalian 大槏
deng 蹬
du 毒
Dujiangyan 都江堰
Du Jin 杜堇
Du Mu 杜牧
e cha shi 鵝插食
Erlang 二郎
fengliuyan 風流眼
feng xian zhu 鳳啣珠
Gao Qiu 高俅
guai 拐
guanchang 官場
Guankou erlang 灌口二郎
Guanxian 灌縣
gui 規
Hangzhou 杭州
heshang tou jing 和尚投井
huzhang 虎掌
Huaixi 淮西
Huizong 徽宗
Jiazhou 嘉州
jian 肩
jianji 剪騎
jiao jinggu li lianshang dayu xiashou
腳脛骨裏槏上打與下首

jiaomianzhu 腳面住
jiaotou shinian 腳頭實捻
kong 控
li 禮
Li Bing 李冰
Li Erlang 李二郎
Li Guangyan 李光顏
Li Yu 李漁
lian 槏
lianren 朧朋
Luyang 陸陽
man 慢
Meng Yuanlao 孟元老
ming xiao guanchang 名小官場
nian 捻
nie 躡
pai 拍
pipo 皮破
pie 撇
pu 譜
qi 氣
qiyunshe 齊雲社
Qiyunshe gui 齊雲社規
Qingming 清明
Qingyuan miaodao zhenjun
清源妙道眞君
qiumen 毬門
qiutou 毬頭
ren 仁
ri yue guo gong 日月過宮
sanbangqiao 三棒敲
san bu gu 三不顧
Shu 蜀
Song Ci 宋慈
Taizu 太祖
tian qi 添氣
tu 圖
tupu 圖譜
wen 文
wu 武
Wu Zimu 吳自牧
xi 膝

Xichuan erlang 西川二郎
Xichuan miaodaojun 西川妙道君
xianren guo qiao 仙人過橋
xiao guanchang 小官場
xiao ming guanchang 小名官場
xiaoti 小踢
xiaowei 校尉
xin 信 (Glaubwürdigkeit)
xin 心 (Herz/Seele)
xiudai 綉帶
xunian 虛捻
yi 義
yuan 圓
yuanshe 圓社
zati 雜踢
Zhao Kuangyin 趙匡胤
Zhao Yu 趙昱
zhengji 正騎
zhengsai 正賽
zhi 智
Zhong Wuyan 仲無顏
zhuanguan 轉關
zhuang 妝
zidi 子弟
zugan 足䯋
zuwo 足斡

HERMANN BAUSINGER

Kleine Feste im Alltag: Zur Bedeutung des Fußballs

Es wäre kein Problem, als Vorspiel zu diesem Sammelband eine ganze Literatenmannschaft auflaufen zu lassen, die dem Fußball huldigt: Max FRISCH, der bei der Verleihung eines Literaturpreises die städtischen Honoratioren mit der Frage schockte, ob sie nicht zwei Karten für ein abendliches Fußballspiel besorgen könnten, und der zudem in seinem Tagebuch bekannte, dass er in seiner Kindheit nicht etwa Karl MAY, sondern Fußball spannend fand. Ror WOLF, der mit Reportagen- und Kommentarschnipseln jongliert und sie zu eigenwilligen sportpoetischen Gebilden montiert. Walter JENS, der – möglicherweise in Verkennung sklerotischer Dynamik – ankündigte, er werde, wenn er den letzten GOETHE-Vers vergessen habe, immer noch in der Lage sein, die Aufstellung seiner Heimmannschaft Eimsbüttel aufzusagen. Oder Peter HANDKE, der – fast schon ein dichterisches Stürmerfoul – die Mannschaftsaufstellung des 1. FC Nürnberg als lyrisches Produkt präsentierte. Nein, zwischen Beckenbauer und Heckenhauer (um den Namen einer alten Tübinger Buchhandlung als kulturelles Aushängeschild zu nehmen) gibt es keine unüberwindliche Mauer.

Aber was man der Literatur gerade noch zubilligt, ist für die Wissenschaft nicht automatisch freigegeben. Als ich vor vier Jahren ein Seminar über die Fußballweltmeisterschaft ankündigte, hielt ich das für die selbstverständlichste Sache der Welt. Ich war einigermaßen erstaunt, dass diese Ankündigung hektische Presseaktivitäten auslöste; vom Schwäbischen Tagblatt bis zur FAZ und zur ZEIT. Der Tenor schwankte zwischen Bewunderung für einen Extrem-Bergsteiger in akademischem Gelände und Naserümpfen über einen besonders läppischen Aktualitätswahn. Die letztere, verächtliche Perspektive fand noch einen Nachhall in der Fernsehserie „Katrin ist die Beste": Professor NAUMANN kommt mit einer Sportmütze und mit einem VfB-Schal ins volkskundliche Institut und wirft den verdutzten Studis einen Ball zu – Kultur aktuell, direkt von SAT 1.

Fußball – ist es eine bedeutungslose Marginalie unserer Gesellschaft, oder ist es doch ein bedeutendes Faktum, das man nicht einfach aus der Liste der wissenschaftlichen Agenda streichen kann und das etwas aussagt über unsere Kultur und unsere Befindlichkeiten?

Franz WERFEL – das klingt nur, als sei es der neue Torwart von Bayern München, in Wirklichkeit ist es ein etwas in die Vergessenheit weggesickerter Dichter – Franz WERFEL schrieb 1925 eine Erzählung mit dem Titel „Der Tod des Kleinbürgers". Sie berichtet von einem kleinen Beamten, der sich von einem Bekannten zum Abschluss einer Lebensversicherung überreden läßt, die mit der Beendigung des 65. Lebensjahrs gültig wird. In der Karenzzeit, vielleicht einen knappen Monat vor seinem 65. Geburtstag kommt der Mann mit einer schweren Lungenerkrankung in die Klinik. Und nun – das ist der Gegenstand der Erzählung – kämpft er gegen die Uhr und den Kalender, gegen die Krankheit, die immer unerträglicher wird, gegen die Ärzte, die ihn längst abgeschrieben haben und ironisch vom „Unsterblichen" reden, und gegen sich selbst. Und er gewinnt: „Zwei Tage über sein Ziel war er hinausgerannt wie ein guter Läufer" heißt es im letzten Passus der Geschichte – die Versicherung muss also zahlen.

Mir ist diese Erzählung eingefallen, als vor vier Jahren ein an Krebs erkrankter Kollege einen Großteil der verbliebenen Lebenskraft darauf verwandte, seinen sicheren Tod hinauszuzögern bis zur Fußballweltmeisterschaft; wenn möglich bis zum Endspiel, das er dann tatsächlich wenige Tage vor seinem Tod verfolgte. Ein Einzelfall, das weiß ich inzwischen aus mancherlei Gesprächen, ist das nicht. Ich erwähne das, weil im Vorfeld einer Ringvorlesung zum Thema Fußball an der Universität Tübingen offenbar auch das Argument aufgetaucht ist, an einer Universität, in der es in seriösen Wissenschaften um Tod und Leben geht, habe der Fußball nichts verloren. Hier ging es um Tod und Leben. Gewiss, die moralisch-altruistische Komponente, die Werfels Erzählung so anrührend macht, fehlt hier. Aber es gibt doch zu denken, wenn Menschen auf der äußersten Klippe ihres Lebens sich ausgerechnet am Fußball festhalten.

Natürlich ist das nur ein anekdotischer Befund. Aber statistische Daten ließen sich nachschieben. Ich meine nicht makabre Korrelationen von Moribundenstatus und Fußballinteresse; aber es gibt viele Zahlen, die belegen, wie groß und wie verbreitet das Interesse am Fußball seit langem war und immer noch ist. Ich beschränke mich auf wenige Angaben, ohne dabei ganze Tabellen zu rezitieren und Kommawerte zu präsentieren. Allein im Deutschen Fußballbund, im DFB, gibt es über 20.000 Vereine mit über 130.000 Mannschaften. Rechnet man pro Mannschaft 15 Personen (ich weiß, dass nur 11 auf dem Spielfeld sind, aber es ist ja oft wichtig, was man auf der Bank hat, und eigentlich müßte man Betreuer, Trainer und Sanitäter mitrechnen), dann kommt man bereits auf etwa zwei Millionen, von denen übrigens mehr als die Hälfte Schüler und Jugendliche sind. Diese Relation kann man sich verdeutlichen, wenn man etwa in der Zeitung die Sparte *Lokaler Sport* genauer nachliest. Dichtgedrängt erscheinen hier neben den bedeutenderen Ligen die Auffächerungen in Regionalliga, Landesliga und die vielen Gruppen der Kreisliga, und dann die Jugend- und Schülermannschaften von A1 bis F3. In einer mittleren Stadt sind es in der Regel an die 20 Jugendmannschaften in einem Verein. Die Zahl der aktiven Fußballer läßt sich mindestens verdoppeln, wenn man die vielen nichtorganisierten Gruppen dazurechnet, die Freizeitfußballer, seien es nun feste Vereinigungen mit ironischen Namensbezeichnungen wie „FC Schlappschuh" oder „Dynamo Hühnerauge", oder auch – ich denke an Jugendliche – Gruppen mit wechselnder Zusammensetzung. Rechnet man pro Spiel etwa 100 Zuschauer – in manchen Dorfbegegnungen sind es deutlich weniger, aber das wird durch die großen Ligaspiele glatt wettgemacht – so kommt man auf über acht Millionen. Das ist eine stattliche Zahl, die aber natürlich noch weit überschritten wird, wenn man Fernsehzuschauerinnen und -zuschauer mit einbezieht. In einer EMNID-Umfrage vom Juli 1994 wurde gefragt: „Wie oft sehen Sie Fußball im Fernsehen?". Die Antwort „regelmäßig" gaben 32%, „gelegentlich" ebenfalls 32% „selten" 20% und „gar nicht" nur 16%. Man wird diese Werte etwas nach unten korrigieren müssen, weil im Klima der damaligen Weltmeisterschaft auch mancher Indifferente und vielleicht sogar mancher Gegner sich in die allgemeine Aufmerksamkeitsrichtung drängen ließ. Aber es ist kaum zu gewagt festzustellen, dass die Mehrheit der Deutschen an Fußball interessiert ist.

Es gibt nun freilich eine Einstellung, die aus solchen großen Zahlen geradewegs die Forderung oder zumindest den Verdacht ableitet, es müsse sich um etwas reichlich Banales, wenn nicht Bescheuertes handeln. Theodor W. Adorno spießt in einem seiner Essays den US-Werbeslogan auf: „Thirteen millions Americans can't be wrong", der – so Adorno – Meinung als Wahrheit substituiere. ADORNO hätte wahrscheinlich der lapidaren Feststellung zugestimmt, mit der Dirk Schümer, ironisch freilich, sein Fußballbuch – es trägt den mysteriös verlockenden Titel „Gott ist rund" – beginnt: „Fußball ist Schwachsinn". Aber ADORNO spricht immerhin im gleichen Satz vom „abgekapselten Stolz derer (...), die als Kulturelite sich fühlen". Und es ist bestimmt ein allzu simples Verfahren, jenen Reklamesatz „Thirteen millions Americans can't be wrong" einfach umzudrehen:„Thirteen millions Americans can't be right".

Auf unseren Gegenstand angewandt: Das nachweisbar große, weitverbreitete Interesse am Fußball besagt noch nicht, dass es sich dabei um wertvolles Kulturgut handelt. Vermutlich ist der Prozentsatz der Biertrinker ähnlich hoch und der der Raucher nicht so sehr viel kleiner. Aber dieses weitverbreitete Interesse rechtfertigt allein schon die Frage, worin denn nun die Bedeutung dieses Spiels liegt, das zumindest in den Augen der Ignoranten ja doch reichlich merkwürdig ist. „Da rennen 22 Menschen einem Ball nach" pflegte mein Deutschlehrer, ein sensibler Ästhet, verächtlich zu konstatieren.

Ich habe, in einer allerdings erklärungsbedürftigen Formulierung, in die Überschrift des Beitrags gepackt, worin ich die besondere Funktion und Bedeutung des Fußballs sehe: „Kleine Feste im Alltag". Alltag – das heißt Routine, Wiederholung, Schematismus. Die Routinisierung unseres Handelns ist notwendig. Sie gibt Sicherheit und sie entlastet. Es wäre ganz unmöglich, alle Handlungen zu reflektieren und aufgrund der jeweiligen Reflexion zu entscheiden; dies führte wahrscheinlich schon bei einfachen Verrichtungen wie beim Zähneputzen oder beim Gangschalten im Auto zu hamletwürdigen Blockaden. Routine entlastet, sie bietet ein sicheres Korsett; aber sie engt auch ein. Routine trägt den Mangel, den Makel des Immer-gleichen, und der überträgt sich auf den Menschen in der Form der Langeweile. Langeweile ist ein modernes Phänomen (Das Wort ist erst im 18. Jahrhundert aufgekommen, und in der Philosophie wird Langeweile nach einem kurzen Vorlauf bei Blaise PASCAL erst von KIERKEGAARD und SCHOPENHAUER behandelt). Das erklärt sich wohl daraus, dass Langeweile den Wunsch, das Bedürfnis voraussetzt, dass es nicht langweilig ist. Der Gegensatz zu Langeweile ist Erlebnis, und auch das ist ein neuer Begriff. Und wenn unsere Gesellschaft als „Erlebnisgesellschaft" charakterisiert wird, dann hängt damit ein besonders intensiver und oft hektischer Wunsch zusammen, der Langeweile zu entkommen. Deshalb werden mehr und mehr Angebote bereitgehalten, die Langeweile zu überwinden, zumindest zu verdrängen. Angebote zur Abwechslung, wie sie vor allem von den verschiedensten Medien bereitgehalten werden, von Illustrierten bis zu Videos, aber auch von speziellen Institutionen wie Erlebnis-Parks, Erlebnis-Gastronomien usw. Es ist ein außerordentlich buntes Angebot, aber es geht ein in den Alltag. Es wird routinisiert, trägt bestenfalls zu einer gewissen Strukturierung bei, vermittelt aber nur selten substantielle Erfahrungen, wirkliche Erlebnisse.

Ein Gegenbegriff zu Alltag ist: *Fest*. Fest – das ist ein Heraustreten aus dem Alltag, eine Phase, in der die Zeit nicht nur totgeschlagen, in der sie nicht nur verbraucht wird, sondern die herausgehoben ist aus dem alltäglichen Routineablauf. Und meine These ist: Fußball ist ein kleines Fest, herausgehoben aus den alltäglichen Verrichtungen und Zumutungen, abgesetzt von jeder Pflichtmonotonie. Ich sehe freilich ein, dass das einer Begründung bedarf. Warum soll Fußball – aktiver Fußball – etwas anderes sein als zum Beispiel ein Spaziergang oder andere Gedankenstriche im forteilenden Alltag? Warum soll Fußball – passiver Fußball – etwas anderes sein als Soap-Operas oder Comedy-Shows? Macht es wirklich einen Unterschied, ob man sich von Guildo Horn oder Lothar Matthäus unterhalten läßt? Der Unterschied ist gering, wenn Matthäus spricht oder singt, aber er ist groß, wenn Lothar Matthäus spielt.

Das Stichwort Spiel ist ein erster Hinweis auf die Differenz. „Der Mensch spielt nur, wo er in voller Bedeutung des Wortes Mensch ist, und er ist nur da ganz Mensch, wo er spielt": Friedrich SCHILLER. „Das Spiel in Indifferenz und Leichtsinn ist der erhabenste und einzig wahre Ernst": HEGEL. Beide haben gewiss nicht an Fußball gedacht, schon weil es Fußball damals noch nicht gegeben hat. Beide zielten gewiss auf erhabene Gegenstände des Ästhetischen. Aber so viel läßt sich sagen: Fußball ist ein Spiel, ausgegrenzt aus der sonstigen Wirklichkeit durch räumliche Abgrenzung und zeitliche Ordnung. Und es ist andererseits nicht nur Ordnung, sondern auch Freiheit, fast chaotische Freiheit. Deshalb prallen die biederen Hygieneempfehlungen, mit denen der Sport oft aufgewertet wird, am Fußballspiel meistens ab. Fußball – mag er inzwischen auch garniert sein von VIP-Logen und anderen Symbolen der High Society – kommt immer noch Brechts anarchischem Wunsch entgegen: „Ich bin für den Sport, weil und solange er riskant (ungesund), unkultiviert (also nicht gesellschaftsfähig) und Selbstzweck ist".

Ein zweites: Der feste Rahmen und die festgeschriebenen Modi der Austragung von Fußballspielen führen zur Routinisierung. Auch Feste sind Wiederholungen – immer gleich, aber im Idealfall gleichzeitig immer anders. Und in diesem Punkt hat Fußball Festen wie Ostern und Weihnachten einiges voraus. Die Buntheit von Ostereiern erscheint ziemlich eintönig im Vergleich mit den unendlichen Varianten – ich komme darauf zurück – des Fußballspiels. Ein Spiel oder Spielzug mag zwar gelegentlich an andere Spiele oder Spielzüge erinnern, und es gibt bekanntlich Profi- und Laienkommentatoren, die bei jedem Lattenschuß in chronischer verbaler Inkontinenz von Wembley reden, und man hört auch immer wieder: Der spielt wie Schlienz, wie Lippens, wie Libuda – aber es sind immer nur entfernte Ähnlichkeiten.

Festlich – es ist kaum nötig zu sagen, dass festlich hier nicht gleich feierlich ist – festlich ist auch die Rhythmisierung, die über Fußballspiele zustande kommt. Ich nenne diesen Punkt mit einem leichten Zögern, weil inzwischen das Fernsehen und andere Agenturen der Unterhaltungsindustrie bestrebt sind, Fußball zum Dauerangebot zu machen, ständig abrufbar, live oder in Wiederholung. Aber für den durchschnittlichen Fußballfreund ist das Fußballspiel – auch dann, wenn er es nicht aktiv betreibt – ein wiederkehrender Höhepunkt und kein potentieller Dauerzustand.

Und schließlich: Fußball ist – wie jedes richtige Fest – etwas Eigenes, keine fertige Inszenierung oder Aufführung, die präsentiert wird, sondern eine in jeder Richtung offene Entwicklung, an der alle Festenden Anteil haben: die Aktiven sowieso, aber auch die Zuschauer, die in gewisser Weise mitspielen, selbst die vor dem Fernsehschirm, und die zudem in vielen Fällen ihre eigene Spielerfahrungen mitbringen.

Wenn ich das Fußballspiel in die Diätetik des Alltags einordne, in das Ausbalancieren von Routineanforderungen und Routineentlastungen, und wenn ich ihm eine besondere Rolle zuweise, dann hängt das natürlich mit den ganz spezifischen Qualitäten des Spiels zusammen. Fußball ist aufs ganze gesehen attraktiver als andere Sportarten und Sportspiele. Die Dominanz im öffentlichen Bewußtsein und Interesse ist weder künstlich erzeugt noch zufällig. Ich will versuchen, diese Feststellung, mit der ich Tennisspieler und Leichtathleten, Handball- und Volleyballfans, Turner und Basketballfreunde provoziere, in fünf Punkten zu begründen und abzusichern.

Das erste: Fußball ist ein besonders raffiniertes und das heißt: verfeinertes Spiel. Diese Bemerkung mag überraschen. Zumindest bei den Gegnern des Fußballs steht es oft im Geruch des Primitiven, und selbst die Enthusiasten weisen manchmal einseitig auf das ungehemmt Aggressive des Fußballspiels hin. Peter HANDKE hat in dem Bändchen „Ich bin ein Bewohner des Elfenbeinturms" von 1972 auch über „die Welt im Fußball" geschrieben. Dort heißt es: „Es ist eine Freude für die Spielenden, die Gegenstände, die man in der Metapher fälschlich tot nennt, in Bewegung zu versetzen. Am herrlichsten ist es, sich dabei gar nicht bücken zu müssen, sondern die Bewegung mit den Füßen einzuleiten; welche Hochherrschaft über die Dinge: man kann an sie Fußtritte austeilen, ohne die würdevollen Hände dabei rühren zu müssen. Man kann seine Lust und Unlust an den Dingen auslassen". Der Essay bleibt hier nicht stehen, aber der Akzent auf „Fußtritte austeilen" wird nicht zurückgenommen, und jedenfalls ist für diejenigen, die dem Fußball fremd gegenüberstehen, das Fußballspiel oft in erster Linie eine Klopperei, ein aggressiver Akt. Der Ball wird geschlagen, in der Tat – und der gegnerische Spieler, das läßt sich nicht verheimlichen, manchmal ja auch.

Diese Auffassung hängt wahrscheinlich auch damit zusammen, dass Fußball sehr häufig von braven Bürgern abgewertet und später von der rebellischen Intelligenz gefeiert wurde als Proletensport. Dabei ist diese Zuweisung ans Proletariat mindestens im Blick auf die Genese völlig falsch.

Bergleute und Fabrikarbeiter hatten weder die Zeit noch die Kraft, sich diesem aus England kommenden neuen Sport zu widmen, sondern es waren andere Männer – genau betrachtet überhaupt keine Männer, sondern es waren Schüler, Gymnasiasten, einige Studenten auch, Jungen und in erstaunlich großer Zahl auch Mädchen, die in der Zeit um die Jahrhundertwende Fußball durchsetzten. Roland BINZ hat detailliert auf die Zusammenhänge mit der pädagogischen Spielbewegung hingewiesen, und Christiane EISENBERG hat die Wege und Formen des Fußballs im Kaiserreich genau verfolgt

Aber zurück zur Anatomie. In die Kritik des Fußballs geht manchmal eine geradezu puritanische Körpermoral ein. Fußball spielt sich weithin unterhalb der Gürtellinie ab (allerdings ganz unten). Was dabei übersehen wird, ist die Tatsache, dass der weite Weg vom Kopf – den auch der Fußballspieler nicht nur zum Köpfen benutzt, sondern auch zum Denken und zum Dirigieren seiner Bewegungen – zum Fuß von vorneherein eine Schwierigkeit einbaut, die erst einmal überwunden werden muß. Unsere auf Veränderungen und Dynamik dressierte Optik läßt uns leicht übersehen, dass vor dem aggressiven Schuß der Ball erst einmal gestoppt, geführt, vorgelegt werden muß. Das Fangen, das Werfen, das Abklatschen eines Balls mit der Hand ist ein meinetwegen natürlicher, jedenfalls näherliegender Vorgang; eben deshalb ist Fußball raffinierter. Ich formuliere noch einmal provozierend: verfeinerter. Es ist natürlich keine intellektuelle Raffinesse, sondern eine Raffinierung des ganzen Körpers. Bernhard MINETTI hat das vor über 40 Jahren in eine geradezu hymnische Bemerkung gefaßt: „Der Ausdruck des Körpers in der Bewegung ist vielleicht das Hinreißendste im Fußballspiel, weil der Mensch in der Hingabe, der Besessenheit des Spiels zu 'höherem Zweck' die berechnende Bewusstheit verliert und sich unmittelbar ausdrückt in einem höheren 'Sein' ".

Das zweite, was ich herausstellen möchte, ist ein hohes Maß an Komplexität, das dem Fußball eigen ist. Fußball ist wirklich ein Spiel ohne Grenzen; wenn man vom Spielfeldrand und dem im Grunde ziemlich schlanken Regelwerk absieht. Natürlich haben die Spieler bestimmte Aufgaben. Manche Trainer machen Skizzen, in denen schnurgerade Pfeile die Schlachtordnung angeben. Aber das Spiel ist gerade nicht geradlinig. Jeder Spieler kann sich, solange er auf dem Spielfeld ist, in alle Richtungen bewegen – in verschiedene Richtungen, aber auch mit verschiedener Geschwindigkeit und mit verschiedenen Absichten. Und die Bewegungen des Balls sind ja auch nicht fest programmierbar.

Man kann sich diese ganz wesentliche Eigenschaft des Fußballspiels vergegenwärtigen, wenn man sich im Kontrast etwa ein Schachspiel vorstellt. Läufer und Turm dürfen sich nur geradeaus bewegen, der Springer darf es gerade nicht, usw. Es gibt auch im Schachspiel eine große Zahl von Möglichkeiten, aber doch eine endliche Zahl, die man mit Computerprogrammen zwar nicht erreicht, der man sich aber nähern kann. Ein Computerprogramm Fußball ist immer enorm defizitär. Vieles läßt sich simulieren; zum Beispiel dürfte es möglich sein, die 'Spieler' lernfähig zu machen, wie dies bereits bei Programmen für Fußballroboter versucht wird. Aber wie lernfähig sind Kohler oder Balakov? Und wie verschieden wenden sie das Gelernte an oder nicht an! Fußball kennt eine enorme, ja eine unendliche Zahl von Variationen. Zwar ist auch im Fußball manches festgelegt und manches vorhersehbar, das meiste aber nicht.

Fußball ist unberechenbar. „Das Fußballspiel ist ein Plädoyer für das nicht Planbare, für Überraschung und Sensation", schreibt Gert HORTLEDER; und Sepp HERBERGER, der legendäre, schon zu Lebzeiten und erst recht nach seinem Tod etwas riskant hochstilisierte Bundestrainer, sagte auf die Frage, warum die Leute zum Fußballspiel gehen: „Weil se net wisse' wie's ausgeht". Wenn es nur darum ginge, könnte man sich allerdings auf die Nachrichten und aufs Tabellenstudium zurückziehen, aber Fußball ist eine Komposition aus Unberechenbarkeit. Dass man nie weiß, gehört zum Ethos des Fußballspiels.

Wahrscheinlich ist es statistisch nicht nachweisbar, dass besonders viele Tore in der 91. oder 92. Minute fallen, also nach der regulären Spielzeit. Aber das sind die Ereignisse, die in nuce verkörpern und darstellen, was Fußball ist. Das 3:4 des VfB Stuttgart gegen Schalke in der letzten Minute; das Siegtor von Olaf MARSCHALL für Kaiserslautern in der allerletzten Minute; Jens Lehmann, der Torhüter, der in der Schlußminute in den gegnerischen Strafraum stürmt und ein Tor köpft. Solche Überraschungen sind paradoxerweise im Grunde keine Abweichungen vom Üblichen; in ihnen wird vielmehr das Prinzip Fußball sichtbar, kommt das Spiel gewissermaßen zu sich selbst.

Zur Komplexität trägt im übrigen auch der Bewertungsrahmen bei, die Tabellenarithmetik, die zwar exakt ist, sich aber ständig verändert und verschiedene Einschätzungen erlaubt. Die Fußballweisheit, dass das jeweils nächste Spiel das schwerste und das wichtigste ist, besagt indirekt ja auch, dass keines allein wichtig ist. Eine Mannschaft kann 2:0 führen und doch noch 2:6 verlieren, und eine Mannschaft kann in der Mitte der Saison auf einem Abstiegsplatz stehen und doch noch UEFA-Ränge erreichen. Und die Meisterschaft ist meist auch wenige Wochen vor Saisonende, oft vor dem letzten Spieltag noch nicht entschieden.

Als drittes Stichwort stelle ich die Dynamik des Spiels heraus. Sie erhöht die Unberechenbarkeit, und sie wäre durchaus auch unter Komplexität subsumierbar. Aber die hohe Geschwindigkeit des Spiels – nicht in allen, aber in vielen Phasen – gibt ihm einen besonderen Charakter. Unsere Gesellschaft wird gelegentlich durch das Kunstwort dynaxity (aus dynamics und complexity) charakterisiert. Komplexität und Dynamik sind Merkmale, die tatsächlich weite Bereiche unseres Lebens in der Ökonomie, in der Kommunikation, in der Technik charakterisieren. Dies macht Fußball zu einer zeitgemäßen Repräsentation. Dabei ist zu beachten, dass die Dynamik das Spiels durch die jüngste Entwicklung, durch Professionalisierung und Spezialisierung, stetig gewachsen ist. Es gibt gegenüber dem Fußball ja eine vor allem in meinen Jahrgängen verbreitete nostalgische Haltung. Dabei wird dann nicht nur – mit Recht – wehmütig auf die Zeit zurückgeblickt, in der man in jeder Nebenstraße und in jedem Wirtsgarten und Hinterhof kicken konnte und durfte; es wird auch nicht nur – mit guten Gründen – auf die Anspruchslosigkeit auch der bekanntesten Fußballspieler hingewiesen; es wird auch ein Bild vom Fußball selbst gezeichnet, das sicher idealisiert ist. „Damals, da hat noch einer für den anderen gekämpft. Heute laufen die doch nur, wenn du ihnen einen Schein vor die Nase hältst", sagt zum Beispiel ein Bremer Zuschauer (abgedruckt bei Rolf LINDNER in seinem Büchlein „Der Fußballfan"). Das mag ja sein, und die Kritik an der Millionärsattitüde vieler Spitzenfußballer ist sicher nicht an den Haaren herbeigezogen. Nur – die Art und Weise, wie früher gekämpft wurde, war jedenfalls sehr viel weniger dynamisch als heute. Hans Kalb vom 1. FC Nürnberg, Dr. Hans Kalb, galt lange Zeit als der beste Mittelfeldspieler und war Spielführer der Nationalelf. Er wog bei 1,85 Körpergröße rund 100 kg. Und man braucht nicht in die zwanziger Jahre zurückzugehen. Die Filmaufnahmen mit den Idolen Fritz Walter oder Uwe Seeler zeigen, dass diese heute nicht mehr mithalten könnten. Und selbst bei Filmsequenzen mit Beckenbauer oder Netzer drängt sich einem die Frage auf, ob sie wohl in einer heutigen Bundesligamannschaft ähnlich brillierten wie damals.

Die Dynamik ist jedenfalls so gewachsen, dass es keine Schnaufpausen mehr geben kann. Der Spieler – jeder Spieler – muss in jedem Augenblick, und sei er am anderen Ende des Spielfelds, hellwach die Kombinationen verfolgen. Die Zuschauer im Stadion tun das nicht immer, aber einfach deshalb, weil für sie die Spiele zum Teil eher eine Katalysatorfunktion haben. Man hat gerade bei Fans beobachtet, dass sie viele Spielzüge gar nicht mitkriegen, nicht nur infolge alkoholbedingter Euphorie, sondern weil sie sich der Kommunikation untereinander und den Ritualen normierter Begeisterung hingeben. Was die Zuschauerinnen und Zuschauer am Fernsehbildschirm anlangt, so gilt fast das gleiche wie für die Spieler. Aussteigen kann man nicht, es sei denn, es werden Werbeblöcke dazwischen geschaltet. Fußballübertragungen sind der einzige Sendetyp, bei dem ich zu meinem Bedauern nicht nebenher Zeitung lesen kann.

Das vierte: Die Wettkampfkonstellation führt fast unweigerlich zur Parteilichkeit, zur Identifikation mit einer Mannschaft. Die starke Bindung an die Mannschaft gilt bereits für die Spieler der kleinsten Freizeitmannschaft, wahrscheinlich sogar noch mehr als in der bezahlten Profielf. Für die Freizeitkicker ist die Gruppenidentität ein ganz wesentliches Moment. Aber auch die Zuschauer werden in den Wettstreit hineingezogen. Die Auseinandersetzung und der Ausgang der Auseinandersetzung läßt sie nicht gleichgültig. Das bedarf keiner besonderen Erklärung, wenn es sich um die eigene Mannschaft handelt. Aber man entgeht der Identifikation fast nie. Es kommt kaum je vor, dass es einem wirklich gleichgültig ist, wer gewinnt. Es gibt zwar souveräne Ästheten des Spiels, die Parteilichkeit verabscheuen und die deshalb vorsichtshalber ihr Interesse auf Spiele wie Brasilien gegen Argentinien konzentrieren. Aber abgesehen davon, dass man auch für weit entfernte Regionen Vorurteile bereithält – meist geschieht irgend etwas im Spiel, das die Sympathiegewichte verschiebt und festlegt: die Benachteiligung einer Mannschaft durch den Schiedsrichter, besonders schöne Kombinationszüge, ein lustiger Torwart, ein böses Foul, und plötzlich fiebert man mit, mit einer Mannschaft, nicht mit beiden. Herzanfälle kommen zwar im allgemeinen nur bei Spielen der eigenen lokalen oder nationalen Teams vor, aber starke Identifikationen gibt es auch sonst.

Manchmal ist die – meistens nicht ausführlich reflektierte – Entscheidung für eine Mannschaft in der Konstellation begründet. Trier gegen Duisburg – beides ist von hier weit genug weg. Ich habe trotz Porta Nigra und Karl Marx keine besonderen Sympathien für Trier, und ich habe trotz Schimanski keine besondere Abneigung gegen Duisburg. Aber Eintracht Trier spielt zwei Klassen tiefer als der MSV Duisburg, also bangt man mit Trier und empfindet die Tragödie mit, als der großartige Torhüter von Trier beim Stand von 10:10 seinen Elfmeter um Zentimeter neben das Tor setzt. Dass sich Eintracht Trier großenteils aus polnischen, ukrainischen und russischen Gastspielern rekrutiert, tut in diesem Augenblick dem Mitgefühl keinen Abbruch. Es geht nicht um lokalpatriotische Zuneigung, sondern um Sieg oder Niederlage in einer bestimmten Konstellation.

Ganz ähnlich war es, wenn gegen Ende der Spielzeit 1997/1998 immer mehr Kaiserslautern den Daumen hielten. Nicht nur deshalb, weil Bayern München eine arrogante Truppe verwöhnter Millionäre zusammengekauft hat und weil stereotypes Denken auch die Nicht-Arroganten und die Nicht-Millionäre in diesen Rahmen integriert, sondern vor allem auch, weil Kaiserslautern das Trauma des Abstiegs hinter sich hat und nun als sehr viel kleinerer und ärmerer Verein an der Spitze stand.

Das ist gewissermaßen ein Märchenmotiv: Glück nach schweren Prüfungen, Glück für den Kleinsten, obwohl es sicher nicht gerade empfehlenswert ist, dem Däumling Hristov oder anderen Kaiserslauterer Glückskindern vor die Füße zu laufen. Wie im Märchen – man könnte freilich auch mit Gerhard Polt sagen: „Wie im richtigen Leben". Das Fußballspiel spiegelt tatsächlich Grundkonstellationen des realen Lebens, was übrigens auch daraus hervorgeht, dass sich das einschlägige Sprachmaterial vom Spielfeld leicht auf andere Felder übertragen läßt. Eigentore werden auch in der Politik geschossen, im Abseits steht nicht nur der Fußballer, Konzerne spielen sich die Bälle zu, und oft wird gemauert, wenn unliebsame Fragen kommen. Lob und Schmetterball können damit nicht konkurrieren. Einen Felgaufschwung macht niemand im Bundestag. Höchstens noch der Klimmzug erweist sich als ähnlich multifunktional wie die Fußballausdrücke.

Ein letzter Punkt in der Argumentation für die Bedeutung des Fußballs: Fußball ist bei aller Komplexität leicht verständlich. Das Hauptziel, symbolisiert in Ball und Tor, ist ohnehin klar. Aber auch das sonstige Regelwerk ist weniger schwierig als beispielsweise die Verkehrsregeln, die bei der Fahrprüfung abgefragt werden. Wenn die Abseitsregel abgeschafft wird (was auf der Linie der Dynamisierung liegen könnte), ist es noch unkomplizierter.

Mit einem gewissen Recht hat man immer wieder gesagt: Im Fußball ist jedes Experte. Jede und jeder kann mitreden, und es gibt Stoff genug. War der Pfiff, war die gelbe Karte gerecht? Was wäre gewesen, wenn? Wenn der Spieler X nicht vom Platz gemusst hätte, wenn der Spieler Y eingewechselt worden wäre? Das sind Diskussionsthemen, Gegenstände der Auseinandersetzung, aber sie stellen vor allem Gemeinsamkeit her. Ich will mich nicht versteigen zu der Feststellung, dass Fußball unsere Welt im innersten zusammenhält. Aber Fußball gehört zu den ganz wenigen Themen und Bereichen, die sich einerseits der Pluralisierung der Lebenswelten anschmiegen (es gibt sehr verschiedene Arten, Fußball zu erleben, und sehr verschiedene Orientierungen), die aber andererseits die Pluralität überbrücken und die Fragmentierung der Gesellschaft ein Stück weit zurücknehmen. Über Fußball kann man mit fast allen reden; sogar mit seriösen Professoren, die allerdings dann oft sagen, sie hätten das Länderspiel im Fernsehen ganz zufällig, durch einen Schaltfehler gewissermaßen, mitgekriegt.

Soweit meine Hinweise zur Bedeutung von Fußball. Ich möchte zwei Kritikpunkte am Ende selbst vorbringen, nicht um sie zu entkräften, aber um den Stellenwert zu bestimmen und dadurch diese Kritikpunkte etwas einzuengen. Das erste: Wäre es nicht nötig gewesen, eine genauere analytische Trennung vorzunehmen zwischen dem, was auf dem Spielfeld, dem, was im Stadion oder am Rande dörflicher Sportplätze, und dem, was vor dem Fernsehschirm geschieht? Es ist richtig, dass es da erhebliche Unterschiede gibt und dass eine schärfere Empirie wahrscheinlich sogar verbietet, von *dem* Fußball zu sprechen. Die hochbezahlten Profis haben andere Sorgen und andere Gratifikationen als die Spieler von Jugendmannschaften, in denen nachweislich auch heute noch die interne Kameradschaft wichtiger ist als der Tabellenstand. Aber es scheint mir doch legitim, die generelle Alltagsbedeutung von Fußball herauszuarbeiten und dabei von Spielern *und* Zuschauern zu reden. Zuschauer und Zuschauerin auf dem Platz bzw. im Stadion spielen ja quasi mit, sie feuern an oder sie verweigern die Gefolgschaft. Die Stimmung der Zuschauer überträgt sich auf die Mannschaft, und die Leistung der Mannschaft auf die Stimmung der Zuschauer. Was das Verhältnis mitbestimmt, ist, dass viele der Zuschauer selber Fußballspieler sind oder waren. Dass sie jetzt nur noch zusehen, ist ein Ausdruck der Generationenfolge. Gelegentlich wird in der Sportwissenschaft der moderne Enzyklopädismus der Sportarten der alten Sportarttreue gegenübergestellt. Ich möchte behaupten, dass diese Gegenüberstellung von einst und jetzt im Fußball nur bedingt richtig ist. Hier gilt großenteils die Sportarttreue, nur äußert sie sich – da Fallrückzieher für 70-jährige nicht empfehlenswert sind – auf den Zuschauerrängen.

Der zweite Kritikpunkt ist gewichtiger. Wurde in diesem Referat nicht vieles ausgeblendet von dem, was dem Fußball heute sein Profil in der Öffentlichkeit gibt? Die überzogene Identifikation, in die manchmal militanter Fremdenhass eingeht. Die Integration in die Unterhaltungsindustrie. Die Regentschaft der Stars und der Showmaster. Die politische Ausbeutung des Fußballspiels. Die Kommerzialisierung schließlich, der internationale Markt, der dem Fußball seine Gesetze aufzwingt.

In der Tat, davon war nur am Rande die Rede. Diese Fragen werden in einigen der folgenden Beiträge dieses Sammelbandes ausführlicher behandelt werden. Hier ging es um die Alltagsbedeutung von Fußball, und es scheint mir nicht unerheblich, dass die Qualitäten des Fußballs nicht versickern in all dieser Funktionalisierung und Fremdbestimmung, sondern dass es nach wie vor einen Erlebnisraum Fußball gibt, in dem reelle Leistung, Spielwitz, Energie, Spaß und sogar Moral etwas gelten. Ion Tiriac – ich weiß, dass er in einer anderen Sportart zuhause ist – wurde in einem Interview gefragt: „Und wo bleibt die Moral?" Seine ironische Antwort: „Willkommen in der Regionalliga", Sport sei schließlich eine profitorientierte Industrie.

Aber es gibt die Regionalliga, und es gibt die Realität des Spielfelds, die nicht nur starre Regeln benötigt, sondern auch moralische Prinzipien. Die ZEIT titelte kürzlich: „Fairness braucht das Land", und in dem Artikel war ausdrücklich davon die Rede, eine faire Gesellschaft könne an die Prinzipien des Sports anknüpfen. Das war vielleicht naiv gedacht, was die Gesellschaft und die Politik anlangt; aber es spricht für den Sport, dass er hier als Beispiel und als Impulsgeber beschworen wird.

CHRISTIANE EISENBERG

Von England in die Welt: Entstehung und Verbreitung des modernen Fußballs*

Die Fußballweltmeisterschaft 1998 in Frankreich wurde als „Vollversammlung der Menschheit" bezeichnet – mit guten Gründen: Zum einen war bei dem Turnier ein Großteil der Menschheit formal repräsentiert, da die Ausrichterin, die Fédération Internationale de Football Association (FIFA, gegr. 1904), mittlerweile über 200 Länder – und damit mehr als die UNO – zu ihren Mitgliedern zählt. Zum anderen gibt es derzeit kein anderes Ereignis, das in den Medien als den 'Kommunikationsorganen' der Menschheit eine derart große Aufmerksamkeit erfährt. Statistisch gesehen, schaltete sich im Sommer 1998 jeder der 5,7 Milliarden Erdenbewohner sechsmal in die Fernseh-Berichterstattung über die Weltmeisterschaft ein, so dass sich die aggregierten Zuschauerzahlen am Ende auf insgesamt 39 Milliarden beliefen. Davon entfielen 1,7 Milliarden auf das Eröffnungsspiel und 2,2 Milliarden auf das Finale. (1)

Die Größe der „Vollversammlung" darf allerdings nicht darüber hinwegtäuschen, dass sich der fußballinteressierte Teil der Menschheit in bestimmten Regionen der Welt konzentriert: nämlich in Europa, wo kürzlich sogar ein „Menschenrecht auf Fußball" geltend gemacht worden ist, und in Südamerika. In Nordamerika, Asien, Afrika und Australien hält sich die Anteilnahme am Fußballgeschehen dagegen in Grenzen. Das liegt nicht nur an der Unterversorgung mit Fernsehgeräten oder leistungsfähigen Satellitensendern in ärmeren und abgelegenen Regionen dieser Kontinente, sondern auch am ausgeprägten Desinteresse der Bevölkerung. Bezeichnenderweise stehen auch hochmoderne Industriestaaten wie Japan, Australien und die USA, die sich sonst durchaus sportverrückt gebärden, im Fall des Fußballs – jedenfalls in der hier interessierenden Soccer-Version – bislang abseits.

Wie erklärt man die außerordentliche Aufmerksamkeit für das Phänomen Fußball, wie die ungleiche Verteilung über den Globus? Sicher nicht durch die bekannten Liebeserklärungen an den runden Ball und kluge Ausführungen über die „Logik des Spiels", denn diese ließen sich für andere Mannschaftsballspiele nicht weniger überzeugend vorbringen. So orientierten sich die Propagandisten des neuerfundenen Handballspiels im Europa der 20er/30er Jahren ganz offensichtlich am Vorbild des Fußballs, ohne dass ihr Spiel dessen Popularität auch nur annähernd erreicht hätte. Und in den Staaten des ehemaligen britischen Commonwealth begeistert sich die Bevölkerung traditionell für Cricket, ein Spiel, das die durchschnittlichen Mitteleuropäer ebensowenig zu überzeugen vermag wie das dem Cricket nachempfundene Baseball-Spiel der Nordamerikaner.

Dieser Beitrag versucht daher nicht, den skizzierten Befund – Erfolg des Fußballspiels bei den Massen, aber nur in bestimmten Regionen der Welt – durch eine Aufzählung seiner besonderen Vorzüge zu erklären, sondern er analysiert die sozialen, ökonomischen und politischen Umstände seiner Entstehung und internationalen Verbreitung. Die Darstellung beginnt mit einem Blick nach England im 19. Jahrhundert, wo der moderne Soccer-Fußball 'erfunden' wurde. In einem zweiten Schritt werden die einzelnen Etappen der Verbreitung des Spiels über die Welt seit dem späten 19. Jahrhundert nachvollzogen. Untersucht wird zum einen, wer das englische Spiel in anderen europäischen Ländern und in Übersee bekannt machte, zum anderen, warum es in manchen Fällen bei der einheimischen Bevölkerung auf Interesse stieß und in anderen nicht. Diese zweite Frage verlangt, sich etwas eingehender auch mit den Motiven und Rahmenbedingungen der Aneignung des Soccer-Fußballs in seinen Importländern zu befassen, denn –

so der zu erläuternde Befund – es waren ganz bestimmte Rahmenbedingungen in den Empfängerländern, die erfüllt sein mußten, damit das Spiel ein Erfolg wurde; wenn sie fehlten, scheiterte der Import. Der letzte Teil des Beitrags zeigt dann, wie sich die einmal entstandenen Ungleichgewichte verfestigten, als der internationale Spielverkehr im fortschreitenden 20. Jahrhundert eine Eigendynamik entwickelte. Dieser Teil mündet in einen Ausblick auf die Gegenwart.

Die Entstehung des modernen Fußballs in England

Die Autoren vieler älterer und mancher neuerer Fußballgeschichten versichern ihren Lesern, dass das Spiel so alt wie die Menschheit sei. Das ist nicht falsch, lassen sich doch Spiele, bei denen ein Ball bzw. – in vorindustrieller Zeit – eine gefüllte Schweinsblase mit Fußkicks über ein Feld getrieben wurde, schon für das alte China 3000 Jahre vor Christus nachweisen. Das florentinische Calcio-Spiel aus der Zeit der Renaissance ist ein weiteres Beispiel früher Fußball-Leidenschaft. Für das moderne Soccer-Spiel sind diese Vorläufer jedoch im allgemeinen ohne Bedeutung, weil keine – jedenfalls keine direkten – Kontinuitäten in die moderne Industriegesellschaft nachzuweisen sind. Die frühneuzeitliche Fußballtradition schlief ein, bevor in den neuentstehenden Industriestädten Bedarf nach neuen Freizeitvergnügen entstand.

Die nach dem derzeitigen Stand der Forschung einzige Ausnahme von dieser Regel war England. Auch hier wurde der wilde, ungeregelte Dorffußball, bei dem es verschiedentlich Verletzte und Tote gegeben hatte, immer seltener gespielt, seitdem mit dem 18. Jahrhundert die Einhegungen von Brachland und Allmenden und der Straßenbau Freiflächen vernichteten und die Urbanisierung zur Auflösung ländlicher „communities" führte. Bezeichnenderweise bemerkte Joseph STRUTT in seinem 1801 erschienenen Buch

The Sports and Pastimes of the People of England zum Fußballspiel: „It was formerly much in vogue among the common people of England, though of late years it seems to have fallen into disrepute, and is but little practised." (2) Im Unterschied zu den kontinentaleuropäischen Ländern ging die Erinnerung an die vorindustrielle „popular culture" in England jedoch niemals ganz verloren. Denn Modernisierungsprozesse wie die Urbanisierung und die Industrialisierung entwickelten sich hier vergleichsweise früh, außerordentlich langsam und überdies weitgehend unbehelligt von Eingriffen der Obrigkeiten, so dass viele ehemals ländliche Vergnügungen in die frühindustriellen Städte gewissermaßen mitgenommen wurden. Der ungeregelte Dorffußball fand daher in vielen Fällen eine Fortsetzung auf den Straßen der proletarischen Wohnviertel.

Das Spiel erhielt zusätzliche Impulse, als um die Mitte des 19. Jahrhunderts der Adel und das aufstrebende Bürgertum begannen, ihre Söhne in Internaten auf dem Land, den sogenannten Public Schools, erziehen zu lassen, wo sich der vorindustrielle Fußball ebenfalls erhalten hatte. Hier wie auch an den Universitäten Oxford und Cambridge wurden – teils auf Drängen der Lehrer, teils aus Zweckmäßigkeitsüberlegungen – die zum Teil sehr alten Regeln aufgeschrieben, damit alle Beteiligten sich damit vertraut machen könnten und ein geordneter Spielverlauf gewährleistet würde. Als die Bildungsinstitutionen mit der Zeit anfingen, auch untereinander Matches auszutragen, entstand der Wunsch nach Vereinheitlichung der Regeln. Um entsprechende Verabredungen zu treffen, kamen schließlich im Jahr 1863 Vertreter der Fußballmannschaften mehrerer Public Schools in London zusammen. Das Ergebnis dieses Gentleman-Treffens war die Gründung einer Football Association (FA), welche die Einhaltung der verabredeten Regeln und Konventionen des Spiels überwachen sollte. Das war, so läßt sich argumentieren, die Geburtsstunde des modernen Fußballs, denn die FA, die bald auch von den Klubs und Spielgemeinschaften der städtischen Arbeiter als Autorität akzeptiert wurde, schuf die Voraussetzungen für die erfolgreiche Institutionalisierung des Spiels. Vier Punkte erwiesen sich in diesem Zusammenhang als besonders wichtig:

Erstens entschieden sich die FA-Gründer bei ihren Beratungen gegen eine an der Rugby-Schule beliebte Spielweise mit einem eiförmigen Ball, bei der das Handspiel und das Treten des Gegners („hacking") erlaubt waren, und verständigten sich auf eine weniger verletzungsträchtige Variante, die nicht nur für Schuljungen und Studenten, sondern auch für Berufstätige geeignet war: jene mit einem kugelrunden Ball, den die Feldspieler nur mit den Füßen weitergeben durften. Dieses Associations-Spiel, kurz: Soccer, ließ Raum für Kraft und Artistik, Kalkül und Spontaneität. Und da die Athleten bestimmte Rollen, etwa die des Stürmers, Verteidigers oder Tormanns, übernehmen mußten, konnten sich wie in einem Drama Individualität und Gemeinschaftsgeist, Egozentrik und Opfermut, Starallüren und Heldentum entfalten.

Zweitens beanspruchte die FA uneingeschränkte Autorität über ihr Spiel. Sie veranlaßte nicht nur die Publikation der verabredeten Regeln, sondern traf durch die Lizensierung von Schiedsrichtern und sonstigem Fachpersonal auch Vorkehrungen zu ihrer Durchsetzung, so wie es der für den Pferdesport zuständige Jockey Club und der Marylebone Cricket Club schon im 18. Jahrhundert vorexerziert hatten. Diese Maßnahmen verhinderten Streitigkeiten unter den Athleten. Sie bewirkten zugleich, dass eine Grenze zwischen dem abstrakten Spiel und seiner konkreten Umwelt gezogen und Interventionen Außenstehender in das Wettkampfgeschehen abgewehrt wurden. So blieb das Fußballspiel auf sich selbst bezogen und konnte Eigenweltcharakter entfalten.

Drittens stimulierte die FA den Spielverkehr. Die entscheidenden Maßnahmen dazu waren die Organisierung eines Ligasystems bis hinunter auf die lokale Ebene und die Stiftung einer Trophäe, des seit 1871 ausgespielten „FA-

Cup". Auf diese Weise konnten auch indirekte Leistungsvergleiche zwischen den Mannschaften gezogen werden. Zugleich wurden die Spiele, die für sich gesehen diskrete Ereignisse waren, in eine Kontinuität gebracht und bekamen eine Geschichte („legendäre Matches", die „Ära" bestimmter Klubs, Spieler usw.). Fußball wurde so zu einem Element der „Kultur der Moderne", die sich nach einer berühmten Definition von Baudelaire dadurch auszeichnet, dass sie das „Vorübergehende", „Zufällige" mit dem „Ewigen" zu verbinden vermag. (3) Und das Spiel konnte die für seine weitere Entwicklung so wichtige Symbiose mit Presse und Kommerz eingehen.

Viertens verzichtete die FA auf die Festlegung sozialer Teilnahmekriterien. Im Unterschied zu den vergleichbaren Organisationen für Leichtathletik, Rudern und Schwimmen, die nur wenige Jahre später gegründet wurden, führte die für Fußball nicht einmal das Wort „Amateur" im Namen. Offenbar hatten die Gentlemen nicht vorhergesehen, dass das Spiel jemals etwas anderes als ein geselliges Vergnügen für ihresgleichen sein könnte. Doch blieb die soziale Offenheit auch dann noch erhalten, als Anfang der 1880er Jahre ein Teil der Mitglieder versuchte, bestimmte Klubs, die Spielern aus der Arbeiterschaft mehr als die Spesen erstatteten, von der Teilnahme an den Liga- und Pokalspielen auszuschließen. Statt dessen führte die FA den Status des Berufsspielers ein, und 1888 eröffnete sie eine Profiliga.

Diese Regulierung und Organisierung machte das Associations-Spiel zu einem Vergnügen, das im Prinzip überall gespielt werden konnte, wo ein den Normen entsprechender Platz vorhanden war. Und an diesem Vergnügen konnte sich jedermann (im Prinzip auch: jedefrau) beteiligen: als aktiver Spieler, Zuschauer, Zeitungsleser oder Teilnehmer am sportlich-geselligen „small-talk". In England, wo sich „Soccer" bald großer Popularität erfreute, trat dieser universale Charakter u. a. darin hervor, dass sich das von bürgerlichen Gentlemen regulierte und beaufsichtigte Spiel innerhalb weniger Jahre zu einem Element der Arbeiterkultur wurde. Zwar stellten viele Liga-Klubs die Mitgliederwerbung ein, nachdem sie sich in Gesellschaften mit beschränkter Haftung umgewandelt und Anteilscheine ausgegeben hatten, und in ihren „Boards of Directors" dominierten lokale Geschäftsleute und sonstige Angehörige der bürgerlichen „middle classes"; Arbeiter bildeten unter den Klubmitgliedern eine kleine Minderheit. Unter den Bedingungen der englischen Hochindustrialisierung waren es dennoch sie, die der entstehenden Fußballkultur ihren Stempel aufdrückten. Dies nicht nur weil sich die besten und bekanntesten Profis und Halbprofis – 1910 soll es davon etwa 6.800 gegeben haben – aus ihren Reihen rekrutierten, sondern weil die seit den 1870er/80er Jahren erheblich gestiegenen Reallöhne und der von den Gewerkschaften erstrittene freie Samstagnachmittag es ihnen ermöglichten, regelmäßig zum Fußball zu gehen und den Ligabetrieb zu verfolgen. Um 1910 beliefen sich die Besucherzahlen in den Spitzenspielen von Aston Villa, Preston North End und Blackburn Rovers auf durchschnittlich 10.000, und in der Saison 1913/14 wurden die Spiele der English Football League von durchschnittlich 23.000 Menschen besucht. Das Pokalfinale dieses Jahres erreichte den Vorkriegsrekord von 120.000 Zuschauern. (4)

Die universale Qualität des von der FA beaufsichtigten englischen Fußballspiels kam auch darin zum Ausdruck, dass es bald auch außerhalb seines „Mutterlandes" Anhänger fand.

Von England in die Welt

Wie fand das Spiel nach FA-Regeln seinen Weg in andere Länder? Die lapidare Antwort lautet: mit Hilfe der modernen Verkehrsmittel – was angesichts der englischen Insellage hieß: mit dem Dampfschiff. Diese Neuerung des Industriezeitalters trug wesentlich dazu bei, dass die europäische Überseewanderung in der zweiten Hälfte des 19. Jahrhunderts nie gekannte Ausmaße erreichte: Sie nahm von 256 Millionen 1846-50 auf 686 Millionen 1906-13 zu, wobei der größte Anteil an allen Auswanderungsfällen auf die Britischen Inseln entfiel. Doch es intensivierte sich auch der Verkehr zwischen England und dem europäischen Kontinent. Hatten die Kanalfähren in den 1830er Jahren jährlich etwa 50.000 Passagiere nach Ostende, Le Havre, Boulogne, Calais und Dieppe gebracht, so waren es Anfang der 1880er Jahre 250.000 und um 1900 eine halbe Million. (5)

Eine erste Gruppe von mobilen Briten, die Sport ‚im Gepäck' hatten, waren wohlhabende Touristen, die sich den Begleiterscheinungen des beginnenden Massentourismus auf der Insel zu entziehen versuchten. Seit Mitte des 19. Jahrhunderts begaben sich Erholungsbedürftige aus „aristocracy" und „upper middle class" auf den europäischen Kontinent, um den überfüllten und zu ihrem Leidwesen zunehmend von Kleinbürgern und Arbeitern frequentierten englischen Seebädern zu entfliehen. Die meisten der reizvollen Orte auf dem Kontinent, in die sie von Thomas Cook, Baedeker und der Eisenbahn geführt wurden, u. a. Nizza und Cannes, Alassio, Portofino und San Remo, aber auch z. B. die deutschen Modebäder Bad Homburg, Wiesbaden und Baden-Baden, stellten sich recht bald auf die sportlichen Neigungen der zahlungskräftigen Gäste ein. Zunächst bauten Hoteliers und Kurverwaltungen Anlagen für Cricket und Pferderennen, später für Lawn-tennis, Golf, Lacrosse, Radrennen und auch Fußball. Viele Touristen blieben mehrere Monate auf dem Kontinent und lebten unter ihresgleichen und dem Botschaftspersonal in sogenannten Engländerkolonien. In den deutschen Staaten mit ihren zahlreichen Residenzstädten gab es davon im Jahr 1845 18, 1871 dann 27, wobei zunehmend auch Handels- und Hafenstädte vertreten waren. In diesen Engländerkolonien sorgten anglikanische Pfarrer für das Seelenheil, und der Nachwuchs wurde an den Public Schools nachgebildeten Internaten von englischen Lehrern erzogen; dort wurden auch die bekannten *sports* gepflegt.

Abb. 1

Eine zweite Gruppe von sportsmen, die sich im Unterschied zu den durchschnittlichen Touristen nicht nur nach Europa, sondern auch nach Übersee begaben, waren Geschäftsleute und Bankiers, daneben auch Industrielle, insbesondere in der Textilbranche, die im Ausland Filialen eröffneten, um mit billigen Arbeitskräften zu produzieren. Während diese Unternehmer in der Regel ihre Familien mitbrachten, kamen ihre Manager und Techniker meist allein, weshalb sie an sportlicher Geselligkeit besonders interessiert waren. Dasselbe gilt auch für jene Ingenieure und Techniker, die in den europäischen Metropolen Gas-, Wasserleitungen und andere städtische Infrastruktureinrichtungen bauten, sowie für englische Studenten, die sich an den Technischen Hochschulen in Deutschland und der Schweiz ausbilden ließen.

Wo dieses Anschlußbedürfnis zu Klubgründungen und zur Entstehung eines Wettkampfbetriebs führte, traten bald ökonomische Interessenten auf den Plan, um den Markt für Sportartikel und Sportzeitungen zu erschließen. Im Berlin der 1890er Jahre gehörten dazu z. B. die Filialleiter Londoner Handelshäuser mit „Luxus- und Kurz-Waaren", die neben „Pfeffermünz", „Drops" und „Regenröcken aus Gummi" auch Sportartikel, darunter Fußbälle, Fußballschuhe und -trikots, im Angebot hatten. Später kamen einige Zeitungsmacher hinzu, die z. T. in den Engländerkolonien aufgewachsen und daher zweisprachig waren. John BLOCH, ein deutschstämmiger, in Birmingham aufgewachsener Jude, der in Berlin Anfang der 1890er Jahre mehrere Fußball- und Cricketorganisationen ins Leben rief, gab beispielsweise seit 1891 „Spiel und Sport. Organ zur Förderung der Interessen aller athletischer Sports" heraus. Und der Schotte Andrew PITCAIRN-KNOWLES, ein ehemaliger Student der Fotochemie an der TH Charlottenburg, wagte 1895 mit „Sport im Bild" das Projekt einer ganz mit Fotos ausgestatteten Sportillustrierten; außerdem publizierte er „Sport im Wort" mit Ergebnislisten und ausführlichen Spielberichten. Die ersten deutschen Sportjournalisten gingen bei diesen Blättern in die Lehre.

Abb. 2:

Da die Wettkämpfe öffentlich waren, blieb es nicht aus, dass sich mit der Zeit auch Einheimische für Fußball interessierten; verschiedentlich wurden sie von den Briten auch zum Mitmachen aufgefordert, weil die Gegner fehlten oder die Mannschaft unvollständig war. Die Einheimischen wussten allerdings mit dem Spiel zunächst nichts Rechtes anzufangen. In Deutschland z. B. scheint die Fußballbegeisterung noch Jahre nach der 1900 erfolgten Gründung des DFB vergleichsweise verhalten gewesen zu sein. Dies bemerkte jedenfalls ein weitgereister Fußballautor im Jahr 1908. Während die englischen Zuschauer „einen fast unaufhörlichen Lärm" zu machen und „verschiedentlich in ein wahres Geheul" auszubrechen pflegten, gäben die deutschen „nur schwache Zurufe von sich wenn der Ball ins Ziel flog und waren sonst still ... Die Zuschauer verstanden meiner Meinung nach das Spiel nicht und waren nur aus Neugierde gekommen." (6)

Solange dieses Befremden nicht überwunden war, unterlag das Fußballspiel außerhalb seines Entstehungslandes nicht selten der Konkurrenz anderer, schon länger etablierter Leibesübungen und Vergnügungen. Ein Beispiel dafür ist die nachhaltige Popularität der Gymnastik in Frankreich sowie des Turnens in Deutschland und Nordeuropas. Sie ist u. a. darauf zurückzuführen, dass Turnplätze einen geringeren Flächenbedarf hatten, mithin weniger kostspielig waren als Fußballplätze nach Normmaßen, und dass die Übungen auch in der Halle durchgeführt werden konnten; denn dadurch empfahl sich das Turnen in besonderem Maße als Feierabendbetätigung der arbeitenden Bevölkerung. Ein weiteres Beispiel für den Mißerfolg des Fußballexports ist das weitgehende Scheitern des Spiels in den USA und Australien. Dort hatte sich bei Ankunft des Associations-Spiels im letzten Drittel des 19. Jahrhunderts bereits das aus dem Cricket hervorgegangene Baseball-Spiel verbreitet, und außerdem entschieden sich die Eliteuniversitäten, die ihren englischen Vorbildern Oxford und Cambridge auch darin folgten, dass Fußball bei ihnen traditionell ein Element der studentischen Geselligkeit war, nach einigem Hin und Her für Rugby und gegen Soccer. Dabei spielte auch eine Rolle, dass die selbstbewußt gewordenen Amerikaner und Australier keine große Neigung mehr verspürten, die Vorlieben der (ehemaligen) Kolonialherren unverändert zu übernehmen – weshalb auch die Rugby-Varianten erst nach der Fortentwicklung zu American bzw. Australian Rules Football populär wurden.

Doch in vielen Fällen gelang die Aneignung des Soccer-Fußballs. Und wo dies der Fall war, erfolgte die weitere Entwicklung überall nach einem sehr ähnlichen Muster. Es soll im folgenden rekonstruiert werden.

Zunächst zu der Frage, wer die neuen Mit- bzw. Gegenspieler waren. Nach allem, was wir über sie wissen, rekrutierten sie sich primär aus den Kontaktpersonen der Briten. Es handelte sich also um Geschäftspartner, Manager und Techniker, in West- und Osteuropa darüber hinaus auch um die Sprösslinge aristokratischer Familien bzw. – in Südamerika – um die Söhne der traditionellen Eliten, die in den von den Briten errichteten Colleges erzogen wurden. Nicht wenige der neuen Fußballjünger waren selber Immigranten, und ein vergleichsweise hoher Anteil rekrutierte sich aus Juden, Studenten und dem wachsenden Heer der Angestellten, einer gewissermaßen traditionslosen, erst mit der Hochindustrialisierung entstehenden Schicht. Gemeinsam war allen diesen Gruppen, dass sie am Rand der etablierten Gesellschaften angesiedelt waren und nach sozialer Integration strebten.

Es war dieser bürgerliche, teilweise sogar Oberschichtencharakter, der den Fußballsport in den europäischen und südamerikanischen Importländern vom englischen Prototyp unterschied. Während der englische Fußball seit den 1880er Jahren seinen Charakter als Gentlemanvergnügen vollständig einbüßte und bald als genuines Element der Arbeiterkultur galt, behielt es außerhalb Englands den in der Entstehungsphase erworbenen Elitecharakter teilweise bis weit ins 20. Jahrhundert hinein bei. In manchen rückstän-

Abb. 3

digen Ländern Südamerikas, z. B. in Brasilien, lag das daran, dass die Industrialisierung noch in den Kinderschuhen steckte, es mithin noch kaum Industriearbeiter gab. In der Regel waren jedoch andere Gründe ausschlaggebend. Ein erster bestand darin, dass in einigen Ländern der Klassenkonflikt so scharf ausgeprägt war, dass Arbeiter und Bürger auch im Fußball nicht miteinander verkehren wollten; das war z. B. in Rußland und Deutschland der Fall. Ein zweiter Grund bestand darin, dass außerhalb Englands die Arbeiter weder Zeit noch Interesse für das Spiel aufbrachten, weil sie an ihren gewohnten Gesellungsformen, etwa den Turnvereinen und der Subkultur der organisierten Arbeiterbewegung, festhielten. Eine Ausnahme von dieser Regel, Österreich, erklärt sich daraus, dass sich die dortige Arbeiterbewegung früher als anderswo für die kommerzielle Massenkultur öffnete, eine andere, Australien, daraus, dass hier der Betriebssport außergewöhnlich früh begann. In beiden Fällen kam hinzu, dass es sich bei den fußballfreudigen Arbeitern zugleich um Immigranten handelte.

In seinem bürgerlich-elitären Rahmen verkörperte das Fußballspiel das spezifisch moderne Lebensgefühl der Jahrhundertwende, insbesondere der Aufsteiger und „selfmademen", die offen für alles Neue waren und sich um Konventionen wenig scherten. Für die Akzeptanz und den Verbreitungserfolg des Importartikels war diese Aufgeschlossenheit jedoch nur eine notwendige, nicht schon eine hinreichende Voraussetzung. Denn Wurzeln schlug dieser Sport in seinen neuen „Wirtsgesellschaften" nur dann, wenn es den potentiellen Anhängern gelang, die abstrakte soziale Form des Associations-Spiels mit konkreten Sinninhalten zu füllen.

Ein Vehikel, solchen „Sinn" zu erzeugen, waren die vielfältigen ethnischen Subkulturen in der österreichischen K.u.k.-Doppelmonarchie und den überseeischen Einwanderstaaten. Die Existenz dieser Subkulturen führte zu gewissermaßen 'natürlichen' Mannschaftsbildungen und Spielpaarungen, etwa Böhmen gegen Kroaten oder Italiener gegen Griechen. Dieser Effekt konnte sich jedoch schnell verbrauchen, wenn die Immigranten erfolgreich in den Schmelztiegel der Nationalkulturen absorbiert wurden. Nachhaltiger wirkte daher die 'Sinngebung' aus dem übersteigerten Nationalismus und den Großmachtsphantasien der Jahrhundertwende, zumal sie die Rivalität mit den britischen Lehrmeistern stimulierte und Förderer aus Politik und Militär mobilisierte. Geradezu klassische Beispiele für diese Aneignung des Spiels sind Rußland, wo die frühe Fußballbewegung zum Teil mit dem Panslawismus sympathisierte (bzw. dessen Sympathien auf sich zog), und das Deutsche Reich, wo sie von den Alldeutschen gefördert wurde.

Diese Symbiose zwischen Fußball und aggressivem Nationalismus in den Importländern, die in England kein Vorbild hatte, ging im politisch aufgeheizten und aggressiven Klima der letzten Jahre vor dem Ersten Weltkrieg mit einer Emanzipation von den britischen Lehrmeistern einher und führte zur Zurückdrängung des unbefangenen Kosmopolitismus der Zeit vor 1900. Das äußere Zeichen dafür war die Abkehr von der englischen Sportsprache. Die Fachverbände, die – mit Ausnahme des Deutschen Fußball-Bundes – zunächst wie in England Football Association genannt worden waren, bekamen nun neue Namen in der jeweiligen Landessprache, und aus „football" wurde „futbol", „futebol", „voetbal"; die Italiener wählten „calcio", den Namen eines alten florentinischen Spiels aus der Zeit der Renaissance.

Abb. 4

Eine alternative Form der Aneignung des Fußballspiels, die ‚Erfindung' eines eigenen, nationalen Spielstils, ist für die Zeit vor dem Ersten Weltkrieg nur für Argentinien überliefert, wo Soccer-Fußball gut zwanzig Jahre früher als in anderen Importländern, nämlich bereits seit den 1870er Jahren, bekannt gemacht worden war. Wie Eduardo Archetti gezeigt hat, bildete sich der sogenannte „kreolische Stil", der sich durch permanenten Tempowechsel und perfekte Dribblings auszeichnete, im internationalen Spielverkehr mit dem Nachbarland Uruguay heraus. (7) Für die europäischen ‚Fußballnationen', die sich nur gelegentlich zu Länderspielen trafen, blieb hingegen vorerst der britische „Kick-and-Rush"-Stil maßgebend.

Die Dynamik des internationalen Spielverkehrs

Nach dem Ersten Weltkrieg entwickelte sich das Spiel in den meisten Ländern, in denen es vor 1914 erfolgreich etabliert worden war, zu einem Massenphänomen. In Südamerika wurde dieser Aufschwung vom Durchbruch der Industrialisierung bewirkt, in Rußland darüber hinaus durch die Oktoberrevolution, die eine Erweiterung der sozialen Basis erzwang. In West- und Mitteleuropa war es der Erste Weltkrieg, der dem Spiel die entscheidenden Impulse gab.

Wohl alle beteiligten Armeen führten spätestens mit dem Übergang zum Stellungskrieg 1916/17 sportliche Wettkämpfe durch und bauten einen geregelten Trainingsbetrieb auf, um die Truppenmoral aufrechtzuerhalten. Fußball (und das diesem Spiel nachempfundene Handballspiel) waren die beliebtesten Disziplinen, die, wie ein preußischer General mißbilligend feststellte, „das militärische Leben bei einzelnen Truppen [bald] mehr beherrschten als der nüchterne Dienst mit der Waffe". (8) Vor allem in der Generation der in den 1890er Jahren Geborenen, aber auch bei vielen Älteren wirkte der Weltkrieg so als eine 'Werbeveranstaltung' für den Fußball – mit weitreichenden Konsequenzen für die Zeit nach 1918.

Zum einen sprengten die „Massen" sportfreudiger Kriegsheimkehrer, die nun in die Klubs, Vereine und auf die Zuschauertribünen drängten, die vorhandenen Kapazitäten, und die Wettkämpfe verloren den vor 1914 entwickelten elitären Charakter; dies galt übrigens nicht nur für Fußball, sondern auch z. B. für Radrennen, Schwimmen, Rudern, Boxen und insbesondere den Schießsport, auf die der Aufschwung abfärbte. Zum anderen konnten viele derjenigen Fußballspieler, die im Krieg sportlich sozialisiert worden waren, das einmal angeeignete Sportverständnis nicht einfach ablegen wie ihre Uniform. Diese Entwicklung wurde in den mittel- und osteuropäischen Verliererstaaten noch dadurch gefördert, dass sich die militärischen Kommandobehörden unter dem Eindruck der Niederlage und – so in Deutschland – der revolutionären Ereignisse bemühten, die Heimkehrerströme durch entsprechende Angebote zu bremsen und zu kanalisieren. Die im Krieg erfolgte Vermischung sportlicher und soldatischer Tugenden wurde daher nur unvollständig rückgängig gemacht, und in den Wettkämpfen trat ein bis dahin nicht gekanntes Ausmaß an Fouls und Ruppigkeiten hervor. In der Öffentlichkeit wurde das als Folge einer Proletarisierung mißverstanden, die indes auch jetzt nur sehr zögerlich erfolgte.

Ob der Massencharakter des Fußballs nun durch den Weltkrieg oder durch andere Faktoren gefördert wurde – die Begleiterscheinungen waren überall in der Welt dieselben:

Erstens kam es zur Ausdifferenzierung verschiedener Leistungsniveaus, und in vielen Städten bildeten sich rivalisierende Spitzenmannschaften. Diese wurden vom Publikum mit bestimmten ethnischen, konfessionellen und sozialen Kulturen identifiziert, ohne dass sich ihre soziale Basis unbedingt auf die entsprechenden Subkulturen beschränkt hätte. Das Beispiel der in dieser Zeit entstehenden „Tifosi" in Italien zeigt, dass solche symbolischen Konflikte oftmals erst durch das Spiel selber geschürt, ja künstlich erzeugt wurden.

Zweitens fand Fußball nun das Interesse auch jener Zeitgenossen, die selber niemals aktiv gespielt hatten. Die Zuschauerzahlen gingen in die Tausende und Zehntausende, und erstmals erzielten auch Klubs außerhalb Englands regelmäßige Einnahmen aus Eintrittsgeldern. Die meisten berühmten Fußballstadien Südamerikas und Europas (inklusive des Londoner Wembley-Stadions) entstanden in dieser Boomphase nach dem Ersten Weltkrieg.

Drittens intensivierte sich in Kontinentaleuropa und in Südamerika der internationale Spielverkehr. Um die Stadien zu füllen, luden die Klubs ausländische Teams ein, und um die Hypotheken bezahlen zu können, gingen ihre Mannschaften auf Auslandstournee. Darüber hinaus wurden internationale Turniere ins Leben gerufen. Die südamerikanischen Länder, die sich bereits 1916 in einer Confederación Sud American de Fútbol zusammengeschlossen hatten, spielten seit 1920 um einen Pokal und seit 1922 um die Südamerikanische Meisterschaft, und in Europa organisierten einige Verliererstaaten des Weltkriegs, die von den Siegermächten boykottiert wurden und von den Olympischen Spielen ausgeschlossen waren, internationale Fußballturniere der Vereinsmannschaften: seit 1927 um den Mitropa-Cup, seit 1929 um den Balkan- und Baltic-Cup.

Alle diese Faktoren trugen dazu bei, dass etwa seit Mitte der 20er Jahre das Thema Berufsfußball diskutiert wurde. Die Spitzenspieler sahen sich von den Vereinen immer stärker beansprucht und verlangten ihren Anteil an den Einnahmen. Die Klub- und Verbandsoffiziellen, im allgemeinen Angehörige der Gründergeneration, beharrten hingegen auf dem Amateurprinzip – teils aus Rücksicht auf die Finanzen, teils aus politischen Motiven: Fußballspieler sollten heldenhafte Vorbilder sein und daher nach außen zumindest pro forma Idealisten bleiben. Das Thema Professionalismus wurde international auch deshalb so heiß diskutiert, weil sich generelle Aussagen über die Natur des Problems nicht treffen ließen. In einigen Fällen – z. B. in Brasilien – war der Scheinamateurismus die Grundlage für Ausbeutungsverhältnisse, in anderen – so in der Sowjetunion und in Deutschland – bot der vertragslose Zustand den Spielern die Möglichkeit, ihre Marktchancen optimal auszunutzen.

Der Durchbruch des Berufsfußballs, sei es auf einer offen kommerziellen Basis, sei es verbrämt als Staatsamateurismus wie in der Sowjetunion, erfolgte im allgemeinen Anfang der 30er Jahre – also rd. 40 Jahre später als im „Mutterland" England. Ein Impuls ging dabei von der Weltwirtschaftskrise und der damit verbundenen Arbeitslosigkeit aus, durch die viele europäische Spieler in die Situation kamen, dass sie ihre Existenz vollständig aus dem ‚illegalen' Fußballeinkommen bestreiten mußten. Ein zweiter Impuls war ein nach Differenzen mit dem IOC über den Amateurstatus gefaßter Beschluß der FIFA aus dem Jahr 1930, kurzfristig eine Fußball-Weltmeisterschaft zu veranstalten. Bereits das erste Turnier, das noch im selben Jahr mit großem Aufwand von Uruguay ausgerichtet wurde, schlug auf die ‚Fußballnationen' durch, und zwar unabhängig davon, ob sie eine Mannschaft entsandt hatten oder nicht.

Zunächst einmal erweiterte die Weltmeisterschaft den bis dahin auf Europa beschränkten internationalen Spielermarkt, so dass – insbesondere in den kapitalschwachen südamerikanischen Ländern – ein Exodus von Spitzenspielern einsetzte. Die Einführung des bezahlten Fußballs war dort nicht zuletzt eine Maßnahme, die Stars im Lande zu halten.

Diese Spielertransfers wiederum bewirkten eine gegenseitige Beeinflussung der Spielweisen, wobei sich die den Ozean überspannende argentinisch-italienische ‚connection' als besonders fruchtbar erwies. Juventus Turin z. B. verschaffte sich auf diese Weise eine legendäre Mannschaft von offensiven Angreifern und Ballkünstlern, von denen hier nur der argentinische Star Raymundo „Comet" Orsi genannt werden soll. Der österreichische „Donaufußball" blieb hingegen an seinen mitteleuropäischen Entstehungskontext gebunden – ein Beleg dafür, dass der globale Austausch in dieser Zeit wichtiger war als der europäische.

Schließlich stimulierte die Weltmeisterschaft erneut den sportlichen Nationalismus. Ähnlich wie in den Städten scheint es dabei auch auf dieser nationalen Ebene des ‚Überbaus' vergleichsweise unerheblich gewesen zu sein, ob den Rivalitäten reale politische Konflikte zugrundelagen oder nicht. Allein der Wunsch, in der Konkurrenz zu bestehen, reichte aus, um das Interesse der breiten Öffentlichkeit zu wecken.

Aus dieser Diagnose, dass das Spiel seit den 1920/30er Jahren eine Eigendynamik entwickelte und ein Faktor sui generis wurde, erklären sich die differenzierten Urteile in der Literatur über das Verhältnis von Fußball und Politik in den Diktaturen und autoritären Regimen Europas und Südamerikas. Auf der einen Seite lassen sich etwa für die Sowjetunion unter Stalin und für Österreich in der Zeit des „Anschlusses" an das nationalsozialistische Deutschland Willkürakte, Deportationen und sogar Morde nachweisen. Auf der anderen Seite florierte der Spielbetrieb dort, aber auch z. B. im nationalsozialistischen Deutschland und im faschistischen Italien, nicht nur trotz, sondern auch und gerade wegen der Interventionen „von oben". Denn die Regimes ließen Stadien bauen, stellten öffentliche Mittel für Trainingslager bereit und mobilisierten mit Hilfe ihrer politischen Massenorganisationen Zuschauermassen. Das mag miterklären, warum jene Länder, die in der Zwischenkriegszeit Demokratien geblieben waren und Sport als Privatsache betrachteten, nämlich Frankreich, die Schweiz, die USA, Australien und nicht zuletzt auch Großbritannien, im Weltfußball nun an den Rand bzw., dies gilt für die sich dem Fußball von vornherein verweigernden Nationen, weiter an den Rand rückten. Die englische FA trat im Jahr 1924 aus Protest gegen die zunehmende Politisierung des Fußballs (wie auch gegen die lockere Handhabung der Amateurregeln) sogar aus der FIFA aus, so dass das „Mutterland" des modernen Fußballs, international gesehen, in die Isolation geriet.

Dass der Aufschwung des internationalen Fußballs in vielen Ländern in der Tat dadurch erkauft worden war, dass die Funktionäre der nationalen Fußballverbände eng mit den autoritären Regimes kooperierten, ja sich ihnen andienten, ist unbestritten. Den naheliegenden Verdacht, dass der Massensport Fußball deshalb zu einem „Opium fürs Volk" geworden und das politische Urteilsvermögen der Fans beeinträchtigt habe, weist die jüngere Fußballhistoriographie jedoch unter Verweis auf den durch die Regeln und die Wettkampfsituation erzeugten Eigenweltcharakter des Spiels explizit zurück. Zwar hätten sich die Regime durchaus in dieser Erwartung in die Verbandspolitik eingemischt; eine Steuerung der „Massen" sei ihnen jedoch nicht möglich gewesen. Argentinische und brasilianische Autoren gehen noch weiter und argumentieren, dass Fußball in ihren Ländern zu bestimmten Zeiten geradezu eine Bastion der Demokratie gewesen sei.

In diesem internationalen Rahmen entwickelte sich das Spiel von den 40er bis 60er Jahren, verschiedentlich auch noch in den 70ern, kontinuierlich weiter. Wenn man einmal vom Fußballfieber direkt nach dem Zweiten Weltkrieg absieht, dessen Ursachen (erneute Förderung durch Militär und Propaganda im Krieg oder „Vergnügungssucht"?) noch kaum erforscht sind, blieben neue Entwicklungsschübe jedoch in dieser Zeit aus. Der Kalte Krieg hatte jedenfalls auf den Fußball nicht so positive Auswirkungen wie auf manche andere Sportart, weil die Ostblockstaaten die Konkurrenz mit dem westlichen Professionalismus frühzeitig als aussichtslos betrachteten und diesen Sport nicht in dem Maße förderten wie andere.

Gegenwart und Zukunft des Fußballs

Eine weitere Phase der Fußballentwicklung begann in manchen Ländern, so in England, bereits in den 60er Jahren, im allgemeinen jedoch erst in den 1980ern. Die wichtigste Veränderung gegenüber den vorangehenden Jahrzehnten war die Umstrukturierung der Finanzierungsbasis des Spitzensports. Die großen Fußballklubs beziehen heute nur noch den kleineren Teil ihrer Einnahmen aus dem Verkauf von Eintrittskarten und sichern ihre Existenz zunehmend durch den Verkauf von Fernsehrechten sowie durch „Merchandising", d. h. die Vergabe von Logos gegen Lizenzgebühr. Infolge dieses Eindringens von Marktprinzipien sind Höchstgehälter und Transferregelungen gestrichen worden, der Kartellcharakter der Ligen ist weitgehend verloren gegangen und auch der Beruf des Fußballspielers hat eine neue Qualität erhalten. Die Profis sind nach wie vor abhängig beschäftigt, doch zumindest die Spitzenstars sind zugleich Unternehmer in eigener Sache. Zusammen mit den Klubs verkaufen sie „Erlebnisse" und werden zu Akteuren des Showbusiness. Darüber hat sich auch das Publikum des Fußballs verändert. Statt der „local club supporters", wie die sozialwissenschaftliche Sportforschung die traditionellen, üblicherweise dem männlichen Geschlecht angehörenden Fans nennt, dominieren mittlerweile die „soccer interested consumers", unter denen ein wachsender Frauenanteil zu verzeichnen ist.

Diese Modernisierung wurde teils durch den „push" der Ausrichtung von Weltmeisterschaften im eigenen Land bewirkt, teils durch den „pull", der von der Auflösung der konfessionellen, klassenspezifischen und ethnischen Subkulturen ausging. In England, das nach der selbstgewählten Isolierung seit der Zwischenkriegszeit nun wieder in den Klub der Großen zurückkehrte, kamen die Renovierungsbedürftigkeit der im 19. Jahrhundert entstandenen Stadien und die Gewalttätigkeiten der „Hooligans" hinzu. Ein weiteres Motiv der Modernisierung nicht nur der englischen, sondern auch anderer europäischer Klubs war der Wunsch, dem Trend zur Dienstleistungsgesellschaft und den dadurch bewirkten Veränderungen in der Beschäftigtenstruktur Rechnung zu tragen.

In der Fußballöffentlichkeit wird es verschiedentlich mit Befremden, zum Teil auch mit Besorgnis zur Kenntnis genommen, dass die umfassende Kommerzialisierung dieses Sports heute mit einer außerordentlichen Beliebigkeit und Unverbindlichkeit der Aneignungen und Sinnstiftungen einherging. Die Bindungen des neuen Publikums an die Klubs seien locker, es sei einseitig erfolgsorientiert und tendiere dazu, seine Präferenzen für bestimmte Mannschaften „wie die Hemden" zu wechseln. Infolgedessen könne der „Markt der unbegrenzten Möglichkeiten" nicht mehr auf eine bestimmte soziale Basis rechnen, sondern müsse zunehmend „von der Historie zehren", so z. B. Dirk SCHÜMER, ein scharfsinniger Beobachter der deutschen Bundesliga.

Diese Diagnose ist sicher zutreffend und kann durch die in manchen Ländern zu beobachtende Entwicklung, dass sich das Publikumsinteresse zunehmend auch auf andere Sportarten als den Fußball verlagert, noch unterstrichen werden. Die zum Ausdruck gebrachten verbundenen Befürchtungen erscheinen jedoch, aus der Perspektive dieses Beitrags betrachtet, unbegründet. Zum einen ist der moderne Fußball außerhalb seines Entstehungslandes England entgegen einer verbreiteten Meinung schon im 19. und frühen 20. Jahrhundert primär durch die bürgerlichen Mittelschichten getragen worden, die sich stets durch einen hohen Individualisierungsgrad auszeichneten und ihre Kollektivphantasien, wie hier gezeigt wurde, aus dem Nationalismus und Militarismus, aber weniger aus lokalen und klassenbezogenen Kontexten bezogen. Zum anderen hat sich der moderne Fußball im Verlauf seiner mehr als hundertjährigen Geschichte längst zu einem 'Kulturgut' sui generis entwickelt. Der Einbettung in außersportliche Sinnzusammenhänge bedarf er längst nicht mehr, weil er für seine Anhänger selber einen Sinnzusammenhang darstellt.

Anmerkungen

(*) Dieser Beitrag faßt die Ergebnisse des von der Verf. herausgegebenen Sammelbandes „Fußball, soccer, calcio. Der Weg eines englischen Sports um die Welt", München 1997, zusammen und stützt sich darüber hinaus auf zwei weitere Untersuchungen: C. EISENBERG, „English sports" und deutsche Bürger. Eine Gesellschaftsgeschichte 1800-1939, Paderborn 1999; dies., The Rise of Internationalism in Sport, in: M. H. GEYER/J. PAULMANN (Hg.), The Mechanics of Internationalism, erscheint Oxford. Mit Bezug auf diese Untersuchungen wurde hier auf einen umfangreichen Anmerkungsapparat verzichtet.

(1) Für die Mitteilung der Zuschauerzahlen danke ich Andrei MARKOVITS, Ann Arbor/Mi.

(2) STRUTT, J. (1801): *The Sports and Pastimes of the People of England from the Earliest Period, including the Rural and Domestic Recreations,* London, erw. Neuaufl. hg. v. J. C. Cox, London 1903, S. 93 f.

(3) BAUDELAIRE, C. (1906). *Zur Ästhetik der Malerei und der bildenden Kunst* (= Werke, Bd. 4). Minden. S. 286.
(4) Zahlen nach VAMPLEW, W. (1914). *Pay up and Play the Game. Professional Sport in Britain 1875–1914.* Cambridge 1988. S. 62. MATHEJA, U. (1985). Funktionen und Aspekte des Fußballspiels in England 1860–1915, masch. Ms. Frankfurt 1985, S. 111.
(5) Angaben nach KÖRNER, H. (1990). *Internationale Mobilität der Arbeit. Eine empirische und theoretische Analyse der internationalen Wirtschaftsmigration im 19. und 20. Jahrhundert.*Darmstadt. S. 31f.; und PIMLOTT, J. A. R. (1976^2). The Englishman's Holiday: A Social History. HASSOCKS/SUSSEX: S. 189. Angaben zur Überseewanderung nach JONES, C. A. (1987). *International Business in the Nineteenth Century. The Rise and Fall of a Cosmopolitan Bourgeoisie.* Brighton. S. 101 ff.
(6) SHADWELL, A. (1908). *England, Deutschland und Amerika. Eine vergleichende Studie ihrer industriellen Leistungsfähigkeit (Industrial efficiency).* Berlin. S. 457 f.
(7) Vgl. ARCHETTI, E. Argentinien. In: EISENBERG (Hrsg.), *Fußball, soccer, calcio.* S. 149–170.
(8) MAERCKER, G. (1921). *Vom Kaiserheer zur Reichswehr. Ein Beitrag zur Geschichte der deutschen Revolution.*Leipzig. S. 309.
(9) SCHÜMER, D. (1996). *Gott ist rund. Die Kultur des Fußballs.* Berlin. S. 117, 119.

Weiterführende Literatur

BERGMANN, W. u. a. (o. J.) 1930–1978. *Die Geschichte der Fußball-Weltmeisterschaft,* München.
CRITCHER, C. (1994). England and the World Cup: World Cup willies, English football and the myth of 1966. In: J. SUGDEN & A. TOMLINSON (eds.), *Hosts and Champions. Soccer cultures, national identities and the USA World Cup.* London. S. 77–92.
DUKE, Vic & L. CROLLEY (eds.). (1996). *Football, Nationality and the State.* Edinburgh.
EISENBERG, C. (Hrsg.). (1997). *Fußball, soccer, calcio. Der Weg eines englischen Sports um die Welt.* München.
– (1999). *"English sports" und deutsche Bürger. Eine Gesellschaftsgeschichte 1800–1939.* Paderborn.
– (in Druck). The Rise of Internationalism in Sport. In: M. H. GEYER & J. PAULMANN (Hrsg.), *The Mechanics of Internationalism.* Oxford.
FISHWICK, N. (1989). *English football and society 1910–1950.* Manchester.

GEHRMANN, S. (1988). *Fußball – Vereine – Politik. Zur Sportgeschichte des Reviers 1900–1940*. Essen.
GIULIANOTTI, R. &. WILLIAMS, J. (Hrsg.). (1994). *Game without Frontiers. Football, Identity and Modernity*. Aldershot.
HOLT, R. (1988). Football and the Urban Way of Life. In: J. A. MANGAN (ed.), *Pleasure, Profit, Proselytism. British Culture and Sport at Home and Abroad 1700–1914*. S. 67–85. London.
HORAK, R. & REITER, W. (Hrsg.). (1991). *Die Kanten des runden Leders. Beiträge zur europäischen Fußballkultur*. Wien.
KOPPEHEL, C. (1954). *Geschichte des Deutschen Fußballsports*. Frankfurt.
LANFRANCHI, P. (Hrsg.). (1992). *Il calcio et il suo pubblico*. Neapel.
– (1994). Exporting football: notes on the development of football in Europe. In: R. GIULIANOTTI & J. WILLIAMS (eds.), *Game without Frontiers. Football, Identity and Modernity*. S. 23–47. Aldershot.
– (1991). Fußball in Europa 1920–1938. Die Entwicklung eines internationalen Netzwerkes. In: R. HORAK & W. REITER (Hrsg.), *Die Kanten des runden Leders. Beiträge zur europäischen Fußballkultur*. S. 163–172. Wien.
MARKOVITS, A. S., (1998). Reflections on the World Cup '98: In: *French Politics and Society, 16*, S. 1–29.
– (in Druck). Yet Another American Exceptionalism: The Absence of Soccer in America's Sports Culture, erscheint Princeton.
MASON, T. (1980). *Association Football and English Society 1863–1915*. Brighton.
– (1995). *Passion of the People? Football in South America*. London.
MURRAY, B. (1994). *Football. A History of the World Game*. Aldershot.
SUGDEN, J. & TOMLINSON, A (eds.). (1994). *Hosts and Champions. Soccer cultures, national identities and the USA World Cup*. London.
TISCHLER, S. (1981). *Footballers and Businessmen: The Origins of Professional Soccer in England*. London.
TOMLINSON, A. (1994). FIFA and the World Cup: The expanding football family. In: J. Sugden & A. Tomlinson (eds.), *Hosts and Champions. Soccer cultures, national identities and the USA World Cup*. S. 13–33. London.
VEITCH, C. (1985). „Play up! Play up! and Win the War!" Football, the Nation and the First World War 1914-15. In: *JCH 20*, S. 363–378.

WAGG, S. (ed.). (1995). *Giving the Game Away. Football, Politics and Culture on Five Continents*. Leicester.

WALVIN, J. (1975). *The People's Game: A Social History of British Football*. London.

WENDT, J. (1975). *Grundzüge der Geschichte des Deutschen Fußball-Bundes und des bürgerlichen deutschen Fußballsports im Zeitraum von 1918–1933*. Diss. Halle-Wittenberg (masch.).

Michael Krüger

Fußball im Zivilisationsprozeß

Im Mittelpunkt des Beitrags steht nicht nur der Fußball, sondern auch eine sozialwissenschaftliche Theorie, die „Zivilisations- und Staatsbildungstheorie". Sie geht auf den großen Denker, Soziologen und Historiker Norbert Elias zurück, und in ihr spielen auch Sport und Fußball eine wichtige Rolle. Norbert Elias war in den 50er Jahren regelmäßiger Besucher der Spiele seines Fußballclubs Leicester City. Leicester, eine Universitätsstadt in Mittelengland, wurde für lange Zeit der Lebensmittelpunkt für Elias, nachdem er 1933 nach Paris und dann nach London emigriert war. An der Universität Leicester bekam Elias 1954 eine Gastprofessur für Soziologie. In Frankfurt, wo er zu Beginn des Jahres 1933 seine Habilitationsschrift mit dem Titel „Der höfische Mensch. Ein Beitrag zur Soziologie des Hofes, der höfischen Gesellschaft und des absoluten Königtums" eingereicht hatte, wurde sein Habilitationsverfahren nicht zu Ende geführt. Die Nationalsozialisten verweigerten Elias wegen seiner jüdischen Herkunft die Antrittsvorlesung. In der British Library in London verfaßte Elias dann in den Jahren 1935 bis 1938 sein Hauptwerk „Über den Prozeß der Zivilisation", das 1939 in einem kleinen Schweizer Verlag erschien. Das Buch wurde in Deutschland erst mit dem Erscheinen der Taschenbuchausgabe bei Suhrkamp im Jahr 1976 bekannt.

Elias' Abo bei Leicester City ist noch kein ausreichender Grund, um die Bedeutung des Sports und speziell des Fußballsports in und für die Theorie des Prozesses der Zivilisation und Staatsbildung zu erklären. Dazu ist es nötig, kurz auf die für unseren Zusammenhang wesentlichen Grundlagen dieser soziologischen Zentraltheorie einzugehen. Ich werde dies unter der Fragestellung tun, warum der Sport eine elementare Rolle in diesem Konzept spielt. Im zweiten Teil wird es dann um die vor allem von Eric DUNNING in Zusammenarbeit mit ELIAS betriebenen Forschungen zum Fußball im Zivilisationsprozeß gehen, und schließlich werde ich – drittens – auf die Entwicklung des Fußballs im Prozeß der Zivilisation in Deutschland zu sprechen kommen.

Grundlagen der Theorie des Prozesses der Zivilisation

Sowohl in der „Höfischen Gesellschaft" als auch im „Prozeß der Zivilisation" ist von Fußball nichts zu lesen; allerdings spielen in beiden Grundschriften des ELIAS'schen Werks Körperlichkeit und Bewegung eine entscheidende Rolle. Der Umgang mit dem Körper und die Art und Weise des Bewegens sind für Elias Indikatoren des Zivilisationsprozesses. Sie lassen sich an der höfischen Etikette und dem höfischen Zeremoniell genauso erkennen und analysieren wie an anderen körperbezogenen Verhaltensweisen und Verrichtungen, etwa an der Art und Weise des Essens, des Schneuzens und Spuckens oder am Verhalten in bezug auf die „natürlichen Bedürfnisse" – Themen, die ELIAS in seinem Prozess-Buch ausführlich behandelte.

Der zehnte Abschnitt des zweiten Kapitels im „Prozeß der Zivilisation" lautet „Über Wandlungen der Angriffslust" und enthält Passagen, in denen die spätere Beschäftigung von ELIAS mit Sport und speziell mit Fußball vorweggenommen wird. „Angriffslust" oder allgemeiner Triebe und Affekte, die mit der Lust am Kämpfen, Besiegen oder Töten von anderen Menschen verbunden sind, erfahren nach Elias im Prozeß der Zivilisation eine spezifische Modellierung; sie werden in bestimmte Bahnen gelenkt, „verfeinert", „raffiniert" oder „zivilisiert", wie ELIAS sagt. Diese Zivilisierung des Verhaltens, Denkens und Empfindens geht mit der Herausbildung einer staatlichen Zentralgewalt einher. Psychogenese und Soziogenese sind unmittelbar miteinander verbunden, wie ein Grundgedanke des ELIAS'schen Konzepts lautet. Wenn das Monopol der körperlichen Überwältigung an eine Zentralgewalt übergegangen ist, kann es sich nicht mehr jeder beliebig Starke erlauben, sich die „Lust des körperlichen Angriffs zu verschaffen", wie Elias schreibt, „sondern nur wenige, von der Zentralgewalt legitimierte, etwa der Polizist gegenüber dem Verbrecher, und größere Massen nur in Ausnahmezeiten des kriegerischen oder revolutionären Zusammenstoßes, im gesellschaftlich legitimierten Kampf gegen innere oder äußere Feinde" (ELIAS, 1976, Bd. 1, S. 279).

„Wenn über ein größeres oder kleineres Gebiet hin die Menschen gezwungen werden, miteinander in Frieden zu leben", so ELIAS (1976, Bd. 1, S. 278), „dann ändert sich auch ganz allmählich die Affektmodellierung und der Standard des Triebhaushalts". Das heißt konkret, die Menschen werden gezwungen, Rücksicht auf andere zu nehmen, sich im Zaum zu halten und ihre Leidenschaften – auch solche aggressiver Natur – nur in gesellschaftlich erlaubten Schranken zuzulassen. Der Zivilisationsprozeß ist – allgemein gesagt – durch eine Zunahme solcher Zwangs- und Kontrollmechanismen gekennzeichnet. ELIAS unterscheidet verschiedene Arten von Zwängen. Dabei interessieren ihn insbesondere solche sozialer Art. Er spricht von Fremd- und Selbstzwängen. Kennzeichnend für den Zivilisationsprozeß sei der wachsende „gesellschaftliche Zwang zum Selbstzwang". Der Begriff „Zivilisation" – dies ist immer wieder zu betonen – wird von ELIAS nicht wertend benutzt; im Unterschied zum alltagssprachlichen und vorwissenschaftlichen Gebrauch des Worts.

Selbstzwangmechanismen oder Selbstkontrollapparaturen gehen den „zivilisierten" Menschen in Fleisch und Blut über. Sie werden Teil ihrer selbst. „Und es bedarf einer gewaltigen sozialen Unruhe und Not", notierte ELIAS in den späten dreißiger Jahren, offensichtlich unter dem Eindruck der heraufziehenden Re-Barbarisierung in seiner deutschen Heimat, der auch seine Eltern zum Opfer fielen, „es bedarf vor allem einer bewußt gelenkten Propaganda, um die aus dem zivilisierten Alltag zurückgedrängten, die gesellschaftlich verfemten Triebäußerungen, die Freude am Töten und am Zerstören bei größeren Menschenmassen wieder aus ihrer Verdeckung zu wecken und sie zu legitimieren" (ELIAS, 1976, Bd. 1, S. 279).

Die Lust zu kämpfen und zu töten ist aus zivilisierten Gesellschaften nicht verschwunden, sondern sie wurde zum einen „verfeinert", und zum anderen hat sie ihren Platz in eigens legitimierten Räumen und Situationen. „Die Kampf- und Angriffslust findet z. B. einen gesellschaftlich erlaubten Ausdruck im sportlichen Wettkampf", schreibt ELIAS im Prozeß der Zivilisation. „Und sie äußert sich vor allem im ‚Zusehen', etwa im Zusehen bei Boxkämpfen, in der tagtraumartigen Identifizierung mit einigen Wenigen, denen ein gemäßigter und genau geregelter Spielraum zur Entladung solcher Affekte gegeben wird. Und dieses Ausleben von Affekten im Zusehen oder selbst im bloßen Hören, etwa eines Radio-Berichts, ist ein besonders charakteristischer Zug der zivilisierten Gesellschaft. Er ist mitbestimmend für die Entwicklung von Buch und Theater, entscheidend für die Rolle des Kinos in unserer Welt. (ELIAS war übrigens ein begeisterter Kino-Besucher, M. K.) Schon in der Erziehung, in den Konditionierungsvorschriften für den jungen Menschen wird diese Verwandlung dessen, was ursprünglich als aktive, oft aggressive Lustäußerung auftritt, in die passivere, gesittetere Lust am Zusehen, also in eine bloße Augenlust, in Angriff genommen." (ELIAS, 1976, Bd. 1, S. 280).

Fußball im Zivilisationsprozeß

Nach der Lektüre dieser Abschnitte aus ELIAS' „Zivilisationsprozeß" aus dem Jahr 1939 kann man verstehen, warum der moderne Sport in zivilisierten Gesellschaften, in denen von den Menschen ein hohes Maß an Kontrolle gefordert wird, eine so große Rolle spielt, und warum dieser Sport inzwischen eine enge Verbindung mit der Unterhaltungsbranche und Kulturindustrie eingegangen ist.

ELIAS hat die Bedeutung des Sports oder sportlicher Kämpfe und Wettkämpfe im und für den Zivilisationsprozeß bereits in den 30er Jahren gesehen, aber erst in Leicester nahm er sich in Zusammenarbeit mit Eric DUNNING, einem ehemals aktiven Fußballspieler und heute international renommierten Soziologen, dieses Themas besonders an. Sport und Fußball verdeutlichen für ELIAS und DUNNING die wesentlichen Struktur- und Entwicklungsprozesse moderner Staatsgesellschaften des 19. und 20. Jahrhunderts. „The development of modern sport is an exemplification of the civilizing process", wie Dunning und ELIAS schreiben. (1)

Sport besteht nach ELIAS und DUNNING aus Kämpfen und Wettkämpfen nicht gewalttätiger Art, die durch körperliche Kraft und Geschicklichkeit gekennzeichnet sind. Kämpfe und Wettkämpfe sind das konstituierende Element des modernen Sports, wobei die damit verbundene körperliche Gewalt auf spezifische Weise kontrolliert wird. Ausprägung und Richtung dieser Verfeinerung körperorientierter Kämpfe und Wettkämpfe sind in den Zivilisations- und Staasbildungsprozess der modernen Gesellschaften des 19. und 20. Jahrhunderts eingelassen, insbesondere in England.

England ist gewissermaßen der Prototyp moderner Gesellschaften. Hier rauchten nicht nur die ersten Schornsteine von Fabriken, sondern in England konnte sich auch im Vergleich mit anderen europäischen Staaten am frühesten ein parlamentarisches System durchsetzen, das den Sinn hatte, auf weitgehend gewaltfreie Art und Weise die Verteilung der Macht, die „balance of power" zwischen dem König und den mächtigen Gruppen der Gesellschaft sicherzustellen; und schließlich standen in England auch die ersten Torpfosten und wurden die ersten Fußballregeln niedergeschrieben.

Industrie, Parlament und Sport sind die erfolgreichsten Exportartikel Englands im 19. Jahrhundert, wobei sich am Ende des 20. Jahrhunderts herausstellt, dass der Sport (Fußball) den eigentlichen Exportschlager der Insel darstellt, wie Frau EISENBERG in ihrem Beitrag zur weltweiten Verbreitung des Fußballs im einzelnen ausführt. Industrialisierung, Parlamentarisierung und Sportisierung gehören nach Elias unmittelbar zusammen; es handelt sich um dieselbe Figuration, oder anders gesagt um „interdependente Teilentwicklungen einer umfassenden Veränderung der Staatsgesellschaften der Neuzeit", wie sich ELIAS in seinem grundlegenden Beitrag über die „Genese des Sports als soziologisches Problem" ausdrückte.

Nach ELIAS und DUNNING unterscheiden sich vormoderne Formen körperlicher Spiele, Übungen und Kämpfe grundlegend von denen des modernen Sports. Dies gilt auch und besonders für die zahlreichen unterschiedlichen Spiele in aller Welt und zu allen Zeiten, bei denen Bälle oder ballähnliche Gegenstände verwendet und mit Füßen bewegt werden, angefangen von den Ballspielen der Inkas und Azteken oder der indonesischen Dani-Indianer über *soule* und *calcio* in Frankreich und Italien bis hin zu den vergleichsweise kunstvollen Formen von Ballspielen mit Füßen, wie sie im alten China betrieben und auch beschrieben wurden. Vogel spricht jedoch in seinem Beitrag ausdrücklich von „Kickspielen" und nicht von Fußball.

In Großbritannien lassen sich nach den historischen Quellen eine Fülle vormoderner Volksspiele (folk-games) nachweisen, die als Vorläufer moderner Fußballspiele angesehen werden können. Sie wurden als „football", „campball", „hurling" oder „knappan" bezeichnet. Bei allen lokalen und regionalen Unterschieden solcher „folk-games" handelte es sich generell um wilde, rauhe, kampfbetonte Spiele. Das Ausmaß physischer Gewalt war wesentlich höher, als es heute im Fußball (soccer), Rugby oder anderen, vergleichbaren Spielen (etwa American Football) erlaubt ist. Die Fouls, für die in Frankreich bei der WM rote

Karten gezeigt wurden, sind im Vergleich zu den Gewalttätigkeiten vormoderner Volksspiele harmlos.

Die Entwicklung von vormodernen Volksspielen zum modernen Sport und den modernen Formen des Fußballspiels mit und ohne Aufnehmen des Balles mit der Hand verlief im 18. und 19. Jahrhundert in England in zwei sich überlagernden Phasen: (2) Die erste begann im 18. Jahrhundert und war durch die Dominanz der englischen Aristokratie gekennzeichnet. Diese Gentlemen pflegten „field sports" wie *fox-hunting*, *horse-racing*, *boxing* (in zivilisierter Form) und *crickett*. Die zweite Phase im 19. Jahrhundert war mit dem Eindringen aufsteigender bürgerlicher Schichten in die herrschenden, landbesitzenden Klassen Englands verbunden. Damit veränderten sich auch Sportarten und Sportformen. Die neue Klasse der Gentlemen bevorzugte zum einen athletische Wettkämpfe und zum anderen und vor allem zivilisiertere Formen von Ballspielen wie *Rugby*, *Soccer*, *Hockey* oder *Tennis*. DUNNING bezeichnet dies als „civilizing shift" in der Entwicklung des Sports.

Die Entstehung und Entwicklung des modernen Fußballsports in England ist eng mit der Geschichte der public schools verbunden, in denen die Söhne dieser neuen und die Welt beherrschenden Klasse der Gentlemen erzogen wurden. (3) In der Geschichte der Public Schools spiegeln sich nach DUNNING/SHEARD (1979) wie in einem Mikrokosmos die Prozesse der Staatsbildung und Zivilisierung der englischen Gesellschaft. Im 18. Jahrhundert und bis ins frühe 19. Jahrhundert hinein waren Aufstände rebellischer Schüler gegen die Lehrer an der Tagesordnung. Die Schulchroniken von Winchester und Eton verzeichneten zwischen 1728 und 1832 je sieben solcher Schülerrevolten. In Rugby und Eton konnten in den Jahren 1797 und 1818 Rebellionen nur durch den Einsatz der Armee mit Schwertern und Bajonetten niedergeworfen werden. Diese Schülerrevolten waren dadurch verursacht, dass die Mehrzahl der Schüler aus höheren, aristokratischen Schichten der Gesellschaft stammte, welche die Autorität der in der Regel bürgerlichen Lehrer nicht anerkannten, wie Dunning, wie aber auch Tony Mangan (1981) behauptet, der die Geschichte der Public Schools und die Rolle des Sports in deren Erziehungskonzept im Detail untersuchte.

Die erste Schule, an der es den Schulautoritäten gelang, das Schulleben wieder zu kontrollieren, war Rugby unter ihrem legendären Headmaster Thomas Arnold. Sein Erziehungskonzept des „Christian gentleman" gewährte den Schülern auf der einen Seite ein hohes Maß an Autonomie und Selbstverantwortung, und Arnold verstand es auf der anderen Seite, die Schüler an allgemeine Regeln und Normen zu binden. Obwohl Arnold entgegen den Legenden, die sich um ihn rankten, nie eine Zeile über Sport, aber dafür viel über Moral und „christianity" geschrieben hat, spielte der Fußball in seiner Erziehungsreform in Rugby eine zentrale Rolle. Arnold wollte an seiner Schule die aus den Fugen geratene Ordnung wiederherstellen. Er schaffte dies durch eine Balance von Fremd- und Selbstkontrolle. In diesem Zusammenhang entstanden schließlich 1845 in Rugby die ersten geschriebenen Fußballregeln. Sie hatten auch den Zweck, das Ausmaß physischer Gewalt in diesem alten Volksspiel zu begrenzen, indem das Tragen eisenbeschlagener Schuhe, die „navvies", verboten wurde. Die Rivalität zwischen Rugby und Eton führte dazu, dass 1849 in Eton eigene Fußballregeln niedergeschrieben wurden, nach denen im Unterschied zu Rugby das Aufnehmen des Balls verboten war, aber wie in Rugby der Ball nicht nach vorne abgespielt werden durfte.

Die bis heute für England typische Trennung des Fußballspiels in *Rugby Football* und *Association Football* reicht somit zurück bis in die Mitte des 19. Jahrhunderts zur Rivalität zwischen den Public Schools von Rugby und Eton. Als die „young gentlemen" älter wurden und immer noch auf ihre jeweilige Art Fußball spielen wollten, taten sie dies an den Universitäten in Oxford und Cambridge, und sie gründeten, wie es für Gentlemen üblich war, „clubs". 1863 trafen sich in London „old boys" der Public Schools und gründeten die „Football Association", mit dem Zweck, nach einheitlichen Regeln und Normen Fußball zu spielen. Ein Teil der Vertreter an diesem Treffen, insbesondere die aus Rugby, waren mit den Vereinbarungen in London nicht einverstanden. Sie bevorzugten ein härteres, rauheres Spiel, in dem das Werfen und Tragen des Balls ebenso erlaubt war wie das „hacking-over", das Niederwerfen eines Gegenspielers. 1871 schlossen sie sich zur *Rugby Football Union* zusammen, in der die Form des Fußballspiels gepflegt und organisiert wurde, wie man es ursprünglich in Rugby spielte. Damit war der Punkt erreicht, von dem aus sich das englische Fußballspiel in seinen beiden Varianten von Rugby und Association Football in aller Welt verbreiten konnte.

An der Genese des Fußballs in England lassen sich zusammenfassend folgende grundlegende Aspekte des Zivilisationsprozesses unterscheiden:

„Quest for Excitement"

Die Genese des Fußballsports verdeutlicht eine der wesentlichsten Funktionen des Sports in modernen Staatsgesellschaften, die ELIAS und DUNNING im Titel ihres Buchs als „Quest for excitement" bezeichneten. Dies bedeutet, dass Spiel und Sport eine soziale Erfindung moderner, zivilisierter Gesellschaften (oder auch „unexciting societies") sind, die von England ausging, und in denen Spannung, Aufregung und Leidenschaften in speziellen Räumen und auf besondere Weise produziert werden. Eine Gesellschaft, die es nicht schafft, ihre Mitglieder, und besonders ihre jüngeren Mitglieder, mit ausreichenden Gelegenheiten an freudvollen und aufregenden Kämpfen und Wettkämpfen zu versorgen, die auch körperliche Anstrengung und Geschicklichkeit beinhalten (aber nicht unbedingt müssen), eine solche Gesellschaft gerät in Gefahr, dass das Leben ihrer Mitglieder in nicht mehr erträglichem Ausmaß abstumpft; „it may not provide sufficient complementary correctives for the unexciting tensions produced by the recurrent routines of social life", schreibt ELIAS (1986, S. 59).

De-civilizing processes

Wie brüchig diese Balance unterschiedlicher gesellschaftlicher Kräfte und Zwänge ist, wie sehr sich der Zivilisationsprozeß immer auch in Gefahr befindet, von „de-civilizing processes" oder gar von „Schüben" der „Rebarbarisierung" unterbrochen zu werden, zeigt sich nicht zuletzt am Sport selbst und hier speziell am Problem des Football-Hooliganism, mit dem sich DUNNING und Mitarbeiter aus zivilisationstheoretischer Perspektive eingehend und seit vielen Jahren beschäftigen. Wie wir bei der WM in Frankreich sehen konnten, handelt es sich nach wie vor um ein ungelöstes Problem; vor allem auch aus deutscher Sicht.

Gewalt und Aggression begleiten die Entstehungs- und Entwicklungsgeschichte des Fußballsports von Anfang an. Aber mit dem Phänomen des „Hooliganism" seit den 1970er Jahren ist eine neue Stufe des Zivilisierungs- bzw. Entzivilisierungsprozesses erreicht worden. Sie steht, wie DUNNING und Mitarbeiter festgestellt haben, in Zusammenhang mit Desintegrationsprozessen der britischen Gesellschaft. (4) Ihre tieferen Ursachen sind in dem Verlust der Weltmachtstellung Großbritanniens zu suchen. Was im 19. Jahrhundert die besondere gesellschaftliche Kraft der Engländer und ihrer führenden Schichten ausmachte, nämlich gesellschaftliche Spannungen und Konflikte zu verarbeiten und in ein nationales Wir-Gefühl zu transformieren, gelang nun nicht mehr. Mit dem wirtschaftlichen und politischen Niedergang des britischen Weltreichs schwand auch die Fähigkeit, gesellschaftliche Randgruppen zu sozialisieren und zu inkorporieren. Im Fall des Fußball-Hooliganism waren und sind es junge Männer aus niederen sozialen Schichten, die mit ihren gewalttätigen Ausschreitungen und Exzessen im Umfeld von Fußballspielen signalisieren, dass sich das Niveau der „Staats- und Gewissensbildung" in Großbritannien verschoben hat.

Ähnliches ließe sich für Deutschland in den 90er Jahren behaupten, obwohl es keine spezifisch zivilisationstheoretischen Untersuchungen zum Fußball-Hooliganismus in Deutschland gibt.

„Ethics of fair competition"

Der Zivilisations- und Staatsbildungsprozess ist dadurch gekennzeichnet, dass Kämpfe zwischen rivalisierenden Gruppen, zwischen Etablierten und Außenseitern, zwischen Machtstärkeren und Machtschwächeren in „zivilisiertere" Bahnen gelenkt werden; d. h., dass solche Kämpfe nicht mehr notwendigerweise mit der physischen Vernichtung des Unterlegenen enden. Im englischen Sport sind diese Kämpfe auf besondere und für den Zivilisationsprozeß symbolische Weise „zivilisiert" worden. Man hat dafür eine eigene Sportethik, die „ethics of fair competition", entwickelt. Sie besagt zunächst, dass Kämpfe und Wettkämpfe zum Leben und zum Sport gehören und nicht gemieden, sondern gesucht werden sollen; jeder kann und soll seine Chance bekommen, und zwar eine Chance, die fair ist, d. h. die auch dem scheinbar Schwächeren die Möglichkeit des Gewinnens eröffnet; und sie besagt zweitens, dass der Ausgang des Kampfes, dass Sieg und Niederlage akzeptiert werden. Das Akzeptieren-Können von Niederlagen ist ein grundlegendes Merkmal zivilisierten Verhaltens; eine Tugend, die nicht gerade zu den Stärken der Deutschen zu zählen ist, wie wir bei der WM 1998 bestätigt bekamen.

Fair play oder Fairness wird heute als eine weit über den Sport hinausreichende Art des Denkens und Verhaltens verstanden, die international kommunikations- und konsensfähig ist. Diese „Kultur des Sports", meinte beispielsweise der ZEIT-Kolumnist Warnfried Dettling (Die ZEIT vom 12.2.1998), könne als Vorbild für eine „faire" Gesellschaft der Zukunft dienen.

Fußball, Sport und Habitus

Norbert ELIAS hat in seinen Arbeiten über die Genese des Sports und speziell des Fußballsports herausgearbeitet, dass Sport und Fußball Verhaltensweisen und gesellschaftliche Figurationen sind, die spezifisch in den Staats- und Nationsbildungsprozess in England und Großbritannien eingebunden sind. Fußball entwickelte sich deshalb von einem wenig geregelten, wenig formalisierten und zivilisierten Volksspiel mit vielen regionalen Varianten zu einem Nationalspiel, weil es von den führenden Schichten der englischen Gesellschaft, den Gentlemen, gefördert wurde. Die „games" wurden zu „national games", zu einem Kernbestandteil der „Gentleman-Erziehung" und ihrer Erziehungsideologie, wie sie Thomas HUGHES („Tom Browns Schooldays") und Charles KINGSLEY im Konzept der „muscular christianity" verbreiteten. Die Größe Englands in der Welt beruhe letztlich auf der charakterlichen Bildung der Gentlemen durch „games" and „sports", durch „competition" und „selfgovernment", hieß es in England; im Unterschied zur Erziehung der „clumsy Germans", die auf totem Bücherwissen und Drill beruhe.

Sportliches Denken, Handeln und Empfinden war (und ist) ein Teil des „Habitus" der Gentlemen und der Engländer insgesamt, um einen auf ELIAS zurückgehenden grundlegenden Begriff seiner Theorie der Zivilisation und Zivilisierung zu nennen. „Gentlemen were supposed never to lose their temper unintentionally..." (ELIAS, 1986, S. 37).

Der soziale Habitus der Gentlemen wurde nicht nur strukturprägend für den nationalen Charakter der Engländer, sondern letztlich auch für den internationalen Sport. Die Erforschung der sozialen Prozesse, die mit der weltweiten Verbreitung des Sports und des sportiven Habitus verbunden waren und sind, steht jedoch erst am Anfang. (5)

Transformationen des Fußballsports

ELIAS hat sich nicht nur mit dem nationalen Charakter der Engländer, sondern auch und vor allem mit dem der Deutschen beschäftigt. Michael SCHRÖTER gab 1989, kurz vor dem Tod von ELIAS, das Buch „Studien über die Deutschen" heraus, das aus einer Sammlung von Schriften von ELIAS über einen Zeitraum von mehr als vier Jahrzehnten besteht. In diesem Buch, das in der englischen Übersetzung von Dunning den Titel „The Germans" trägt, geht es im Kern um die Probleme der Formung des spezifischen Habitus der Deutschen im Prozeß der Staats- und Nationbildung. Die Frage, warum der Zivilisationsprozeß in Deutschland einen besonderen Verlauf nahm, der neben der Höhe deutscher Kultur auch den Fall in tiefe Barbarei beinhaltete, ließ ELIAS zeit seines Lebens nicht los.

Der Habitus der Deutschen besteht nach ELIAS (und von mir in grober Verkürzung zusammengefaßt) aus zwei wesentlichen Elementen: erstens aus einem relativ hohen Standard von Zivilität, Disziplin und Selbstkontrolle, und zweitens aus einer ausgeprägten Tendenz zu Aggressivität und Gewaltanwendung, die in der Geschichte der Deutschen immer wieder dominant wurde. Dieser betont „kriegerische Habitus" erfuhr in der „satisfaktionsfähigen Gesellschaft" des Kaiserreichs seine besondere Ausprägung, weil damals Verhaltensmodelle eines in Deutschland nur in bescheidenem Maße höfisch gezähmten, militärischen Adels von weiten Kreisen des Bürgertums übernommen wurden. Kriegerisches, militärisches Denken, Handeln und Fühlen prägte das, was man gewöhnlich den deutschen Nationalcharakter nennt, wie ELIAS schreibt (1990, S. 88).

Sport spielt in den „Studien über die Deutschen" nur eine nebensächliche, untergeordnete Rolle; im Unterschied eben zu ELIAS' Arbeiten zur Geschichte und Soziologie der Engländer. Die Deutschen und die deutschen Eliten kannten die Art des englischen Sports nicht. Sie standen ihm fremd, ablehnend und zugleich auch fasziniert gegenüber, als sie ab der Mitte des 19. Jahrhunderts mit dieser besonderen Form der Leibesübungen konfrontiert wurden.

Fußball stand in scharfem Kontrast zu der Form der Körper- und Bewegungskultur, die in Deutschland unter dem Namen *Turnen* bekannt und damals auch in weiten Kreisen der Bevölkerung beliebt war. (6) „Fußlümmelei" schimpfte der Turnlehrer und Gymnasialprofessor Karl PLANCK aus Stuttgart über diese „englische Krankheit", die er als Niedergang der Zivilisation und Körperkultur in Deutschland diagnostizierte. „Jedenfalls läßt sich auch ohne Strauchballspiel vortrefflich auskommen", meinte Planck (1898/1982, S. 41).

Als der Sport und Fußballsport in Deutschland immer mehr Anhänger fand, und als auch die Eliten in Deutschland Sympathien für den englischen Sport aufbrachten, wechselten einige Turnlehrer und Turnideologen die Fronten. Viele setzten sich in Praxis und Theorie für die Verbreitung des Sports und auch des Fußballsports ein. Es war ein Turnlehrer, Konrad KOCH aus Braunschweig, der 1875 die ersten deutschen Fußballregeln aufschrieb und Fußballspiele mit seinen Schülern betrieb.

Die Kontraste zwischen Turnen und Sport verringerten sich allmählich; dafür vergrößerten sich die nationalen Spielarten. Sport und Fußball wurden zu einem Teil der erneuerten Körper- und Bewegungskultur in Deutschland. Dies geschah zunächst auf der Ebene des praktischen Turn- und Sportbetriebs, indem sportliche Spiele und Übungen im Schul- und Vereinsturnen und bei der Armee eingeführt wurden. Sportliche Spiele und Übungen wurden in das Vereinssystem integriert, das den organisatorischen Rahmen für die Entwicklung der deutschen Turnkultur des 19. Jahrhunderts abgegeben hatte.

Der bereits vorhandene hohe Grad an Formalisierung, Rationalisierung und Systematisierung des Spiels erleichterte nicht nur seine Institutionalisierung im Rahmen des deutschen Schul- und Vereinsturnens, sondern ermöglichte nun auch eine Ideologisierung, Pädagogisierung und politische

Instrumentalisierung des Fußballsports. Dies war und ist typisch für die Entwicklung der organisierten Körperkultur in Deutschland seit Turnvater Jahn und bildet die zweite, eher ideelle Ebene der Integration von Turnen und Sport in Deutschland.

Dieser Prozeß der politischen Instrumentalisierung und Ideologisierung des Fußballsports in Deutschland trug dazu bei, Sport und Fußball „deutsch" zu machen, oder – um mit ELIAS zu sprechen – dass und wie es zur Ausprägung einer nationalen, deutschen Spielart und Spielideologie des Fußballsports kam. Die „Verdeutschungskampagne" des Fußballs trug noch vor der Gründung des Deutschen Fußballbundes im Jahr 1900 wesentlich dazu bei, dieses englische Spiel in Deutschland zu popularisieren und als ein Erziehungsmittel für Schule und Verein zu legitimieren. Der Zentralausschuß für Volks- und Jugendspiele, in dem die patriotischen Kräfte des deutschen Turn- und Sportwesens, Turnlehrer, Verbandsvertreter und Militärs, vertreten waren, setzte sich besonders dafür ein. Ein Mitglied des Zentralausschusses, der bekannte Sozialhygieniker Professor Hueppe, wurde der erste Vorsitzende des Deutschen Fußballbundes. (7)

Es ging bei dieser „Verdeutschung" des englischen Fußballs nicht nur darum, englische Fachbegriffe und Fremdwörter durch deutsche Wörter zu ersetzen, sondern auch der Sinn und die Idee des Spiels wurden für deutsche Zecke umgedeutet. Den Sport „deutsch machen", das war eine Losung, die in den zwanziger und dreißiger Jahren von fast allen Sportführern in Deutschland verbreitet wurde.

Der Tübinger Universitätsturnlehrer Paul STURM setzte sich für dieses Ziel besonders ein. Er war m.E. der wichtigste und auch einflußreichste nationale Fußballideologe der zwanziger und dreißiger Jahre. Er hatte bei dem schwäbischen „Turnlehrerbildner" Otto Heinrich Jaeger seine Turnlehrerprüfung abgelegt und veröffentlichte im Jahr 1924 ein Buch mit dem Titel „Die seelischen und sittlichen Werte des Sports, insbesondere des Fußballsports, als

Grundlage zur Befreiung aus der Knechtschaft." Da einzelne Passagen fast wörtlich in Hitlers „Mein Kampf" zu finden sind, ist zu vermuten, dass es Hitler als Quelle diente.

S̈ᴛᴜʀᴍ war vom Fußball und insbesondere vom Rugby begeistert, seit er zu Beginn der 1890er Jahre bei einer Schauveranstaltung auf dem Cannstatter Wasen das „wunderbare, selbsttätige, ans Maschinenmäßige grenzende Zusammenspiel einer Rugbymannschaft des College Neuenheim" gesehen hatte, wie er berichtete.

In Sᴛᴜʀᴍs Fußballbuch kommt zum Ausdruck, welche Funktion dem Fußballsport nach dem Ersten Weltkrieg in Deutschland zugesprochen wurde. Er sollte helfen, nach der Niederlage im Weltkrieg und dem „Schmachfrieden" von Versailles die körperlichen und „sittlichen" Kräfte des Volks wieder zu stärken und zu bündeln. Mit den Mitteln des Kampfsports Fußball könnte es gelingen, sich aus der „Knechtschaft", wie Sturm schreibt, zu befreien, in die das deutsche Volk von den Siegermächten gezwungen worden sei.

In Sᴛᴜʀᴍs Interpretation des Kampfmotivs beim Fußball läßt sich ein typisch deutsches Verständnis von Kampf und Wettkampf erkennen, das bereits im alten deutschen Turnen angelegt ist. Der Kampf spielte eine große Rolle in der Tradition der deutschen Leibesübungen; aber nicht im Sinne des sportlich-fairen Wettkampfs, sondern zur Stärkung des „Wir-Gefühls" der Deutschen und um die Kräfte des Volkes gegen äußere Feinde zu mobilisieren. In diesem Sinn entdeckte Sturm den Fußball als „deutsches Kampfspiel".

Bis in die jüngste Vergangenheit versuchten deutsche Fußballer über den Kampf und andere „deutsche Tugenden" zum Spiel zu finden – nicht nur diesmal ohne Erfolg. Wenn man jedoch in Deutschland aufopferungsvoll und bis zur letzten Minute oder zum letzten Blutstropfen kämpft, darf man ehrenvoll untergehen. Schuld an der Niederlage sind dann die anderen; meistens die Roten.

Aber zurück zu Paul Sᴛᴜʀᴍ: Nicht nur herausragende körperliche und kämpferische Fähigkeiten sowie spielerisches

Abb. aus Südwest-Presse vom 6. 7. 1999

Können seien nötig, schreibt er, um eine Mannschaft zum Sieg zu führen, sondern vor allem Disziplin, Kampfgeist und mannschaftliche Geschlossenheit. Die besondere Aufgabe des „Fußballehrers" (bis heute wird in Deutschland offiziell nicht von Trainern, sondern von Fußballehrern gesprochen), bestehe deshalb darin, die Einzelspieler zu einer Mannschaft zu formen. „Bedenkt man, wie unwürdig es ist, seine eigene Kraft nutzlos zu vergeuden, wie unklug es ist, das gemeinsame Vorwärtsstreben zu stören, wie wichtig es dagegen ist, auch die geringste Handlung so einzurichten, dass sie dem gemeinsamen Ziele näher führt, so muß man zu der Ansicht gelangen, dass in der Zügelung der sinnlichen Lust, des Ehrgeizes, die vornehmste Aufgabe einer Mannschaft liegt und die Hauptaufgabe eines Fußballehrers in dieser Richtung liegen muß. Der Grad der Selbstbeherrschung hängt ab vom Grade der Verstandeszucht. Diese Richtung der Arbeit greift tief hinein in das Reich des Geistes und der Seele" – so weit der Tübinger Universitätsturnlehrer Paul STURM (1924, S. 93).

Fußball ist – mit anderen Worten – nur dann erfolgreich, wenn es Spielern gelingt, ihre Affekte zu kontrollieren und diszipliniert zu spielen und zu kämpfen. Die Leidenschaften und Energien der einzelnen müssen in den Dienst an der und für die Mannschaft gestellt werden. Die „Mannschaft" steht bei Sturm stellvertretend für die gesamte „Volksgemeinschaft"; wie überhaupt für ihn das Kampfspiel Fußball eine Metapher für den Krieg ist.

Ausblick: „Die Helden von Bern"

Diese Taktik stellte sich zwar in den Weltkriegen für die Deutschen als nicht besonders erfolgreich heraus. Aber nach jedem verlorenen Weltkrieg erlebte der Fußball in Deutschland einen gewaltigen Aufschwung – sowohl an aktiven Spielern als auch an Zuschauern. Das „Wunder von Stalingrad" blieb aus, aber dafür bekamen die Deutschen 1954 ihr „Wunder von Bern"; es machte Stalingrad nicht vergessen, aber der Sieg im Ersatzkrieg Fußball tröstete darüber hinweg. Die „Helden von Bern" wurden von einem Fußballlehrer zu einer Mannschaft zusammengeschweißt, der seinen Fußballverstand bereits als „Reichstrainer" entwickelte. Nach dem Zweiten Weltkrieg kam der große Erfolg: Nun stand auch das im Kriege besiegte Volk geschlossen hinter den „Helden von Bern". Ihr Triumphzug von Bern über den Bodensee und das Allgäu bis nach München führte zu einer Massenmobilisierung, die Alfred Georg FREI, der Leiter der Singener Ausstellung zur Fußball-Weltmeisterschaft von 1954, mit dem Bauernkrieg von 1524/25 verglich.

Die Heimkehr der „Helden von Bern" erinnert m.E. aber auch an den triumphalen Einzug einer siegreichen Armee in die Heimat, der die Bevölkerung Opfer- und Weihegeschenke darbringt, auch wenn es sich dabei zeittypisch in den 50er Jahren um Kühlschränke und Maggiprodukte handelte. Heimkehrende, siegreiche Truppen hatte man in Deutschland allerdings lange nicht mehr gesehen; auch deshalb war die Begeisterung groß, dass man endlich wieder einen Sieg feiern und darauf stolz sein konnte, zumal es sich um den Sieg auf einem Felde handelte, das nach dem Krieg als unpolitisch erklärt worden war: das Sport- und Fußballfeld.

Krieg und Militarismus waren (und sind) im neuen, demokratischen Deutschland tabu. Das heißt aber nicht, dass die Deutschen ihren kriegerischen Habitus abgelegt hätten. Der aggressive Militarismus in der alten DDR, der Terrorismus in den 70er Jahren und auch die fremdenfeindlichen, gewalttätigen Exzesse der 90er Jahre, oft auch in Verbindung mit Fußballspielen, erinnern uns daran, dass sich der „Habitus der Deutschen" nicht so schnell wie Mode und Politik ändert. Die Deutschen und besonders die deutschen Männer haben im Fußball zwar ein Betätigungsfeld gefunden, auf dem ihre „Kampf- und Angriffslust ... einen gesellschaftlich erlaubten Ausdruck" findet, wie Norbert ELIAS sagte. Aber in den Tagen der Fußball-WM in Frankreich mußten wir auch wieder erleben, dass „jene brutale germanische Kampflust" und „unsinnige Berserkerwut", vor der Heinrich HEINE schon im Jahr 1834 warnte, (8) nicht nur in vergleichsweise zivilisierter und – wie Hermann BAUSINGER (in diesem Band) ausführt, „verfeinerter Form" auf dem Fußballplatz selbst ausgetragen wird, sondern auch außerhalb der Stadien friedliche Bürger und Fußballfreunde Europas in Angst und Schrecken versetzt.

Die Zivilisations- und Staatsbildungstheorie – dies möchte ich am Ende betonen – erhebt nicht den Anspruch, die komplexen Zusammenhänge von Sport, Fußball und der Lust am Kämpfen und Töten geklärt und für alles eine Antwort parat zu haben. Sie legt jedoch Spuren, auf denen die spezifischen Erscheinungsformen der Zivilisierung und Entzivilisierung des Verhaltens, Denkens und Empfindens verfolgt und erforscht werden können.

Anmerkungen

(1) Dies ist das Thema des Buches „Quest for Excitement. Sport and Leisure in the Civilising Process" von ELIAS/DUNNING (1986).
(2) Vgl. dazu im einzelnen ELIAS/DUNNING 1986, 175 ff.
(3) Vgl. die grundlegende Studie von MANGAN 1981.
(4) Vgl. dazu die Hooliganism-Studien von DUNNING und Mitarbeitern in den 1980er Jahren. DUNNING/Murphy WILLIAMS 1979 und 1988 sowie DUNNING/SHEARD 1979.
(5) Vgl. für die Verbreitung des Fußballsports in Ansätzen den von EISENBERG (1997) herausgegebenen Band; sowie für den Universalisierungsprozeß des Sports allgemein GUTTMANN (1994).
(6) KRÜGER (1996) befaßt sich mit der Rolle des Turnens im Prozeß der Nationsbildung in Deutschland der Entwicklung eines nationalen Habitus.
(7) Vgl. EISENBERG 1994, S. 185 f. sowie 1997 und in diesem Band.
(8) Heinrich HEINE: Zur Geschichte der Religion und Philosophie in Deutschland. S. 1267.

Literatur

DUNNING, E./MURPHY, P./WILLIAMS, J. (1990): *Football on Trial. Spectator violence and development in the football world.* London/ New York.
DUNNING, E./MURPHY, P./WILLIAMS, J. (1988): *The Roots of Football Hooliganisms. An Historical an Sociological Study.* London/ New York.
DUNNING, E./SHEARD, K. (1979): *Barbarians, Gentlemen, and Players: Sociological Study of the Development of Rugby Football.* Oxford.
DUNNING, E. (1973): The Structural-Functional Properties of Folk Games and Modern Sports: A Sociological Analysis. In: *Sportwissenschaft 3*, 215–232.
EISENBERG, C. (1994): Fußball in Deutschland. In: *Geschichte und Gesellschaft 20*, 2, S. 185 f.
EISENBERG, C. (Hrsg.) (1997): F*ußball, Soccer, Calcio. Ein englischer Sport auf seinem Weg um die Welt.* München.
ELIAS, N./DUNNING, E. (1993): *Quest for Excitement. Sport and Leisure in the Civilising Process.* Oxford/ Cambridge 1986 (Paperback, Blackwell).
ELIAS, N./DUNNING, E.: *Sport im Zivilisationsprozeß. (Studien zur Figurationssoziologie)*, hrsg. von W. Hopf. Münster o. J.

Elias, N. (1990): *Studien über die Deutschen. Machtkämpfe und Habitusentwicklung im 19. und 20. Jahrhundert.* Frankfurt (1. Aufl. 1989).

Elias, N. (1976): *Über den Prozeß der Zivilisation. Soziogenetische und psychogenetische Untersuchungen.* 2 Bände. Frankfurt (1. Aufl. 1969).

Frei, A. G. (1995): Die Imagination des Wirtschaftswunders. Überlegungen zu einer modernen Erzählung über das Finale Grande der Fußballweltmeisterschaft. In. *„Elf Freunde müßt ihr sein!" Einwürfe und Anstöße zur deutschen Fußballgeschichte. Geschichtswerkstatt 28.* Freiburg, 130–138.

Guttmann, A. (1994): *Games & Empires. Modern Sports and Cultural Imperialism.* New York.

Heinrich Heine: Zur Geschichte der Religion und Philosophie in Deutschland. In: H. Heine: *Werkausgabe im Taschenbuch,* hrsg. von Martin Greiner, Bd. III.

Krüger, M. (1996): *Körperkultur und Nationsbildung. Die Geschichte des Turnens in der Reichsgründungsära – eine Detailstudie über die Deutschen.* Schorndorf.

Mangan, J. A. (1981): *Athleticism in the Victorian and Edvardian Public School.* Cambridge.

Planck, K. (1982): F*ußlümmelei. Über Strauchballspiel und englische Krankheit (1898).* Nachdruck Münster.

Sturm, P. (1924): *Die seelischen und sittlichen Werte des Sports, insbesondere des Fußballsports, als Grundlage zur Befreiung aus der Knechtschaft.* Stuttgart.

Klaus Prange

Fangen, werfen, treten:
Über den Ball in der Erziehung

Entscheidend ist nicht nur auf dem Platz, wie Otto Rehhagel sagt, entscheidend ist auch das, was rund um das Spiel geschieht, ausgelöst vom Fußball und tief eingreifend in den Haushalt der Gefühle. Fußball fasziniert, und das ist, unabhängig von Zuneigung und Ablehnung, selber ein Tatbestand, welcher der Erklärung bedarf. Es gibt eine „Teilnehmung dem Wunsche nach" (Kant); das ist höchst merkwürdig, aber gerade deshalb auch recht menschlich. Wir nehmen Anteil, obwohl wir gar nicht richtig beteiligt sind. Dass die Spieler sich aufregen und bis zur Erschöpfung anstrengen, dass sie alles daran setzen, erfolgreich zu sein und zu siegen, dass sie ihr Letztes geben, über sich hinauswachsen und die letzten Reserven mobilisieren; das ist menschlich verständlich und gehört sozusagen zur Natur der Sache. Aber dass wir als Zuschauer mitgehen, Partei ergreifen, dass wir durch geeignetes Geschrei und Anfeuerung, stilles Daumendrücken und weniger stilles Schlachtgebrüll an eben dem teilnehmen, was wir selber nicht betreiben, das bedarf schon der Erklärung. In der ausgekühlten Sprache der neueren Sozial- und Verhaltenswissenschaften wird das Identifikation genannt: Es sind eben die Unseren, die da kämpfen, ihr Sieg ist unser Sieg, ihre Niederlage unsere Schmach. Doch „Identifikation" ist ein viel zu fades Wort, um die Tiefe der affektiven Betroffenheit zu kennzeichnen, um die es dabei geht: Die Trauer, die ganze Regionen ergreift, wenn eine Mannschaft absteigt; der Triumph, wenn ein anderes Land niedergerungen ist. Wie erklärt sich diese Teilnahme am Fußball, ohne selbst Fußball zu spielen?

Die Bedeutung dieser Frage liegt auf der Hand, wenn man die gewaltauslösende Seite des Fußballs bedenkt. Der blinde Krawall und dumpfe Chauvinismus sogenannter „Fans" lässt sich nicht allein den angeblich „schwarzen Schafen" zurechnen, die sich in jeder Herde finden. Keiner kann an so fürchterlichen Tatbeständen wie vor einigen Jahren in Brüssel mit 38 Toten und im Sheffielder Hillsborough Stadium mit 94 Toten vorbeisehen (vgl. E. Dunning u. a. 1988 und P. Murphy u. a. 1990). Sie gehören zum Bild und zur gängigen Erwartung von Fußball-Großveranstaltungen, so dass die Behörden den betroffenen Städten den Ausnahmezustand verordnen, im „Vorfeld" die möglichen Krawallmacher aussortieren und in Quarantäne nehmen, während sie in den Stadien die Fan- und Kampfgruppen auf Distanz halten, so wie im Zoologischen Garten die Löwen und die Tiger getrennt werden, damit sie nicht übereinander herfallen. Und gelingt das nicht, werden den Ordnungskräften und wie üblich der Politik schwere Vorwürfe gemacht: Als mangelnde Vorsorge wird ihnen zugerechnet, was sich der rabiaten Unvernunft der Fans verdankt.

Das sind in der Tat für Sozial- und Verhaltenswissenschaftler hinreichende Gründe, die Faszination zu untersuchen und zu erörtern, die mit sportlichen und vor allem eben auch mit Fußballereignissen einhergeht. Offenbar gibt es tiefgelagerte Bedürfnisse, ohne die nicht zu verstehen ist, weshalb normalsinnige, ansonsten unauffällig durchschnittliche Zeitgenossen in einen Zustand außerbürgerlicher Entrücktheit versetzt werden, der sie Dinge tun lässt, die sie sich nirgendwo sonst erlauben würden. Es liegt nahe, im Fußball eine Einladung und Rechtfertigung zur Wiederherstellung urtümlicher, sonst unterdrückter Reaktionsweisen zu sehen. So haben Norbert Elias und Eric Dunning ein Bedürfnis zur mittelbaren Aufgeregtheit (quest for excitement) ausgemacht (1986), das sich dem zivilisatorischen Prozess der Affektkontrolle verdankt. Was im bürgerlich normierten Zustand keinen Platz mehr hat, findet sich in Arealen der Entstaltung wieder: Hier ist man richtig Mensch, hier darf man's sein. Und selbstverständlich gehört es deshalb zu den ungesagten Staatsaufgaben, die Besichtigung des Fußballs im Fernsehen als „Menschenrecht" zu sichern, wie Rüdiger Zuck so treffend-ironisch ausgeführt hat (Zuck 1998).

So gesehen ist die wissenschaftliche Befassung mit dem Fußball auf dem Rasen, in der Arena und im weiteren Umfeld naheliegend und leistet einen wichtigen Beitrag zur Diagnose unseres sozialen Daseins. Dass hier die Pädagogik gleichfalls nicht zurückstehen und ihre Gesichtspunkte geltend machen will, mag sich von selbst verstehen. Nicht ganz so selbstverständlich dürfte es sein, dass es dabei nicht genügt, umstandslos an sozialwissenschaftliche Befunde und Fragestellungen anzuschließen und sie nur noch in moralisierender Attitüde zu paraphrasieren. Vielmehr ist die Frage nach der Faszination des Fußballs unter den Gesichtspunkt des Lernens und der Erziehung zu bringen, und das heißt zuerst und vor allem: unter den Gesichtspunkt der Kindheit. Wo Kinder sind, wird auch erzogen. Davon will ich ohne weitere Begründung ausgehen. Wo Kinder sind, haben wir uns demnach zu fragen: Was wird daraus; oft ja auch besorgt: Was soll bloß daraus werden? Und genauer: Was bedeutet es, was richten wir an, wenn wir Kindern einen Ball geben? – zum Fangen, zum Werfen, zum Treten. Damit bin ich bei meinem Thema, oder wenigstens bei der ersten Hinsicht; denn es wird sich zeigen, dass gerade mit dem von Füßen getretenen Ball erst die zweite Etappe der Erziehung ins Spiel kommt: die Jugend. Davon später, zuerst einmal: Wie steht die Pädagogik im allgemeinen zum Fußball?

Um es gleich ohne Umschweife und ohne weitere Umstände vorwegzunehmen: Die Pädagogik tut sich leicht mit dem Ball, doch sie tut sich schwer mit dem Fußball. So betrüblich es sich auch für alle ausnehmen mag, die dem Fußball innig zugeneigt sind: Er ist den Pädagogen nie recht ans Herz gewachsen. Vom Spiel und auch von Bällen weiß die Pädagogik seit langem und immer wieder zu singen und zu sagen; aber der getretene Ball, davon ist bei den sogenannten Klassikern der Pädagogik nichts zu finden: bei PLATO und QUINTILIAN sowieso nicht, natürlich nicht bei den Meistern der Scholastik, die dem Kampfspiel ohnehin skeptisch gegenüberstanden. Auch bei Erasmus und seinen humanistischen Kollegen, bei ELYOT und VIVES, danach bei LOCKE oder FENELON findet sich nichts, was auf den mit Füßen traktierten Ball vorausdeutet. Selbst die spielgeneigten Philanthropen des 18. Jahrhunderts kennen nur den geworfenen und den gefangenen Ball. So bemerkt Peter VILLAUME 1787 in seinem Beitrag über die „Bildung des Körpers" für das Campesche Revisionswerk zum Ballspiel: „Man hat verschiedene Arten desselben; sie geben alle viel Bewegung, erfordern Aufmerksamkeit, Geschwindigkeit, Behutsamkeit, Behendigkeit; üben den Arm im Wurf und Schlag; das Auge, dem Ball auszuweichen oder ihn zu fangen. Es hat seine Gesetze, und verlangt Ordnung und Übereinstimmung von mehreren Spielern. Da es in freier Luft geschieht, so ist der Nutzen für die Gesundheit zwiefach" (VILLAUME 1969, S. 70). Keine Rede davon, den Ball zu treten, zu stoßen, einfach zu bolzen. Das ist Rückfall oder Rückstand, Fortsetzung des ungefügen, kleinkindlichen Gestrampels mit anderen Mitteln.

Die neuere und gegenwärtige Pädagogik scheint gleichfalls dem Fußball nicht viel gewogener zu sein. Bestenfalls als kathartische Veranstaltung zur Aggressionsableitung mag der Fußball eine gewisse widerwillig-seufzende Anerkennung finden; des weiteren noch als Gelegenheit zur Einübung des sozial allemal wünschenswerten Regelgehorsams. Doch im Kern ist das Treten und Stoßen, überhaupt der elementare Gestus der Rempelei und die für den Fußball schlechthin maßgebende Urszene des *kick and rush* ein Sachverhalt, der nur mit Stirnrunzeln und als Konzession an unvermeidliche Wünsche zu dulden und zu ertragen, nicht aber als Erziehungselement zu fördern und zu fordern ist.

In der neueren pädagogischen Literatur findet sich dafür ein Zeugnis, das ich hier stellvertretend vergegenwärtigen möchte, und zwar in dem Bericht über das „Kinderheim Baumgarten", den Siegfried BERNFELD 1921 gegeben hat. Das Kinderheim Baumgarten kümmerte sich um mehr als 250 Kinder im Alter von 3 bis hinauf zu 16 Jahren, und die sollten nun nach Gesichtspunkten einer modernen Erziehung resozialisiert werden. Denn der Grad der Verwilderung und Verwahrlosung war erheblich. Woran zeigte sich das? Ganz richtig – am Fußballspielen. Dazu BERNFELD: „Eine Gruppe von Knaben spielte in einer maßlosen, exzessiven und übertrieben leidenschaftlichen Art Fußball. Dies war uns aus manchen Gründen wenig recht. Ein mäßiges und kultiviertes Spielen hätten wir noch gebilligt, wenngleich uns andere sportliche Beschäftigungen von größerem erzieherischen und sozialen Wert zu sein schienen. Das Ausmaß und die Art, wie unsere Baumgartner Knaben das Spiel betrieben, schien uns doch zu sehr die Gefahr in sich zu schließen, dass die Kinder, die ohnehin nur sehr geringe intellektuelle Interessen besaßen, diese in dem hemmungslosen Bewegungs- und Kampfrausch völlig ertränken würden." (BERNFELD 1969, S. 123).

Man kann sich recht gut das Fußballern der Knaben vorstellen, und man kann sich BERNFELD vorstellen. Aber wie wir wissen, war Bernfeld kein spirituell-mimosenhafter Schöngeist und als Freud-Schüler frei von der Überlegenheitsgebärde gegenüber einfachen Seelen und ihren elementaren Befriedigungen. Dennoch dieses Erschrecken und die Beschwörung längst geläufiger Klischees über das Fußballspiel: Es enthält eine Einladung zum Maßlosen und Exzessiven, zu enthemmter Leidenschaft und Mangel an Form; und das heißt: Mangel an Intellekt, Geist und verfeinerter Gesittung. Das Urteil ist alt und wiederholt sich: „You base football-player" lässt Shakespeare im „King Lear" den weisen Kent zu einem Hofmann von zweifelhaftem Charakter sagen (I, 4). „Base", das ist das Niedrige, Untere, Gemeine; die Füße, mit denen wir treten, nicht die Hände, mit denen wir Bedeutungen signalisieren und die wir ganz anders beherrschen als das Stoßen, Stampfen, Rempeln und Treten. Ich komme darauf zurück. Auf alle Fälle kann man sehen, dass Fußball nicht einfach nur ein Kampfspiel ist, sondern Kampfspiel mit erhöhtem Risiko für Leib und Leben. Das hat im übrigen auch der BGH 1974 in einer Schadensersatzklage festgestellt. „Das dieser Sportart eigene kämpferische Element beim gemeinsamen Kampf um den Ball führt nicht selten zu unvermeidbaren Verletzungen. Mit deren Eintritt rechnet jeder Spieler und geht davon aus, dass auch der andere diese Gefahr in Kauf nimmt, daher etwaige Haftungsansprüche nicht erheben will" (BGHZ, 63, 1975, S. 143). Die Juristen nennen das rechtfertigende Einwilligung in das Risiko der Körperverletzung, wie bei chirurgischen Eingriffen. Es hilft auch nichts, dass man sich selber um elegantes Spiel mit geringer Feindberührung bemüht. Der BGH stellt dazu lapidar fest: „Ein dieser Spielordnung entgegenstehender innerer Vorbehalt eines Spielers ist rechtlich unbeachtlich." (ebd.) Wer Fußball spielt, nimmt Schädigung billigend in Kauf. Populistisch gesprochen: Fußball ist etwas für Männer; für richtige Männer.

Zurück zu BERNFELD. Es ist hiernach durchaus begründet, pädagogisch-sorgenvoll auf das Fußballspiel zu blicken. Nur: was tun, wenn die Knaben unbedingt Fußball spielen wollen? Da zeigt sich nun der moderne Erzieher, der nicht einfach mit Verbot und Hemmung eingreift, sondern der versucht, das Chaos sich selber ordnen zu lassen. „Wir haben nicht gestraft, nicht geschimpft, nicht gepredigt, sondern eifrig mitgespielt; wir haben uns mit den Knaben gefreut, wenn die Mannschaft des benachbarten Knabenhortes geschlagen war, mit ihnen uns vorgenommen, besser und schöner spielen zu lernen, wenn wir geschlagen wurden. Wir haben dabei freilich den Grundsatz vertreten, dass man richtig, gut, schön und anständig spielen müsse, wenn man es schon überhaupt tue." (a. a. O., S. 123) – Wenn man es schon überhaupt tue: Das ist noch einmal die Geste des Vorbehalts. Aber es wird nun einmal getan, und wenn schon, dann wenigstens in einer pädagogisch einigermaßen vertretbaren Form. Nebenher wird hier ein Dilemma der modernen Erziehungseinstellung sichtbar: Es ist nicht pädagogisch, wenn die Kinder Fußball spielen und dann auch noch mit solcher Intensität; aber es ist pädagogisch, die Knaben gewähren zu lassen, so weit es eben geht; also machen wir Erzieher es *nolens volens* mit, in der Hoffnung, sie zu edleren Beschäftigungen herüberzuziehen. Tatsächlich, so berichtet Bernfeld befriedigt, gelang es auch, einige Fußballer zu veredeln, die sich hinfort dem Turnen, dem Dauerlauf, dem Geländespiel und ganz zuletzt der Leichtathletik zuwenden; selbst die resistenten Stämme zeigten Fortschritte: „Die Mitglieder des Fußballclubs begannen auf guten Ton und vornehmes Spiel zu sehen; der enge Klüngel der Spieler wurde durchbrochen, Fußball begann ein – freilich noch immer sehr bevorzugtes – Glied im System der Spiele und Übungen zu werden, die dem Heim als Ganzes und nicht einer Horde in ihm zugehörten." (a. a. O., S. 124)

Zusammengefasst: Es gibt eine positive Entwicklung von der enthemmten Horde zur gebremsten Spielgemeinschaft auf etwas besserer Gesittungsstufe. Was man allerdings nicht erfährt, ist, wie es sich mit den Ergebnissen bei diesem vornehmen Fußball im guten Ton verhielt, und ob das den Jungen überhaupt noch richtig Spaß gemacht hat. Man darf vermuten: Mit der erzieherischen Qualität ist es auch mit dem reinen Spaß vorbei. Das ist ein Hinweis darauf, dass eben dem Fußballspiel selber keine pädagogische Bedeutung zugesprochen wird; sie muss dem Spiel erst noch von außen zugefügt werden. Tatsächlich besteht, um von BERNFELD und seinen Barbaren abzukommen, eine der wiederkehrenden Rechtfertigungen für den Fußball nur noch in dem Nachweis oder der Behauptung seiner indirekten Nützlichkeit. Ich fasse diese Position kurz so: Nur sekundär gilt Fußball als erzieherisch; er ist nicht erzieherisch in sich selber.

Um welchen Unterschied es sich da handelt, wird sofort deutlich, wenn wir uns vor Augen führen, wie ansonsten und speziell in der Pädagogik der Ball und das Ballspiel in seinem erzieherischen Wert eingeschätzt worden sind. – Dies ist nun unvermeidlich die Stelle, wo zu Recht ein Hinweis und eine Hommage auf Friedrich FRÖBEL zu erwarten ist; bei allen Vorbehalten gegenüber der romantisch umwölkten Sprache und Denkungsart FRÖBELS. Unter den Spielgaben für das Kind hat der Ball für FRÖBEL eine herausgehobene Stellung; er verkörpert das „sphärische Prinzip", sozusagen die vollkommene Gestalt, an der wir allgemein und ganz besonders die Kinder eben jene Geschlossenheit und In-Sich-Vollendung sinnfällig erleben, zu der wir in unserer Lebensführung und Weltbetrachtung streben oder streben sollten. So bemerkt FRÖBEL in seinem „Brief an Frauen in Keilhau": „Die Kugel ist für mich ein Sinnbild der Vollendung (Voll-Endung); sie ist das Sinnbild meiner sphärischen Erziehungs- und Lebens-Grundsätze. Das sphärische Gesetz ist das Grundgesetz aller wahren genügenden Menschenbildung." (FRÖBEL O. J., S. 135 f.) Das ist feierlich-ernst gesprochen. Der Ball repräsentiert, was die Welt zusammenhält; der gehaltene, umfasste Ball ist ein Symbol ihrer Ordnung, ihres Maßes, ihrer Schönheit. Wir bedürfen solcher Zeichen, vor allem für die Erziehung, die ja einen Spiel-Raum symbolisch geladener Bedeutungen nutzt, um in der Welt der Kleinen und des Kleinen auf die große vorzubereiten. Innerhalb des Spiels „als Weltsymbol" (FINK 1960) ist der Ball ein solches Real-Symbol, wie ich es nennen möchte: real im Spiel; und bedeutungsträchtig als dargestellte Vollkommenheit. Es ist altes Gedanken- und Traditionsgut, das FRÖBEL an einer Stelle, wo das Erziehungsdenken in die Moderne einlenkt, wieder aufnimmt und didaktisch wendet (vgl. HEILAND 1967). Seit je und bis an die Schwelle der Neuzeit ist der Kreis als vollkommene Gestalt für die Bewegung angesehen worden, gewissermaßen dasjenige, was nichts außer sich hat und so Anfang und Ende sichtbar umgreift. In Kreisläufen bewegt sich unsere Mutter, die Natur; die Gestirne ziehen ihre Kreise, und im Kreis versammeln sich die Menschen, wenn sie zur Feier und zum Gespräch zusammenkommen. Es ist diese Bewegungssuggestion des vorlaufenden Rücklaufs, die im Reifen und im Ball beschlossen liegt. Deshalb erhalten die Kinder nicht erst bei FRÖBEL Murmeln, Bälle und Kugeln. Doch sie bekommen sie nicht einfach vorgesetzt; sie verlangen von sich aus danach und können etwas damit anfangen.

Indes: um die Entsprechung zu bewahren, die zwischen dem Spiel und seiner Bedeutung besteht, darf man nicht irgendwie mit einem Ball umgehen, schon gar nicht mit Treten und *kick and rush*. Der Ball wird umfangen und gehalten, gerollt und zugeworfen, aber nicht getreten und gestoßen, solange die Bildkraft der runden Welt noch mächtig war. Umgekehrt lässt sich sagen: Der Aufstieg und die Karriere des Fußballspiels setzt die Auflösung dieser Bild-Welt voraus. Der Ball wird zum Werkzeug eines anderen als des inneren Formmotivs der vollendeten Bewegung, nämlich des Leistungs- und Erfolgsprinzips; er verliert seine Dignität als Symbol perfekter Ordnung und wird zum Mittel. Damit tritt er in eine andere Ordnung.

Bevor ich diese neue Ordnung anzugeben versuche, möchte ich noch an die fortwirkende Symbolik des Balls erinnern, wie sie in der Dichtung gegenwärtig geblieben ist und den Vorbehalt gegen das Fußballspiel verständlich machen kann. Es ist ja nicht Fröbel allein, der dem Ball eben diese menschlich-versöhnende, verträgliche, geradezu friedenstiftende Funktion zugesprochen hat. Unter den Xenien GOETHES findet sich eines, das unsere Überlegung nachhaltig bestätigt. Es trägt den Titel „Wechselwirkung":

Kinder werfen den Ball an die Wand und fangen ihn wieder;
Aber ich lobe das Spiel, wirft mir der Freund ihn zurück.

Es sind zwei Bewegungen, die hier im Werfen und Fangen zusammenkommen, einerseits weg von mir, exzentrisch-abwendend, und andererseits zentrisch-einverleibend: Weg-von und zurück-zu. Diese Bewegung ist in sich vollkommen; gelungene Form wie die Sprache des Reimes, der das schon hinausgesprochene Wort im Echo wieder auffängt. Darin ist der Geist des Einverständnisses und der

Freundschaft. Man mag fragen: Worin liegt hier das Erzieherische, ja was hat das überhaupt noch mit Pädagogik zu tun? Die Antwort ist: das Erzieherische ist, wie die große, aber weithin vergessene pädagogischen Tradition immer gelehrt hat, das Erzieherische ist hier wie auch sonst die Form; nicht irgendein zusätzlicher Zweck und von außen applizierter Sinn. Wohlgemerkt die gelungene Form, wie sie im weggeworfenen und wieder aufgefangenen Ball enthalten ist. Sie wird vom Kind aktiviert und in der Bewegung erlebt. In dieser Form ist die Freundschaft gegenwärtig; vorweggenommen im einsamen Ball-Spiel des kleinen Kindes, explizit, wenn die Großen sich den Ball zuspielen. Deshalb GOETHE: „Ich lobe das Spiel, wirft mir der Freund ihn zurück." Für diesen zugleich symbolischen und realen Zusammenhang findet sich ein amüsantes Zeugnis in dem frühen Roman von Theodor FONTANE „L'Adultera". Die junge Melanie van der Straaten will ihrem Mann einen Ball zuwerfen, aber er landet – welch wunderbarer Zufall – in den Händen eines anderen. Dieser Fehlwurf sagt alles: die Ehe geht in die Brüche; Madame van der Straaten folgt dem Ball und ihrem Geliebten.

Allerdings wird man nun nicht alles umstandslos dem Ball, und das heißt, dem Werfen, Fangen und Treten zurechnen dürfen. Deshalb scheint es mir angebracht, gewissermaßen zur Unterfütterung dieser Umgangsformen, auf eine neuere pädagogische Theorie hinzuweisen, die geeignet ist, den Ort ihres produktiven Hervorgangs zu verdeutlichen, nämlich auf Werner LOCHs biographisch orientierte Erziehungstheorie (LOCH 1979). Ich formuliere sie, ohne hier seine Terminologie zu benutzen: Es geht in der Erziehung immer darum, auf die Bedürfnisse des Kindes kulturell angemessen zu antworten. Für die ersten Stadien des leibgebundenen Lernens sind drei Grundmuster maßgebend; es wird zuerst einverleibend gelernt, sozusagen einfangend und zentrisch; dann ausgreifend-exzentrisch, wenn das Kind die Differenz von Ich und Objekt wahrnimmt und darauf reagiert, und drittens beweglich, wenn das Kind laufen lernt und sich aussuchen kann, wohin es krabbelt, was es ergreift und begreift, was es einverleibend sich aneignet und was es abstößt. Ich fasse diese nur im Umriss gegebene Einsicht so: Wir lernen positiv-einverleibend; wir lernen in der Differenz von Ich und Du, hier und da; und wir lernen in der Kombination von positiver Zuwendung und gleichzeitiger Abwendung, zwischen Ja und Nein beweglich wählend. Diese Stadien der frühkindlichen Lernentwicklung verschwinden jedoch nicht; sie bleiben strukturell präsent und werden in den nächsten Stufen transformiert.

Der entscheidende Punkt für die biographische Perspektive ist folgender: Wie wir uns zu Menschen, Sachverhalten und zu uns selbst stellen, das wird elementar vorgebildet in den Formen, wie wir uns anfänglich-leibhaft orientieren. Das ist allerdings kein direktes, sondern ein erschlossenes, rekonstruktives Wissen; es stützt sich unter anderem auch auf die Art, wie wir auf das Ballspiel, auf Fangen, Werfen und Treten reagieren, eben auf die Teilnahme dem Wunsche nach, von der ich ausgegangen bin. Das Ballspiel bedient gewissermaßen das innere Kind, das wir bleiben und das uns begleitet, offenbar auch geschlechtsspezifisch (vgl. MISSILDINE 1963; PRANGE 1988). Für unser Thema heißt das: Das Fangen ist einverleibend; es repräsentiert – im genauen Sinn der Wiedervergegenwärtigung – das primär oral-aufnehmende Stadium; das Werfen ist zielgerichtet unter der Voraussetzung von Objekten in der Differenz von Ich-Hier und Es-Du-Dort; das Treten vergegenwärtigt das Laufenlernen im Zusammenhang der Koordination von Empfangen, Ergreifen und eigener Bewegung. Es geht, abstrakt gefasst, um einfache Einheit, um Differenz und um die vermittelte Einheit als Einigung von Differenz und Einheit. Dieses Schema ist leiblich fundiert; es wird im anfänglichen Lernen begründet, der Rest ist Ausbreitung und Variation, Steigerung und natürlich auch Missbrauch, um das nicht zu vergessen.

Tatsächlich gibt es für die drei angegebenen Grundbewegungen alte Bezeichnungen, um das Spielen mit dem Ball zu kennzeichnen. Darauf hat Gottfried MENDNER in seiner Studie über das „Ballspiel im Leben der Völker" (1956) hingewiesen: *datatim* oder *expulsim* oder *raptim ludere*. Im ersten Fall geht es um das „wechselseitige Geben"; im zweiten um das Werfen und dessen Verstärkung im Schlagen, während sich „die dritte Form auf das taktische Verhalten (beschränkt), wie es im kämpferischen Einsatz Mann gegen Mann zum Ausdruck kommt" (a. a. O., S. 81). Es ist klar, wodurch das Fußballspiel gekennzeichnet ist: es wird *raptim* gespielt. Das Stoßen und Stören ist vorherrschend, um erst mal in Ballbesitz zu gelangen und dann das eigene Spiel bei ständigen Gegenstörungen durchzusetzen. Um es im zeitgemäßen Kommentator-Deutsch zu sagen: Über Kampf zum Spiel. Auch wenn es sich um eine ferne und ungesicherte Erinnerung handeln dürfte, „dass einstens die angelsächsischen und die normannischen Eroberer mit den Köpfen der unterlegenen Feinde Fußball gespielt hätten" (MENDNER, 1956, S. 132), dürfte dem destruktiven Moment im Zusammenwirken mit der taktisch-strategischen Eigeninitiative eine maßgebende, motivierende Bedeutung zukommen. Störanfälligkeit und Gegenkalkül: diese einzigartige Kombination ist auf die Füße angewiesen; unter Ausschluss der technisch und kulturell so weit überlegenen Hand. Dazu ist noch etwas zu sagen. Es gibt, wie F. J. BUYTENDIJK in seiner Studie über Fußballspiel gezeigt hat (BUYTENDIJK 1953), einen deutlichen Vorrang der Hand; man ist geneigt zu sagen: den natürlichen Vorrang der Hand als Organ unserer kulturellen Verfasstheit. Es ist ja kein Zufall, dass wir uns als *handelnde* Wesen verstehen, dass wir uns die Hand und nicht den Fuß geben, um ein Zeichen des Friedens zu setzen – „reich mir die Hand, mein Leben" – dass der Handschlag den Vertrag besiegelt und wir die Hand für etwas ins Feuer legen, das uns am Herzen liegt. Die Füße sind dem Unteren zugewandt, dem Orkus; auch der Erniedrigung, wenn wir uns den Oberen zu Füßen werfen, wenn wir einen Fußtritt erhalten oder uns jemand bildlich oder real auf die Füße getreten hat. Mit der Hand räumen wir unsere gelebte Welt technisch-praktisch und zugleich dekorativ-ästhetisch ein. Sie schafft Ordnung oder, mit dem Stab der gesetzlichen Macht verstärkt, stellt sie wieder her. Und schließlich: mit der Hand zeigen wird den Kindern, was wichtig ist und wo es lang geht (PRANGE 1995). Kurz und gut: Die Hand passt zum Ball, und man mag sich fragen, ob die Hand dem Ball folgt oder der Ball die Hand sucht.

Und trotzdem oder vielleicht gerade deshalb: es gibt die Faszination des Fußballs, trotz des Bündnisses mit den unteren Gewalten, mit dem Rauhen und Ruppigen; die Bereitschaft zur Mitbewegung, zum sieghaften Mitgehen und Mitleiden beim Scheitern, aber doch nicht schlicht und geradezu, sondern ironisch gebrochen, besonders bei denen, die sonst entschieden dem Elaborierten und intellektuell Anspruchsvollen innerlich zugetan und dienstlich verpflichtet sind. Es fällt schwer, einfach unbeschränkte Sympathie zu bekunden, aber offenbar noch schwerer, schlicht nein zu sagen: „Lasst doch den Unsinn!" Es geht uns da nicht anders als Siegfried BERNFELD: Erst ein kulturpädagogisches Nein, und dann eben doch ein sozialpädagogisches, bedingtes und positiv resignierendes „Ja, meinetwegen". Mir scheint, man trifft diese Stimmungslage am besten mit einem Ausdruck aus der höheren Fußballstrategie: gebremste Offensive.

Damit habe ich unser Thema von der direkten Ballbehandlung und vom Spielball zum Fußball als Ballspiel und als strategische Veranstaltung hinübergespielt. Bisher ging es darum, die leiblich-ästhetischen Suggestionen und Maßstäbe vor Augen zu führen, die mit dem Ball gegeben sind. Das gemeinsame Kampfspiel repräsentiert aber auch soziale Beziehungen, denen in der Erziehung auch Raum und Ausdrucksmöglichkeiten zu geben sind. Meine Ansicht der Sache ist, kurz gefasst: Das Fußballspiel ist ein Realsymbol sozialer Modernität; real in der strategischen Organisation des Spiels selber, symbolisch in Hinsicht auf die Entsprechung zu der Form, wie wir gesellschaftlich verfasst sind. Darauf beruht insgesamt die Teilnahme dem Wunsche nach: Sie ist primär leiblich fundiert, in der Gebärde des Tretens, aber sie ist sekundär zugleich auch sozial orientiert.

Das erste habe ich im Blick auf das kindlich-leibhafte Lernen zu zeigen versucht, das zweite bedarf noch der Erläuterung. Sie kann auch kürzer ausfallen, weil wir es da nicht mehr mit dem kindlichen, sondern mit dem jugendlichen Lernen und mit dem Übergang ins Erwachsenenalter zu tun haben und damit an die Grenze des Ursprungsgebiets der Erziehung gelangen. Den maßgebenden Unterschied der kindlichen zur jugendlichen Lernorientierung hat Lars CLAUSEN in seiner „Jugendsoziologie" (1976) kurz so gefasst: das Kind lernt leiblich-mimetisch, der Jugendliche zeitlich-antizipativ. In unserer Sprache können wir auch sagen: zuerst wird unter dem Vorrang der einverleibenden Aneignung des Gegebenen, dann unter dem Vorrang der vorwegnehmenden, entwerfend-selektiven Bewegungsperspektive gelernt. Erst dadurch gewinnen wir den Anschluss an die Gegenwart, verlassen wir die Eigenwelt der kindlichen Erfahrung und werden wir zeitgemäß. Das kann man sich klarmachen, wenn man Fußball als Spielorganisation betrachtet: Es ist ein Jugend-, kein Kinderspiel. *Kick and rush* ist das eine, der unmittelbare Kampf um den Ball im Stil des Duells, mit deutlichen Vorteilen der Defensive, des Störens, der Intervention, weil ja die direkte, sozusagen leibhafte Kontrolle des Balls mit den Füßen höchst unvollkommen ist; doch diese Unsicherheit wird durch die strategisch-soziale Organisation aufgewogen, durch Raumaufteilung und Stellungsspiel, durch mannschaftliche Geschlossenheit und solidarischen Kampfgeist, das heißt dadurch, dass dem Zufall im einzelnen eine zeiträumliche Strategie entgegengestellt wird, welche die besonderen Aktionen vorweg konzipiert. Das dürfte auch der Grund sein, weshalb Maurice MERLEAU-PONTY das Fußballspiel hat nutzen können, um die eigentümliche Struktur der „menschlichen Ordnung" zu erläutern. Es liefert ein Modell für die „Dialektik zwischen Umwelt und Aktion", mit einem deutlichen Vorrang des

Spiel-Raums gegenüber der unmittelbaren Ballbeherrschung. Er gewinnt eine eigene, das aktuelle Verhalten bestimmende Bedeutung: „Der Fußballplatz ist für den Spieler in Aktion kein ‚Objekt' (...). Er ist von Kraftlinien durchzogen ('Seitenlinien', Linien die den ‚Strafraum' abgrenzen) – in Abschnitte gegliedert (z. B. ‚Lücken' zwischen den Gegnern), welche die Aktion von ganz bestimmter Art hervorrufen, sie auslösen und tragen, gleichsam ohne Wissen des Spielers. Der Spielplatz ist ihm nicht gegeben, sondern er ist gegenwärtig als der immanente Zielpunkt seiner praktischen Intentionen; der Spieler bezieht ihn in seinen Körper mit ein und spürt beispielsweise die Richtung des 'Tores' ebenso unmittelbar wie die Vertikale und Horizontale seines eigenen Leiben. (...) Es gibt in diesem Moment nichts anderes als die Dialektik von Umwelt und Aktion. Jedes Manöver, das der Spieler vollführt, verändert den Aspekt des Spielfeldes und zeichnet darin neue Kraftlinien ein, wo dann ihrerseits die Handlung verläuft und sich realisiert, indem sie das phänomenale Feld erneut verändert" (MERLEAU-PONTY, 1976, S. 193f.).

Was über das Spiel- und Aktionsfeld als den „erlebten Raum" (BOLLNOW 1989, kS. 18 ff.) gesagt wird, gilt natürlich auch für alle anderen Mannschaftsspiele und Wettbewerb überhaupt; die besondere Pointe und das eigentliche Spannungsmoment des Fußballs entstehen eben daraus, dass der Ball, der zwischen Umwelt und Aktion vermittelt, nicht gefangen und gehalten werden kann, sondern „gespielt" werden muss, so dass der Spiel-Raum beständig und nahezu total dynamisiert wird und eben dadurch eine eigene Valenz gewinnt. Dieses Spannungsverhältnis von Kontingenz und Kontrolle lässt sich leicht an beliebigen Merkmalen illustrieren:

Da gibt es die „freien Räume", die ein langer Pass öffnet oder die „eng zu machen" sind; es gibt das Mittelfeld, das „rasch zu überbrücken ist"; es gibt die „Sturmspitze" vorn und die „Raumdeckung" hinten. Die Ordnung ergibt sich aus der *taxis*, der Aufstellung zum Kampf; allerdings nicht fertig vorgegeben wie etwa im Schach oder *mutatis mutandis* noch im Tennis, die deutlicher den Charakter des Duells, ausgeführt in tödlicher Stille, bewahrt haben. Innerhalb der je gewählten oder vom Gegner aufgezwungenen Taxis ergeben sich die vielen Einzelduelle, jedes für sich höchst ungewiss im Ausgang. Wie ich jetzt nicht lang auszuführen brauche, besteht die soziale Logik des Fußballs eben darin, Chancen herauszuspielen, Lagen zu antizipieren oder so herbeizuführen, dass der „tödliche Pass" aus der „Tiefe des Raumes" gespielt werden kann; alles, um unter dem realen, nicht bloß gedachten Schleier des Unwissens doch zum Torerfolg zu kommen. Überhaupt fallen ja nur wenig Tore, wenn man den ganzen Aufwand und die Rennerei betrachtet. 2:1 soll das häufigste Ergebnis sein. Das heißt: alle dreißig Minuten mal ein zählbarer Erfolg. Wer viele Tore oder Treffer sehen will, muss zum Handball oder zum Basketball gehen; und wer's bloß schön haben will, dem sei die rhythmische Sportgymnastik angeraten. Anders gesagt: das meiste, was man beim Fußball macht und sieht, geht schief. Es wird gestört, unterbrochen, abgefälscht. Der eine kommt einen Schritt zu spät, dem anderen rutscht das Standbein weg oder es war noch ein Bein dazwischen, oder der Ball verspringt, rutscht über den Spann, geht knapp ins Aus. Muss ich noch mehr sagen? Es ist alles wie im richtigen Leben: Immer kommt noch irgend etwas dazwischen, und hat man endlich mal einen richtigen Elfmeter, springt der Ball von der Latte. Um so größer der Jubel, wenn doch mal ein Tor fällt, und eben deshalb die Stilisierung vor allem der Torjäger zu Helden, die unverdrossen jedem Ball nachsetzen und dem widrigen Geschick doch noch einen Erfolg abringen. Genau das macht sie zu „Helden". Der Star triumphiert über die Dunkelheit des umkämpften Moments.

So gesehen gleichen die Torerfolge im Fußball den *windfall profits* auf einem insgesamt undurchsichtigen Güter- und Geldmarkt. Das ist aber nicht nur ein beliebiges Gleichnis: Es betrifft den Kern des Fußballs als Spiel, seine unausgesprochene Übereinstimmung in dem Spannungsverhältnis von Zufall und Strategie im modernen Dasein. Was machen wir, wenn wir im einzelnen nicht wissen, was kommt, und doch einigermaßen rational auf das Nicht-Rationale reagieren wollen? Wir antworten auf der sozialen Bühne nicht ästhetisch mit der schönen, in sich gelungenen Form, sondern wir antworten strategisch, planerisch, organisatorisch mit Chancenverdichtung, strukturellen Vorkehrungen und dem Aufbau von Ordnungen zur Risikominderung und Steigerung der Erfolgswahrscheinlichkeit. Eben das zeigt sich im Fußballspiel: Es ist die sichtbare, exemplarisch erlebbare und effektive Kombination von Zufall und Regel, Unsicherheit im einzelnen und strategischem Kalkül im ganzen. Fußball ist *law and disorder* in einem, Kontrolle des Unkontrollierten und schwer Kontrollierbaren, wie es das Traktieren des Balles auf einem Bein und mit dem Fuß des anderen nun einmal ist. Im Fußball haben wir die „organische Anarchie" sinnfällig vor Augen, als die ein Teil der Sozialtheorie unsere Gesellschaft beschreibt. Ordnung und Unordnung zusammen, hochgradige Organisation und Individualismus zugleich, chaotisches Bolzen im Einzelkampf und generalstabsmäßiges Management, trivial und zugleich raffiniert: Die Einzelszene ist aleatorisch, die Dramaturgie strukturiert. Das ist es, was die Übereinstimmung mit unseren allgemeinen Lebensverhältnissen ausmacht. So leben wir im Industriesystem, und dem schauen wir zu, wenn wir an Fußballspielen dem Wunsche nach teilnehmen. *Wir schauen uns selber zu.*

Man mag sich hier noch einmal fragen: Aber wo bleibt das Erzieherische? Es liegt auch hier in der Form, nicht in irgendeiner Zusatzmoral. Fußball ist erzieherisch als entstaltete Gestalt, oder, um es etwas abgewandelt noch einmal mit Otto Rehagel zu sagen: erzieherisch ist auf'm Platz. Das ist vielleicht ein etwas befremdliches Deutsch, aber semantisch scheint es mir vollkommen klar zu sein. Fußball ist, mit Karl Popper zu reden, das Spiel der „offenen Gesellschaft", die nicht mehr mit einem fertigen *ordo* rechnet, der nur noch im Detail und linientreu auszuführen wäre; aber dennoch nicht regellos, sondern auf der Grundlage eines sehr einfachen, um nicht zu sagen: genial vereinfachten Regelwerks, leicht verständlich und auch dem schlichten Gemüt unmittelbar einsichtig. Genau das hat die Variabilität und den Reiz des Überraschenden ermöglicht, die sich aus der Kombination von Regelrahmen und Inszenierung ergeben. Schärfer noch lässt sich Fußball mit Friedrich von Hayek als spontane, kataklaktische Ordnung kennzeichnen: Sie ergibt sich im Zusammenhang und Gegenspiel von Einzelaktivitäten, die selber unter dem Gesetz des Zufalls stehen, statt dass wir uns mimetisch in eine vorgetane Ordnung einzufügen hätten (vgl. Hayek 1977, S. 27). Wo keine Hand im Spiel sein darf, zeigt sich am Ball-Spiel der Füße die *invisible hand* einer beweglichen Ordnung. So gesehen ist Fußball das Spiel des industriekapitalistischen Liberalismus, der Marktwirtschaft und des Konkurrenzmodells der modernen Gesellschaft. Die Kombination von „fixity and elasticity", wie sie P. Murphy, J. Williams und E. Dunning (1990) dem Regelwerk zugeschrieben haben, bietet beides: individuelle Könnerschaft und kollektiven Erfolg.

Indes: es dürfte diese innere Entsprechung zur Markt- und Konkurrenzgesellschaft sein, die eben jene Reserve begründet, die sich bei Bernfeld und überhaupt bei all denen findet, die das Rabiate und entschieden Kämpferische des Fußballs als problematisch empfinden, ganz abgesehen von der Fortsetzung der Auseinandersetzung außerhalb des Spielfeldes, wo der gehegte Krieg zum unbegrenzten Kampf aller gegen alles umschlägt. Wer seine Hoffnung auf eine konkurrenzfreie, endgültige perfekte Ordnung setzt, ob nun in marxistischer Orientierung wie Bernfeld oder sonst einer humanistisch-ästhetischen Intonierung, kann nicht billigen, dass im Spiel eben jene Gesellschaft sich zeigt und einübend bestätigt wird, die in einer „neuen" Erziehung zu überwinden wäre. Es ist verständlich, dass diese Perfektionsidee den Blick auf den Fußball als Realsymbol einer unabgeschlossen-spontanen Ordnung verstellt; ebenso wie den Blick auf die gesellschaftlichen Verhältnisse, wie sie sind. Das legt zum Abschluss einen anderen Gedanken nahe: Wenn wir Pädagogen uns mehr mit dem Fußball befassten, bereit, seine spielerische Logik anzuerkennen, wenn auch in gebremster Zuneigung, würden wir uns vielleicht ja auch mit größerer Sympathie den wirklich zeitgemäßen Sozialtheorien im Stile HAYEKS zuwenden, statt uns mit den Konstruktionen von MARX und seiner Epigonen oder gar, schlichter noch, mit den paternalistisch-kommunitären Vorstellungen des schweizer Schriftstellers und Heimleiters PESTALOZZI und seiner Verehrer zu begnügen.

Literatur

BERNFELD, S. (1969): Kinderheim Baumgarten – Bericht über einen ernsthaften Versuch mit neuerer Erziehung (zuerst 1921). In: *Ausgewählte Schriften, Bd. 1*, Frankfurt/Berlin/Wien.
BOLLNOW, O. F. (1989): *Mensch und Raum* (zuerst 1963). Stuttgart.
BUYTENDIJK, F. J. (1953): Das Fußballspiel. Eine psychologische Studie. Würzburg.
CLAUSEN, L. (1976): *Jugendsoziologie*. Stuttgart.
DUNNING, E. u. a. (1988): *The Roots of Football Hooliganism. An Historical and Sociological Study*. London.
ELIAS, N./DUNNING, E. (1986): *The Quest for Excitement. Sport and Leisure in the Civilizing Process*. Oxford.
FINK, E. (1960): *Spiel als Weltsymbol*. Stuttgart.
FRÖBEL, F. (o. J.): *Brief an die Frauen in Keilhau*, hrsg. v. B. GUMLICH. Weimar.
HAYEK, F. A. v. (1977): *Drei Vorlesungen über Demokratie, Gerechtigkeit und Sozial*ismus. Tübingen.
HEILAND, H. (1967): *Die Symbolwelt Friedrich Fröbels. Ein Beitrag zur Symbolgeschichte*. Heidelberg.
LOCH, W. (1979): Curriculare Kompetenzen und pädagogische Kompetenzen. Zur anthropologischen Grundlegung einer biographischen Erziehungstheorie. In: *Bildung und Erziehung, 32*, S. 241 ff.
MENDNER, S. (1956): *Das Ballspiel im Leben der Völker*. Münster
MERLEAU-PONTY, M. (1976): *Die Struktur des Verhaltens* (zuerst franz.: La Structure du Comportement. 1942) Berlin.
MISSILDINE, H. (1963): *Your Inner Child of the Past*. London.
MURPHY, P. u. a. (1990): *Football on Trial. Spectator Violence and Development in the Football World*. London/New York.

PRANGE, K. (1988): Das große Kind. Zur Problematik des Kindbildes in der pädagogischen Semantik. In: *Curriculum Vitae*, hrsg. v. D. SPANHEL, Essen.

PRANGE, K. (1995): Über das Zeigen als operative Basis der pädagogischen Kompetenz. In: *Bildung und Erziehung, 48,* S. 145 ff.

VILLAUME, P. (1969): *Von der Bildung des Körpers in Rücksicht auf die Vollkommenheit und Glückseligkeit des Menschen oder über die physische Erziehung insonderheit* (zuerst 1787), Frankfurt.

ZUCK, R. (1998): Ist Fußball ein Menschenrecht? In: *Neue Juristische Wochenschrift, 30,* S. 2190 f.

Werner Lang

Von der Politisierung des Sports zur Versportlichung der Politik: Der Fall Berlusconi

Am 27. März 1994 gewann die erst 49 Tage zuvor gegründete politische Vereinigung *Forza Italia* als stärkste Fraktion die Wahlen zum italienischen Abgeordnetenhaus. Im Mai 1994 wurde ihre Führungsfigur, der Unternehmer und Präsident des Fußballclub **AC Mailand**, Silvio Berlusconi, zum 53. Ministerpräsidenten in der Nachkriegsgeschichte Italiens gewählt. Dieses Datum gilt heute als Beginn der „2. Republik" Italiens.

Die Politisierung des Sports

Sie werden sich sicher fragen, was daran Besonderes ist. Tübingen liegt in einem Bundesland, in dem der Präsident des VfB Stuttgart und Multifunktionär des Deutschen Fußballbundes, Gerhard Mayer-Vorfelder, gleichzeitig Finanzminister war.

In der Tat: Die Politisierung des Sports – d. h. die Inanspruchnahme des Sports für politische Zwecke – hat es immer und in jedem Gesellschaftssystem gegeben. Denken Sie nur an die Instrumentalisierung der Olympischen Spiele 1936 durch die Nationalsozialisten oder die Benutzung der Sportler durch die Machthaber der ehemaligen DDR, die sogar vor Dopingpraktiken nicht zurückschreckten, um die Überlegenheit ihres Gesellschaftssystems gegenüber dem Westen zu beweisen.

Aber auch in der Bundesrepublik ist die Politisierung des Sports weit fortgeschritten. Schon relativ früh haben vor allem die Parteien der im Juni 1998 herrschenden Regierungskoalition besonders im kommunalen Bereich die Bedeutung des Sports für ihre Zwecke erkannt. Die Sozialdemokraten und später die Grünen sind diesem Trend zwar gefolgt, im Spitzensport und vor allem im Fußball sind sie jedoch der CDU/CSU und der FDP weit unterlegen. Das mag daran liegen, dass Hannover und Saarbrücken im Fußball derzeit nicht gerade auf einer Erfolgswelle schwimmen, die sich politisch vermarkten ließe. Scharping aus Mainz hat dies erkannt und kommentiert folgerichtig lieber die Tour de France. Von Joschka Fischer weiß man zwar, dass er selbst engagierter Fußballspieler ist; über eine Vereinsbindung ist mir allerdings nichts bekannt. Und Jürgen Trittin weiß vermutlich über Fußball lediglich, dass dabei viel Energie verbraucht wird und ihm eine adäquate Besteuerung dieses Energieverbrauchs noch nicht eingefallen ist.

Anders sieht die Lage bei den Parteien der Regierungskoalition von CDU/CSU/FDP aus. Kanzler Kohl ist Ehrenmitglied des Deutschen Meisters 1. FC Kaiserslautern. Selbst ehemalige Arbeitervereine wie der FC Schalke 04 werden in der Öffentlichkeit mit einem Politiker der FDP in Verbindung gebracht: An einem Donnerstag nach einem von Schalke gewonnenen UEFA-Cup-Endspiel in Mailand, konnte die Nation in der Tagesschau mitverfolgen, wie Jürgen Möllemann in einer Vorstandssitzung der FDP mit Schalke-Schal erschien.

Der Umfang dieses Beitrags würde nicht ausreichen, um die Vertreter der CDU im Sportbereich im allgemeinen und im Fußball im besonderen aufzuzählen. Zu wahrer Meisterschaft haben es jedoch die Spitzenpolitiker der CSU gebracht, die bei Lokalderbys der beiden Münchner Vereine gleich flächendeckend das Terrain beherrschen: Ministerpräsident Stoiber sitzt auf der Tribüne des Olympiastadions in München in den Vereinsfarben des FC Bayern neben Parteichef und Bundesfinanzminister Waigel, der durch seine Kleidung seine Anhängerschaft zu 1860 München demonstriert.

Soviel zur Politisierung des Sports. Was ist nun das qualitativ Neue am Fall Berlusconi? Die eben beschriebene Politisierung des Sports hat es auch in Italien zu jeder Zeit gegeben. Auch hier ließen sich zahllose Beispiele anführen. Neu ist, dass ein Unternehmer, der bislang in der Politik kaum engagiert war, mittels eines „politischen" Clubs namens *Forza Italia* quasi aus dem Stand die Wahlen in einem großen europäischen Land gewinnt und er dabei einen Großverein, dessen Präsident und Eigentümer er ist, als Parteiersatz umfunktionierte.

Aufbau des Beitrags und zentrale Fragestellungen

Um das Phänomen Berlusconi zu erklären, habe ich den vorliegenden Beitrag in 4 Schritte eingeteilt:
a. Im ersten Schritt wird die politische Krise Italiens 1992/94 analysiert. Nur vor diesem Hintergrund wird verständlich, warum eine Person, die bislang überhaupt kein Parteibuch besaß, Ministerpräsident werden konnte.
b. Im zweiten Schritt wird dann die Person Berlusconis und sein Firmenimperium *Fininvest* vorgestellt. In diesem Teil des Beitrags wird verdeutlicht, was die Beweggründe für Berlusconi waren, sich aktiv in die Politik einzuschalten.
c. Im dritten Schritt werden die Methoden aufgeführt, die Berlusconi und seine *Forza Italia* anwandten, um zum politischen Erfolg zu kommen. Hier soll dann insbesondere auf die Rolle des Fußballs in diesem Prozeß der Machtübernahme eingegangen werden.
d. Viertens und abschließend sollen die Gründe für den politischen Aufstieg Berlusconis nochmals systematisch analysiert werden. Ein solches Analyseraster muß es dann auch ermöglichen, auf die Frage zu antworten, ob ein solches Phänomen auch in anderen westeuropäischen Ländern auftreten kann.

Die politische und ökonomische Krise Italiens

Italien galt in der Nachkriegszeit als **der** Parteienstaat par excellence. Das Land wurde von Juni 1946 bis Januar 1994 – also in der Zeit der „1. Republik" – ununterbrochen von der dominierenden Partei der Christdemokraten (DC) allein oder in Koalitionen mit den Republikanern (PRI), den Liberalen (PLI), den Sozialdemokraten (PSDI) und den Sozialisten (PSI) regiert. Je nachdem, welche Partei(en) sich gerade im Schmollwinkel befand(en), waren es Dreier-, Vierer- oder Fünfer-Koalitionen. Die zweitstärkste Partei, die Kommunistische Partei (PCI), war hingegen zur Daueropposition verurteilt.

Diese Regierungsparteien teilten die ökonomischen und gesellschaftlichen Institutionen des Landes unter sich auf. Die Direktoren der staatlichen Betriebe waren in der Regel Parteigänger einer der Regierungsparteien. Der öffentlich-rechtliche Rundfunk *RAI* 1 war eine Domäne der Christdemokraten, *RAI* 2 eine der Sozialisten. Eines der hervorstechendsten Merkmale Italiens war somit der „Klientelismus", d. h. das Zuschanzen von Posten und Staatsaufträgen über persönliche und Parteibeziehungen. Das Ganze funktionierte nach dem „10-Prozent-Prinzip„: Für das Zuteilen von Staatsaufträgen kassierten die Parteien – je nach lokalen Gegebenheiten auch die Kommunisten – 10 Prozent der Auftragssumme als sogenannte „tangenti", d. h. Abgaben, die dann nach einem festgelegten Schlüssel an die einzelnen Parteien weitergegeben wurden.

Es ist nicht verwunderlich, dass in einem solchen System Schmiergelder und schwarze Kassen an der Tagesordnung waren. Das System der „tangentopoli" wurde jedoch Anfang der 90er Jahre vor allem von der Mailänder Staatsanwaltschaft aufgedeckt. Es kam zu Anklagen, Verhaftungen und Verurteilungen vieler Politiker der 1. Republik. Italien befand sich zu Beginn der 90er Jahre in einer politisch-moralischen Krise: Die Nomenklatura des alten Parteiensystems mußte abdanken. Die Christdemokraten lösten sich in verschiedene Parteiflügel auf, die heute unter anderen Parteinamen kandidieren. Sozialisten, Sozialdemokraten, Liberale und Republikaner existieren heute faktisch nicht mehr auf der politischen Landkarte Italiens.

Auch auf Seiten der politischen Linken gab es nach dem Fall der Berliner Mauer Veränderungen. Die mächtigste Kommunistische Partei Westeuropas, der PCI, nannte sich in „Partei der demokratischen Linken" PDS um und hat sich seitdem zu einer eher sozialdemokratischen Partei gewandelt. Diesen Schritt vollzog jedoch ein Teil seiner Anhängerschaft nicht mit; unter dem Namen „Rifondazione Communista" wurde eine neue Partei gegründet, die sich noch heute den kommunistischen Idealen verpflichtet fühlt.

Diese Veränderungen im italienischen Parteiensystem und die politisch-moralische Krise des Landes sind jedoch nur die Symptome einer lange schwelenden Krise des italienischen politischen Systems. Warum, so ist zu fragen, duldeten die Italiener so lange die politische Korruption in ihrem Lande? Warum haben die Italiener so lange, wenngleich „mit zugehaltener Nase" die Vertreter des alten Parteiensystems gewählt? Waren sie Anfang der 90er Jahre moralischer geworden? Meine These lautet, dass das politische System bis zu diesem Zeitpunkt in der Lage war, eine makroökonomische Konstellation zu garantieren, die den Interessen der Mehrheit der Italiener dienlich war. Erst durch den Zusammenbruch dieser Konstellation geriet das politische System in die Krise.

Die Hauptursache für den Zusammenbruch des politischen Systems Italiens sehe ich in der wachsenden Staatsverschuldung des Landes seit Anfang der 80er Jahre. „Die Fiskalkrise des Landes", so der italienische Sozialwissenschaftler CAFAGNA, „ist der harte Kern der politischen Krise des Landes" Diese Staatsverschuldung hat zwei Ursachen. Italien weist in Westeuropa den höchsten Anteil von Selbständigen an der Erwerbsbevölkerung auf. Dabei handelt es sich vor allem um kleine Händler, Handwerker und Besitzer von Unternehmen mit weniger als 5 Mitarbeitern. Die Steuermoral dieser Schichten ist sehr gering. Es war nicht selten, dass ein Rechtsanwalt im Jahr lediglich DM 10.000 Einkommen versteuerte. Die letzte Regierung der 1. Republik mußte deshalb 1992 zur Notbremse greifen, indem sie eine sog. „Minimumsteuer" einführte, in der zum Beispiel die Höhe der Telefonrechnung oder die Länge der Yacht des Steuerpflichtigen über das wahre, zu versteuernde Einkommen Auskunft geben sollte. Die Fünfer-Koalition mußte somit ihre eigene Klientel verstärkt zur Kasse bitten.

Wichtiger ist jedoch die Ausgabenseite des Staatbudgets. Ein Hauptmerkmal des politischen Systems Italiens ist – wie gesagt – der sog. „Klientelismus". In diesem „Wohlfahrtsstaat all'italiana" ersetzte eine Politik der Transferzahlungen eine Politik der sozialen Dienste für alle Bürger. Dieser Klientelismus hat lange Zeit funktioniert, obwohl er nicht sehr effizient war. Um ein Beispiel zu nennen: Im Mezzogiorno wurde in den 60er Jahren eine kohärente Regionalpolitik praktisch aufgegeben. Anstatt das Land zu entwickeln, flossen Gelder in zum Teil sinnlose Staatsaufträge und in ein aufgeblähtes System von Transferzahlungen an fast alle soziale Gruppen. Wie Abbildung 2 zeigt, sind von Mitte der 70er bis Mitte der 80er Jahre die Transferzahlungen an pri-

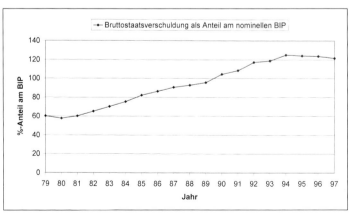

Abb. 1: Italien: Bruttostaatsverschuldung (1979–1997)
Quelle: OECD.

vate Haushalte wesentlich stärker gestiegen als in der Europäischen Union und in der Bundesrepublik.

Von dieser Politik der Staatsverschuldung profitierten in erster Linie die soziale Schicht der Geldbesitzer, die „Rentiers", die ihre Ersparnisse zur Finanzierung des Staatsdefizits in zum Teil sehr lukrativen Staatsanleihen anlegten.

Aber auch die Arbeiterschaft wurde in dieser makroökonomischen Konstellation bedient. In einer Vielzahl von Streiks erreichten die Gewerkschaften hohe Nominallohnsteigerungen, die zwar die Inflationsrate ansteigen ließen (die Verbraucherpreise stiegen 1980 um den Spitzenwert von über 20% gegenüber dem Vorjahr), deren Auswirkungen jedoch ihrerseits durch das System des automatischen Inflationsausgleichs (die „scala mobile") wieder ausgeglichen wurde. Durch die expansive Haushaltspolitik war die Arbeitslosenquote im Norden gering, die vielen Arbeitslosen im Süden wurden hingegen durch die Lohnausgleichskasse *Cassa Integrazione Guardagni* entschädigt.

Selbst die Unternehmer wurden in dieser Konstellation zufrieden gestellt. Durch die hohe Inflation stiegen die Reallöhne nur geringfügig an. Dem Verlust der internatio-

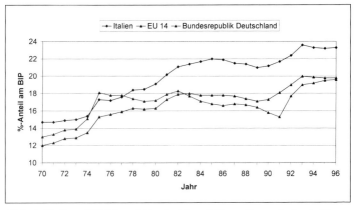

Abb. 2: Italien, EU 14 und Deutschland: Transfer an private Haushalte (1970–1996). Quelle: OECD.
Anmerkung: EU ohne Luxemburg. ** bis 1991 nur Westdeutschland.

nalen Wettbewerbsfähigkeit seiner Industrie entging Italien durch flexible Wechselkurse, welche die hohe Inflation im Lande nach außen ausglichen. Diese flexiblen Wechselkurse liefen auf eine permanente Abwertung der italienischen Lira hinaus. Wer Mitte der 70er Jahre in Italien in Urlaub war, zahlte für 10.000 Lire etwa DM 30,–. Heute sind 10.000 Lire für etwa DM 11,– zu haben. Bis Anfang 1990, als Italien die ihm eingeräumte EWS-Sonderschwankungsbreite von 6% bis auf die Normalbreite von 2,25 % verringerte, wurde die Lira sechsmal abgewertet.

Flexible Wechselkurse, expansive Haushaltspolitik, konfliktuelle industrielle Beziehungen zwischen den Sozialpartnern und hohe Inflationsraten ergaben somit in der Phase bis 1985 ein spezifisches wirtschaftspolitisches Regime, das die sozialen Gruppen bediente, die in Italien bei der Unterstützung der Regierungen eine wesentliche Rolle spielten.

Diese Konstellation änderte sich mit dem Jahr 1985. In diesem Jahr erreichte die Bruttoverschuldung des Staates gemessen am Bruttoinlandsprodukt (BIP) etwa 80% mit weiter steigender Tendenz. Die Bruttostaatsverschuldung des Landes überstieg im Jahre 1990 zum ersten Mal die Marke von 100% des nationalen Bruttoinlandsprodukts und ist somit neben der Belgiens die höchste Verschuldungsrate in der Europäischen Union. Seit 1980 hatten die Zinszahlungen des Staates massiv zugenommen und überstiegen ab 1983 die Primärverschuldung des Landes, d. h. den Saldo zwischen Staatsausgaben und Staatseinnahmen ohne Zinszahlungen. 1985 nahm deshalb die Regierung Craxi einen Kurswechsel in der Finanzpolitik vor: sie wechselte von einer expansiven zu einer moderateren Haushaltspolitik. Das Primärdefizit ging in den nächsten Jahren kontinuierlich zurück und 1992 verzeichnete der italienische Staat zum ersten Mal seit langem eine positive Primärbilanz. Da die Zinszahlungen des Staates jedoch weiterhin stark anstiegen, blieb das jährliche Gesamtdefizit des Staates bis zum Ende der 1. Republik konstant bei über 10%.

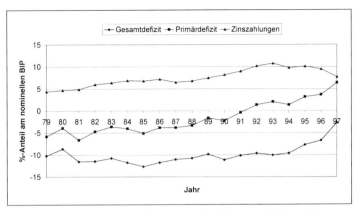

Abb. 3: Italien: Gesamtdefizit, Primärdefizit und Zinszahlungen 1979–1997. Quelle: OECD.

Italien nahm in dieser Zeit eine ganze Reihe von Einsparungen bei den Sozialleistungen vor. Auf der anderen Seite wurden auf Druck der Gewerkschaften bei den kleinen Einzelhändlern Registrierkassen eingeführt, um das Steueraufkommen bei der Mehrwertsteuer zu erhöhen.

Zur Eindämmung der zwar sinkenden, im Vergleich zu anderen Ländern nach wie vor hohen Inflationsrate wurde Mitte der 80er Jahre die sog. „scala mobile" zuerst eingeschränkt, dann ganz abgeschafft. Dadurch sank die Lohnposition der Arbeiterschaft in den 80er Jahren erheblich. Die Arbeitslosenquote stieg in den 80er Jahren kontinuierlich an. Selbst in der zweiten Hälfte der 80er Jahre, als in fast allen Ländern die Arbeitslosenquoten wieder sanken, kam es in Italien zu keiner Entspannung auf dem Arbeitsmarkt. Die Regierungsparteien der 1. Republik verloren dadurch zuerst das Vertrauen der Arbeitnehmerschaft.

Durch die festeren Wechselkurse im Europäischen Währungssystem war zudem die frühere Auffangposition der permanenten Abwertungen entfallen: die internationale Wettbewerbsfähigkeit der italienischen Industrie verschlechterte sich beträchtlich. Diese Situation spitzte sich Anfang der 90er Jahre sogar noch zu: Die Staatsverschuldung erreichte 120% des BIP, die Zinszahlungen überschritten die 10%-Marke bei weitem, die internationale Wettbewerbsfähigkeit der italienischen Industrie sank beträchtlich.

Durch die hohe Staatsverschuldung stiegen zudem die Zinsen. Alle vorliegenden Untersuchungen zeigen, dass die italienische Industrie sehr zinsempfindlich ist, so dass die Zinserhöhungen auch im Zuge der deutschen Vereinigung als große Belastung von den Unternehmern empfunden wurden. Nach der Arbeiterschaft hatte die Fünfer-Koalition nunmehr auch die Sympathien der italienischen Industrie verspielt. Die anfänglich verhaltene Kritik des Arbeitgeberverbandes *Confindustria* schlug 1992 in offene Feindschaft um. Die Regierungsparteien konnten sich schließlich nur mehr auf die inzwischen gewachsene Schicht der Rentiers stützen, die von den hohen Zinsen profitierte.

Folgerichtig begann die Erosion des Parteiensystems der 1. Republik im hochindustrialisierten Norden des Landes. Im Veneto und in der Lombardei reüssierte eine neue politische Formation, die *Lega Nord*, welche die Schuld an der italienischen Misere einseitig dem Süden mit seinen klientelistischen Strukturen zuschob und offen einen Separatismus vertrat, der später in der Ausrufung der Republik „Padanien" gipfelte. Die einst dominante Partei der Christdemokraten löste sich hingegen in ihre Flügel auf.

Nach einem Referendum war 1993 das italienische Wahlrecht geändert worden, was zwar keinen Durchbruch zu stabileren Verhältnissen brachte, jedoch einen Zusammenschluß von Parteien zu Wahlpakten förderte. Nach dem nationalen Wahlrecht des Jahres 1993 werden 75% der Parlametssitze in Einmannwahlkreisen nach dem Prinzip relativer Mehrheiten vergeben, die übrigen 25% auf regionaler Ebene unter den Kandidaten der unterlegenen Parteien proportional verteilt.

Bei den Kommunalwahlen 1993 siegte die politische Linke des Landes. Sie eroberte die Rathäuser Palermos, Roms und Neapels, wo die Enkelin Mussolinis für die Neofaschisten einen Achtungserfolg erzielt hatte. Alle Welt ging davon aus, dass die 1994 anstehenden Parlamentswahlen einen Sieg der vereinigten Linken nach sich ziehen würde.

Als Gegner der allzu siegessicheren Linken trat nun jedoch ein Mann auf, mit dem kaum jemand gerechnet hatte, der aber die gesamte politische Landschaft Italiens mit einem Schlag verändern sollte: **Silvio Berlusconi.**

Berlusconi und sein Imperium *Fininvest*

Die Fininvest-Holding

Berlusconi führte seinen weitverzweigten Konzern *Fininvest* mit dem Herzstück *Mediaset* und der Werbeagentur *Publitalia* seit den 70er Jahren in die Spitzengruppe der Umsatzmilliardäre Italiens und Europas. Die Eingliederung des Mailänder Verlagskonzerns *Mondadori* brachte Berlusconis Holding *Fininvest* auf insgesamt 13,6 Mrd. DM Umsatz. Berlusconi rückte damit hinter *FIAT* und *Ferruzzi-Montedison* auf die dritte Stelle der italienischen Privatkonzerne – noch vor *Pirelli* und *Olivetti*. Er verfünffachte so den Umsatz seines Imperiums in einem halben Jahrzehnt. Ende der 80er Jahre verfügte *Publitalia* über 60 % der TV-Werbeeinnahmen.

Besonders interessant im hier untersuchten Zusammenhang ist, dass zur *Fininvest*-Holding unter anderem drei nationale Fernsehkanäle (*Canale 5, Rete 4* und *Italia 1*) sowie der auch international sehr erfolgreiche Fußballclub AC Mailand, der zu Beginn der 90er Jahre mehrfach den Europacup der Landesmeister gewonnen hat, gehörte. Diese Einrichtungen – Fernsehsender und Fußballclub – spielten in der politischen Karriere Berlusconis eine entscheidende Rolle.

Besonders wichtig ist die Beteiligung bei **telepiù**. Dies ist ein Pay-TV-Sender, an dem Berlusconi zwar nur 10 % Anteil hat, in dem er aber eine strategisch wichtige Position besitzt. *telepiù* ist spezialisiert auf Fußball-Übertragungen. Die-

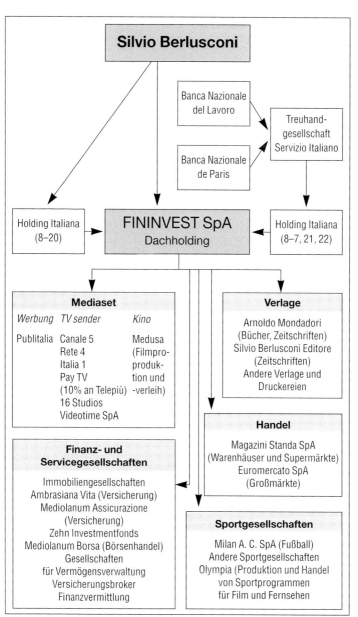

Abb. 4: Das Imperium FININVEST

ses Programm bietet gegen Bezahlung Fußballspiele live mit Hilfe eines Decoders an. Seit 1996/97 können die italienischen tifosi mit einer Satellitenschüssel und einem Decoder ausgerüstet die Spiele für eine TV-Jahreskarte von etwa 270 DM sehen. Man kann alle Spiele einer Mannschaft kaufen oder lediglich alle Auswärtsspiele eines Vereins.

Der italienische Fußball-Ligaausschuß und *telepiù* hoffen, dass es im Jahr 2000 etwa 4,5 Millionen Abonnenten für die Pay-TV-Übertragung von Spitzen-Fußballspielen gibt. Ende 1995 garantierte *telepiù* dem italienischen Fußballverband ab 1996/97 rund 70 Mrd. Lire pro Saison aus dem Pay-per-view-Programm.

Die Motivation Berlusconis zum Eintritt in die Politik

Es kann kein Zweifel daran bestehen, dass sich Berlusconi zum Eintritt in die Politik entschloß, um sein Medienimperium vor der Zugriff einer künftigen Linksregierung zu schützen, nachdem die jahrzehntelange politische Patronage durch die Altparteien (und hier besonders durch Craxis Sozialisten) zusammengebrochen war. Es gibt zwar keine gesicherten Belege zur Entstehungsgeschichte der *Forza Italia*. Dennoch lassen Chronologie und politischer Kontext die Motivation bei der Parteigründung von *Forza Italia* deutlich erkennen.

Die Möglichkeit eines Sieges der Linken bei den Parlamentswahlen 1994 zeichnete sich spätestens seit Juni und Dezember 1993 ab. Im Juni 1993 errangen die Parteien der linken Mitte mit der PDS an der Spitze erste große Erfolge bei den Kommunalwahlen. Die Linksparteien beabsichtigten, die Konzentration der Fernsehprogramme zu begrenzen. Die Fernsehlandschaft Italiens bestand und besteht heute noch aus dem Duopol *RAI – Fininvest*, die jeweils 3 nationale Kanäle unterhalten. Geplant war die Begrenzung auf 2 nationale Kanäle durch einen Betreiber.

Unmittelbar nach den Wahlerfolgen der Linken bei den Kommunalwahlen beraumte Berlusconi ein Gespräch führender *Fininvest*-Mitarbeiter an, um das politische Projekt einer neuen Parteigründung zu beraten. Von nun wurde die mittlere Führungsebene der *Fininvest* für diese politische Initiative eingesetzt. Berlusconi ernannte am 10. September 1993 über 20 *Fininvest*-Mangager zu Regional-Verantwortlichen beim Aufbau der *Forza Italia* und schaltete *Publitalia*, das landesgrößte private Werbeunternehmen, in den Aufbau der Partei ein.

Als „rote" Bürgermeister im Dezember 1993 bei den kommunalen Stichwahlen in Palermo, Neapel und Rom erneut Mehrheiten in den Rathäusern eroberten, wurde die Parteigründung beschleunigt. Seit Januar 1994 vervielfältigte sich die Aktivität der *ANFI* (Associazione Nazionale *Forza Italia*), die im Juli 1993 bei Gericht registriert wurde. Nunmehr betrieb Berlusconi mit *Fininvest*-Geldern und mit Hilfe seiner drei Fernsehkanäle in beschleunigter Form den Aufbau von *Forza Italia* – und hatte damit auch Erfolg.

Die Erklärung des Erfolgs von Forza Italia

Der Erfolg von Berlusconis *Forza Italia* kann auf zweierlei Weise erklärt werden: Es ist auf der einen Seite Berlusconi in sehr geschickter Weise gelungen, zwei Medien in der Wahlauseinandersetzung einzusetzen: das Fußballambiente der Fan-Clubs des AC Mailand und seine nationalen Fernsehkanäle. Auf der anderen Seite verstand er es, mit modernen Marketing-Methoden Themen anzusprechen, die besonders populär waren. Auch hierfür wurde die Sprache des Fußballs instrumentalisiert.

Vom Fußballambiente übernahm Berlusconi die Organisationsform seiner Bewegung – nicht als Partei baute er sie auf, sondern als „Clubs". Wer einen lokalen Club *Forza Italia* leiten wollte, mußte Geld in die Kasse der Bewegung einzahlen (das reichte von 500 DM in weniger attraktiven Gegenden bis zu mehreren 10.000 DM in Hochburgen) – was das Engagement für einen Erfolg natürlich noch erhöhte. Unter einem einprägsamen, an die italienische Fahne erinnernden Logo wurden nach dem Vorbild der Milan-Fan-

Clubs in kürzester Zeit im ganzen Land nach eigenem Bekunden 13.000 *Forza-Italia*-Clubs ins Leben gerufen. Die Wahlkreiskandidaten nannten sich nach dem Vorbild der italienischen Nationalmannschaft „Azzurris", wie überhaupt der Name *Forza Italia* der Schlachtruf der italienischen Nationalmannschaft ist.

Logistisch unterstützt wurden diese *Forza-Italia*-Clubs durch die Fan-Clubs des AC Mailand. Diese Fan-Clubs waren nicht nur vielfach identisch mit der *Forza Italia*, sie waren auch quasi ein „Partei-Ersatz", indem sie organisatorische Funktionen von Parteien bei Wahlen übernahmen (Plakate-Kleben, Verteilen von Handzetteln usw.). Zur Koordination der Arbeit dieser Fan-Clubs wurden beliebte Spieler des AC Mailand, wie etwa Franco Baresi, eingesetzt. Voraussetzung für diese enge Verzahnung von Fan-Clubs des AC Milan und *Forza Italia* war, dass der AC Mailand ein Verein ist, der vom Brenner bis Sizilien flächendeckend von Fan-Clubs unterstützt wird. Die Associazione Italiana Milan Club (A.I.M.C.) umfaßte Anfang der 90er Jahre über 1.400 offizielle Fan-Clubs mit ca. 350.000 Mitgliedern; eine Zahl, von der deutsche Vereine, auch der FC Bayern, nur träumen können. Lediglich Juventus Turin besitzt Fan-Clubs in ähnlicher Dimension.

Berlusconi verkaufte seinen Eintritt in die Politik als Opfergang, als „bittern Kelch", den er jedoch im Interesse des Vaterlandes zu trinken bereit sei, wenn die gemäßigten, d. h. konservativen Kräfte ohne seine Hilfe nicht zu einer gemeinsamen Front gegen die Linke zusammenfänden. Am 26. Januar 1994 verkündete Berlusconi, er werde nun „das Spielfeld betreten" (scendere in campo) und machte damit nicht nur sich, sondern auch Sprache und Stil des Massensports zu einem festen Bestandteil der Politik der kommenden Jahre.

Statt langweiliger Wahlversammlungen mit Bürgerbeteiligung eilte der Konzernherr von convention zu convention vor geladenen Gästen. Diese Conventions wurden zum Teil live in seinen Fernsehprogrammen übertragen. Auf einer in diskretem Blau gehaltenen Bühne tänzelte ein gutgelaunter Berlusconi umher und stellte seine ebenso gutgelaunten Freunde vor. Die Milliarden, die er für diese Werbespots ausgab, kamen bei seinen Marketingfirmen als Einnahmen wieder herein, und zuletzt machten seine Medien natürlich auch unter der Hand Werbung für *Forza Italia*.

Statt trockene Programme zu formulieren und den Leuten aufzudrängen, lagen an jedem Kiosk reich bebilderte Publikationen „unabhängiger Verlage" zum Kauf aus mit vielversprechenden Titeln wie „Berlusconi-Story. Leben und Arbeit, Freunde und Feinde, Liebe und Leidenschaften, Sport und Politik". So sah man ihn immer nur in der Weise, die seine Wahlkampfmanager vorgegeben hatten: freundlich und zukunftssicher lächelnd, im Hintergrund die große grünweißrote Flagge mit dem Schriftzug „Forza Italia" darauf, und wenn seine Stimme zu hören war, gab diese nur immer die drei Programmpunkte wieder, die Demoskopen als Hauptanliegen aller Italiener ermittelt hatten: Schaffung neuer Arbeitsplätze (er versprach gleich eine Million), Senkung der Steuern und Kampf gegen die Bürokratie.

Die richtigen Informationen lieferte das eigene Meinungsforschungsinstitut „Diakron", das mit den modernsten Methoden des Marketing arbeitete. Zu allen Tagesereignissen wurde mit Hilfe einer „focus group" ständig die Publikumsmeinung sondiert, um danach Auftreten, Aussehen und Aussagen des Chefs zu korrigieren.

Berlusconi verstand es geschickt, das durch den Untergang des Parteiensystems der Ersten Republik entstandene Vakuum auszufüllen. Die Kombination von Finanzmacht, Medien-Konzentration und Werbetechnik spielte zweifellos eine wichtige Rolle für den Erfolg Berlusconis. Dieser wäre jedoch nicht möglich gewesen, wenn nicht ein Wählerpotential bestanden hätte, das für die Botschaften Berlusconis empfänglich war. Berlusconi gelang es, sich in einem krisengeschüttelten Italien als regierungswillig und kompetent zu präsentieren. Er stellte sich als Hoffnungsträger dar, der Italien ein neues Selbstbewußtsein, Stabilität auf Regierungsebene und neue wirtschaftliche Größe versprach. Die *Forza Italia* wurde so zum Auffangbecken des „Gesellschaftsdurchschnitts, der traditionellen Werte und Institutionen – der Familie, dem Markt, der Kirche – verbunden ist und ein Bedürfnis nach Ordnung und Stabilität hat" (Diamanti). Er verfügte außerdem nicht nur über Verbindungen zur Großindustrie, sondern v. a. auch über gute Kontakte zur Welt der Kleinunternehmer, deren Interessen und Einstellungen er aufgriff.

Nach „Tangentopoli" erwartete ein Teil der Wählerschaft zweifellos das Bild eines Führers, der mit der bisherigen Parteienherrschaft aufräumte. Mit der immer wieder hervorgehobenen Unternehmenskultur sollten Rezepte für den Ausbruch aus der kollektiven Krise geliefert werden und es sollte vor allem ein robuster Optimismus verbreitet werden. Er betonte seine Rolle als Self-made-man, als Unternehmer, der den „berufslosen Politikastern" der Linken den Erfolg im wirklichen Leben voraus habe. Das immer wieder angestimmte AC-Milan-Heldenepos war in diesem Sinne Metapher, Beispiel und Versprechen zugleich.

Dass Berlusconi Ministerpräsident werden konnte, verdankte er schließlich der bereits erwähnten Veränderung im politischen System Italiens. Nach einem Referendum war 1993 das italienische Wahlrecht geändert worden, was einen Zusammenschluß von Parteien zu Wahlpakten förderte. Nach seinem „Kampf für Freiheit und Kultur" fand Berlusconi mit der von den Neofaschisten gegründeten „Alleanza Nazionale" und der „Lega Nord" zwei starke Verbündete, die niemand außer ihm zusammengebracht hätte, denn nur ein Medienmann wie Berlusconi konnte auf die Idee kommen, ein Wahlbündnis unter ausdrücklichem Verzicht auf jegliche programmatische Gemeinsamkeit ins Auge zu fassen. Das Wahlbündnis „Polo delle libertà" bestand außer in der Floskel der Freiheit von vornherein nur im Ziel der Auswahl der mehrheitsfähigen Kandidaten, die von den Marketingexperten der *Publitalia* Berlusconis gekürt wurden. Bossi und seine Mannen von der Lega Nord forderten weiterhin in Norditalien die Auflösung des Einheitsstaates, dazu als ersten Schritt die Steuerautonomie des Nordens und eine weitgehende Deregulierung; Fini von der Alleanza Nazionale warb hingegen im Süden für einen starken Zentralstaat, der endlich mehr tun solle, als den Süden als Land der Mafia abzustempeln, denn das eigentliche Problem sei nicht die Mafia, sondern die Anti-Mafia. Zwischen diesen beiden gänzlich konträren Positionen plazierte sich lächelnd Berlusconi.

Die Regierung Berlusconis

Interessenkonflikte zwischen dem Unternehmer Berlusconi und dem Politiker Berlusconi waren vorprogrammiert: So schuldete *Fininvest* 1994 den staatseigenen Banken über 3 Mrd. DM. Wie aber sollte der Ministerpräsident in einem solchen Fall unparteilich über die Bankkonditionen für sein hochverschuldetes Unternehmen entscheiden, selbst wenn er für diese Entscheidung keineswegs allein zuständig war? Als politisch noch gravierender erwies sich, dass Berlusconi als Ministerpräsident seit Mai 1994 indirekten Zugriff auf die *RAI* hatte, den stärksten Konkurrenten von *Fininvest* im Fernsehbereich.

Berlusconi trat zwar offiziell als Vorsitzender der *Fininvest* zurück, auf eine Treuhänderverwaltung seines Unternehmens, die von vielen Parteien gefordert wurde, ließ er sich aber nicht ein. Dafür holte Berlusconi bei der Regierungsbildung im Mai 1994 drei *Fininvest*-Mitarbeiter als Minister in die hohe Politik.

Die ersten konkreten Maßnahmen der Regierung Berlusconi galten jedoch keineswegs der Schaffung von Arbeitsplätzen, der Straffung der Bürokratie und der Sanierung der Staatsfinanzen, sondern der Säuberung der *RAI* und der Zähmung der Justiz. Als erstes zwang Berlusconi mit einem Dekret, das als „Rettung der RAI" deklariert wurde, die Mitglieder des Verwaltungsrates, die erst vor einem halben Jahr zur Sanierung der *RAI* angetreten waren, zum Rücktritt, obwohl ihre Be- und Abberufung nur den Präsidenten von Parlament und Senat zustand. Eine Freundin der Familie Berlusconis wurde im Juni 1994 zur Präsidentin des neuen *RAI*-Verwaltungsrates ernannt. Im September 1994 tauschte der neue Verwaltungsrat fast die gesamte journalistische Führungsspitze der *RAI* aus und besetzte sie mit Berlusconi nahestehenden Leuten. Zwei der drei neuen *RAI*-Nachrichtenchefs kamen aus dem *Fininvest*.

Schließlich verlor die *RAI* alle Rechte an Fußballübertragungen an die *telepiù*, da die *RAI*-Präsidentin sich weigerte, der *telepiù* Rechte abzukaufen. Dazu ein Leitartikel in der Tageszeitung *Corriere della Sera*: „Die *RAI* hat den Fußball verloren, und mit dem Fußball ihre Autorität, ihr Zentrum als Institution, ihre Berechtigung als öffentlicher Dienst".

Berlusconi hatte mit der „feindlichen Übernahme" der *RAI* allerdings den Bogen überspannt. Sein Koalitionspartner, Umberto Bossi von der *Lega Nord*, fürchtete nunmehr, die *RAI* sei „zur Filiale Berlusconis" verkommen und verließ die Regierungskoalition. Berlusconi erklärte daraufhin am 22. Dezember 1994 seinen Rücktritt.

Als Berlusconi durch das Ausscheren von Umberto Bossi aus der Regierungskoalition im Dezember 1994 zum Rücktritt gezwungen war, fand sein parteiloser Nachfolger, der ehemalige Wirtschaftsminister Lamberto Dini, nur von Fall zu Fall feste parlamentarische Mehrheiten in einem heterogenen linken Zentrum, auf das sich der recht erfolgreiche Ministerpräsident 1995 mit zunehmenden Schwierigkeiten stützen mußte. Immerhin konnte Dini auf diese Weise ein Jahr lang (Januar 1995 – Januar 1996) an der Macht bleiben und Einsparungen Italiens im schuldengeplagten Staatshaushalt durchsetzen.

Bei den anschließenden Parlamentswahlen 1996 konnte sich *Forza Italia* zwar knapp behaupten, die Wahlen gewann das unter dem Symbol des Olivenbaums angetretene Linksbündnis. Neuer Ministerpräsident Italiens wurde Romano Prodi, ein ehemaliger Abgeordneter der Christdemokraten.

In der politikwissenschaftlichen Literatur wird meines Erachtens etwas zu vorschnell die These vertreten, dass *For-*

za Italia nur ein vorübergehendes Phänomen war. Inzwischen hat sie sich als Partei konstituiert und wurde vor wenigen Monaten in die christdemokratische Fraktion des Europaparlaments aufgenommen. Sie hat sich ein neoliberales Programm gegeben, das viele Italiener anspricht. Auf der anderen Seite steht Berlusconi unter dem Verdacht der illegalen Parteispenden, die Staatsanwaltschaft hat gegen ihn 5 Jahre Haft beantragt. Dies könnte jedoch für *Forza Italia* eine Chance sein, eine normale Partei ohne Berlusconi zu werden.

Ist ein solches Phänomen auch in anderen Ländern möglich?

Ich komme nun zu einer Zusammenfassung, die eine Erklärung des Aufstiegs und des Scheiterns Berlusconis ermöglichen soll. Schließlich gehe ich der Frage nach, ob ein solches Phänomen in anderen Ländern auftreten kann.

Organisationsstruktur von Vereinen

Vereine können entweder von Privatpersonen, die auch Politiker sein können, geleitet werden oder im Besitz von Großunternehmen sein. Unternehmen, gleich welcher Art,

		Rolle von Unternehmen	
		Sponsoring	direkter Einfluß
Leitung des Vereins	Privatperson/ Politiker	traditioneller Verein – z. B. Bayern München „Politisierung des Sports" z. B. VfB Stuttgart	Marktorientierung – z. B. AC Parma
	Großunternehmen	dynastisch-unternehmerischer Verein – z. B. Juventus Turin „Werksclub" – z. B. Bayer Leverkusen	Markt- bzw. Politikorientierung – z. B. AC Milan

Schema 1: Organisationsformen von Fußball-Vereinen.

können auf Vereine mittels Sponsoring oder direkt Einfluß nehmen. Daraus ergeben sich vier mögliche Organisationsformen von Vereinen (siehe Schema):

Der FC Bayern oder der VfB Stuttgart stellen traditionelle Clubs dar, Juventus Turin ist als dynastisch-unternehmerischer Club zu bezeichnen. Marktorientierung liegt beim AC Parma vor: Dessen Vereinspräsident Callisto Tanzi ist im Vorstand des Lebensmittelkonzerns *Parmalat*. Dieses Unternehmen nahm direkten Einfluß auf die Verpflichtung südamerikanischer Spieler, da der Konzern auf dem lateinamerikanischen Markt Expansionsmöglichkeiten sah. Der AC Mailand schließlich ist der vierten Gruppe zuzuordnen, da über den Verein Einfluß auf die Politik genommen werden soll.

Erfolg des Vereins und Fanorientierung

Ich gehe davon aus, dass es drei Motive für das Zugehörigkeitsgefühl zu einem Verein gibt:

- das Lokal- oder Regional-Motiv („Schwaben sind VfB-Anhänger" mit Slogans wie „Steht auf, wenn ihr Schwaben seid!")
- das Erfolgs-Motiv und
- der Zufall (beim Besuch des Opas in Winsen an der Luhe hat er seinen Enkel zu einem Heimspiel des HSV mitgenommen).

		Derzeitiger Erfolg des Vereins	
		eher mäßig	eher hoch
Fanorientierung	lokal/regional	„graue Maus" – z. B. VfL Bochum	regional verankerter Spitzenclub – z. B. FC Barcelona
	erfolgsorientiert	ehemalige Spitzenclubs – z. B. Schalke 04 und 1. FC Nürnberg	Fangemeinde auf nationaler Ebene – z. B. Bayern München und AC Milan

Schema 2: Vereinstypen.

Nach allen Untersuchungen, die vorliegen, ist das Regional-Motiv in allen Ländern vorrangig. Der Trend geht jedoch mehr oder weniger zum Erfolgs-Motiv, ohne jedoch das Regional-Motiv zu erreichen oder gar ablösen zu können. Das scheint in Italien – wie die Zahlen für die Fan-Clubs des AC Mailand oder von Juventus Turin zeigen – weiter fortgeschritten zu sein als zum Beispiel in Deutschland, wo lediglich der FC Bayern München und mit Abstrichen Borussia Dortmund in ganz Deutschland über größere Fangemeinden verfügen.

Struktur des politischen Systems

Forza Italia entspricht in fast allen Punkten den Merkmalen eines „politischen Unternehmers", ein Begriff, der in der amerikanischen Politikwissenschaft entwickelt wurde. Grundlegend für die Funktionsweise eines politischen Unternehmers ist, dass er in erster Linie auf das Ziel der Stimmenmaximierung ausgerichtet ist. Er verfügt weder über eine feststehende Ideologie noch über einen starren organisatorischen Apparat, sondern paßt seine Strategie und damit sowohl seine Themen und Forderungen als auch seine Organisationsformen so an die jeweiligen Rahmenbedingungen an, dass er einen möglichst breiten Konsens für sein „politisches Angebot" erhält.

Das sich schnell ändernde politische Angebot, mit dem eine möglichst breite Wählerschaft angesprochen werden soll, setzt effektive, leicht zu verstehende Formen der Vermittlung voraus und erfordert neue Identifikationsmöglichkeiten mit dem politischen Akteur über dessen sich ständig verändernde Themen hinaus. In diesem Zusammenhang spielen die Imagepflege (der Partei insgesamt sowie einer charismatischen Leitfigur), das Prägen werbekräftiger Slogans sowie der Einsatz von Bildern und Ritualen eine wachsende Rolle. Diese Vermittlungsformen sprechen auch die affektive Ebene an und weisen einen hohen symbolischen Gehalt auf. Mit der Auffassung von Politik als zu verkaufendem Angebot gehen außerdem neue Formen der Anhängerwerbung einher. Es wird nicht gewartet, bis die Bürger sich informieren, sondern das Produkt wird offensiv verkauft: durch Hausbesuche, Werbung auf der Straße usw. Mittel der Vermarktung des politischen Angebots sind schließlich zunehmend die Massenmedien und der Rekurs auf Meinungsforschungsinstitute, um in der Bevölkerung vorhandene Stimmungen einschätzen und neue Entwicklungen antizipieren zu können. „Der Politiker handelt in der Konkurrenz um Wählerstimmen wie ein Unternehmer auf dem Markt. Er wirbt mit Hilfe raffinierter Marketingstrategien und durch das Angebot geeigneter Produkte um Konsens" (Diamanti).

		Politisches System	
		stabil	instabil
Konflikt austragung	politisch-ideologisch	Hegemoniale Kraft bzw. kooperativer Politikstil	fragmentiertes bzw. konfliktorisches politisches System
	entideologisiert	Depolitisierung	„politischer Unternehmer"

Schema 3: Politikstile.

In der Bundesrepublik ist die Konfliktaustragung eher politisch-ideologisch, das politische System stabil. Dem Typus „Depolitisiertes System" gehörte in der politikwissenschaftlichen Literatur Schweden in den 60er und 70er Jahren an. Zentrifugale Systeme mit politisch-ideologischer Konfliktaustragung und instabilem politischem System sind vor allem in Südeuropa der 70er und 80er Jahre anzutreffen.

Ist der Erfolg Berlusconis auch in anderen Ländern denkbar?

Der Erfolg Berlusconis kann dadurch erklärt werden, dass dem Unternehmer Berlusconi mit der *Fininvest* ein Unternehmen zur Verfügung stand, das über drei nationale Fernsehkanäle verfügte, die seine Wahlaussagen transportierten und dem ein auch international sehr erfolgreicher Fußballclub gehörte, der über eine große Fangemeinde im ganzen Land verfügte, die zum Parteiersatz umfunktioniert werden konnte. In den letzten Jahren hat sich allerdings Juventus Turin wieder die Spitzenposition im italienischen Fußball gesichert, so dass eine der Voraussetzungen für den politischen Erfolg Berlusconis schwächer wurde.

Die Krise des politischen Systems hat in Italien zweifellos zu einer gewissen Entideologisierung geführt. Das Parteiensystem der Ersten Republik war diskreditiert. Dies führte zum Aufkommen populistischer Parteien wie der *Lega Nord* und zum Erfolg eines „politischen Unternehmers", der *Forza Italia*. Die Jahre 1994 bis 1996 haben jedoch in Italien zur Repolitisierung geführt. Berlusconi hat es ungewollt geschafft, dass sich die Kräfte des Mitte-Links-Spektrums zusammenschlossen. Er hat polarisiert, so dass Italien heute wieder ein fragmentiertes und konfliktorisches politisches System geworden ist.

Ist es möglich, dass in der Bundesrepublik eine Person wie Berlusconi Kanzler werden kann? Trotz einer gewissen Politikverdrossenheit – so meine These – ist eine solche Entwicklung eher unwahrscheinlich. Eine solche Ballung von Fernsehmacht und Verquickung mit dem Profifußball gibt es hierzulande nicht. Zwar sind Ansätze einer „Telekratie" auch in Deutschland nicht zu verkennen (siehe den Wahlparteitag der SPD im Frühjahr 1998), dennoch wird die Politik in diesem Land noch immer von den Parteien und ihren Wahlprogrammen geprägt. Die Bundesrepublik ist keine zentrifugale Demokratie, sondern ein stabiles politisches System. Auch Franz Beckenbauer hätte wohl nur dann eine Chance, wenn er sich einer etablierten Partei anschließen würde. Dasselbe gilt wohl auch für andere europäische Staaten, wie Großbritannien, die skandinavischen und die Benelux-Länder.

Einen – wenngleich gescheiterten – Versuch, die italienischen Verhältnisse nachzuahmen, unternahm der französische Unternehmer Tapie. Als Präsident des französischen Spitzenclubs Olympique Marseille verfügte auch er über landesweit verbreitete Fanclubs, die zum Parteiersatz umfunktioniert werden konnten. Auch er plante, den Fernsehsender *canal +* zu übernehmen, der auf Fußballübertragungen spezialisiert ist. Tapie scheiterte jedoch an der französischen Justiz; ein Schicksal, das auch Berlusconi in einigen Jahren drohen könnte.

Literatur zur Vertiefung:

BRAUN, M. (1994): *Italiens politische Zukunft,* Frankfurt am Main.
BRUNETTA, R. (1991): *Il Modello Italia. Analisi e cronache degli anni ottanta,* Venezia.
CAFAGNA, L. (1993): *La grande slavina. L'Italia verso la crisi della democrazia,* Venezia.
DIAMANTI, I. (1994): La politica come marketing, in: *Micromega,* No. 2.
FURLONG, P. (1994): *Modern Italy. Representation and Reform, London and New York.*
GILBERT, M. (1995): *The Italian Revolution. The End of Politics, Italian Style? Boulder,* San Francisco, Oxford.
GINSBORG, P. (1994) (a cura di): *Stato dell'Italia,* Milano.
Graf FERRARIS, L. V.; TRAUTMANN, G.; ULLRICH, H. (1995) (Hrsg.): *Italien auf dem Weg zur „Zweiten Republik"? Die politische Entwicklung Italiens seit 1992,* Frankfurt u. a.
GROßE, E. U. & TRAUTMANN, G. (1997): *Italien verstehen,* Darmstadt.
GUNDLE, S. & PARKER, S. (1995) (eds.): *The New Italian Republic. From the Fall of the Berlin Wall to Berlusconi, London and New York.*
HAUSMANN, F. (1997): *Kleine Geschichte Italiens von 1943 bis heute.* Aktualisierte und erweiterte Neuausgabe, Berlin.
KOTTEDER, F. & RUGE, C. (1997): *Medienmoguln, Meinungsmacher, Marktbeherrscher. Wer bestimmt die internationale Medienszene?* München.
PALOMBARINI, S. (1997): La crise italienne de 1992: Une lecture en termes de dynamique endogène, in: *L'Année de la régulation. Èconomie, Institutions, Pouvoirs,* Volume 1.
PORRO, N. (1995): *Identità, Nazione, Cittadinanza. Sport, società e sistema politico nell'Italia conpemporanea,* Roma.
RAFFONE, P. (1998): *L'Italie en marche. Chronique et témoignages,* Paris.

RAITH, W. (1994): *Der Korruptionsschock. Demokratie zwischen Auflösung und Erneuerung: Das Beispiel Italien,* Berlin.

SALVATI, M. (1994): La crisi politica 1992/1994: come uscirne ? in: *Stato e Mercato, numero* 42, dicembre

WOLF, A. (1997): *Telekratie oder Tele Morgana ? Politik und Fernsehen in Italien,* Frankfurt am Main

Jürgen Wertheimer

„Sechzig" – Oder Fußball und Masochismus

Dass wir uns in der gelehrten Universität Tübingen im Rahmen des 'Studium generale' mit einer Sache wie dem Fußball beschäftigen, ist keine Selbstverständlichkeit. In der Kommission, die über die Gestaltung zu beraten hat, gab es – ich habe die Diskussion in Erinnerung – eine heftige Debatte darüber, ob dieses Phänomen einer ernsthaft-wissenschaftlichen Betrachtung überhaupt würdig sei. Um so erstaunlicher, ja geradezu verwegen ist die Tatsache, dass nun heute in den heiligen Kupferbau-Hallen nicht nur vom großen Welt-Fußball, sondern, schlimmer noch, von einer eher bizarren, ein wenig grotesken parareligiösen Sonderform die Rede sein darf. Chiffre hierfür ist die enigmatische Losung: „60". Nicht einfach eine beliebige Abkürzung; vielmehr ein Ruf, wirkmächtig wie das ‚Dieu le veut' der Kreuzzüge, poetisch-emotionalisierend wie Werthers ‚Klopstock' während es blitzt und funkt, und dabei verschwörerisch wie „Nußecken" und auch ein ‚bißl' heroisch wie „hier stehe ich und kann nicht anders!".

All dies und mehr an Kultur beinhaltet die rauhe Losung. Aber ich will nicht tiefer in das Text- und Literaturgeflecht von Fußballmythen eindringen. Ich will auch nicht die üblichen Literatengeschichten erzählen. Peter Handkes *Angst des Torwarts beim Elfmeter* interessiert mich jetzt genauso wenig wie Elfriede Jelineks *Sportstück,* das in diesem Jahr manches intellektuelle Gemüt ganz schrecklich aufgewühlt hat, weil es solch überraschende Einsichten eröffnet:

„Sport! Der Sport ist die Organisation menschlicher Unmündigkeit, welche in siebzigtausend Personen gesammelt und dann über ein paar Millionen daheim vor dem Bildschirm ausgegossen wird."

Noch nicht einmal an Walter Jens' gelegentliche Fußball-Exegesen mag ich denken. Es geht mir nun um etwas anderes, ganz und gar Unakademisches, Höchstpersönliches. Dass ich hier trotzdem davon rede, hat seinen Grund darin, dass ich mir nicht vorstellen kann, diese Probleme wären nur meine Probleme. Ich glaube vielmehr, es handelt sich um Phänomene, die übertragbar sind (cum grano salis) auf ein paar Millionen anderer menschlicher Wesen, die daran leiden und sich darüber freuen, dass es elf Menschen, elf ganz speziellen, genau gleich angezogenen Menschen gelingt, die gefleckte Lederkugel ein oder zweimal mehr in das netzbespannte Lattengerüst Tor zu versenken, als dies elf andere, auch vollständig anders gekleidete Gegenspieler vermögen. Um hinter dieses Geheimnis zu dringen, nützen mir die gescheiten Analysen ebensowenig wie die chronischen Beschwörungen. Sponsorenschelte, Medienschlachten, Marketingkriege und psychologische Studien bedeuten mir gleichfalls relativ wenig, und auch ideologiekritische Aussagen, die Vermarktungstendenzen und Aggressionspotential beklagen, beinhalten keinen Erkenntnisgewinn, wenn ich zu erklären versuche, ob und warum einem dieser Stellvertreterkrieg einen Kick zu geben vermag. Ein *60er*-Sieg ist mir nicht nur wichtiger als einer von Deutschland. Im Gegenteil – Sie sehen, ich mache bei meiner Fallstudie vor nichts halt – eine Niederlage von Deutschland sehe ich nicht ungern, eine von *60* deprimiert mich tief.

Warum? ,1860 München'. Von außen gesehen ein durchschnittlicher Fußballverein. Eher im Mittelfeld der Liga anzusiedeln. Vor steingrauer Zeit einmal deutscher Meister. Und irgendwann einmal im internationalen Geschäft gewesen und gescheitert: Mai 1965 Europacup-Finale Wembley. Danach nach unten durchgereicht bis in die Regionalliga Süd, nach Hundejahren wiederauferstanden vom fußballerischen Scheintod und vor zwei Jahren aufgefahren in den Himmel der ersten Liga – seitdem dort im oberen oder unteren, gelegentlich untersten Mittelfeld und auch ganz am Ende. Eigentlich nichts Besonderes. Und es ist wirklich kaum zu erklären, weshalb man sich hierüber überhaupt in irgendeiner Weise involvieren, gar erregen sollte. Und doch geschieht dies allwöchentlich in mehr oder weniger verhaltensauffälliger Form.

Erlauben Sie ein paar Beispiele aus der jüngeren Vergangenheit, um den normalen, oder als normal empfundenen Ablauf exemplarisch zu vergegenwärtigen.

Samstag, 14. Februar 1998. Nach der Winterpause fängt es nicht optimal an; im Gegenteil. Nach diesem Spieltag stehen wir beschämender- und groteskerweise auf Platz 18. Das Spiel gegen Leverkusen endet nach 3:1-Führung bis zur 75. Minute mit 3:4. Die ganze düstere Größe oder auch monumentale Dummheit der 'Löwen' ist hier gleichsam modellhaft enthalten. In schwieriger Situation kämpferischer Wille, glücklicher Beginn, virtuose Einlagen – dann, urplötzlich, überhebliches Erschlaffen, Nervosität (aus Überheblichkeit oder Unfähigkeit??) und der Rückschlag, die Vernichtung, der Absturz.

Danach gab's Tränen, Wut und wüste Beschimpfungen. Selbstkritik und Selbstzerfleischung. Im Fan-Restaurant pöbeln erregte Fans den eigenen Trainer an, der seinerseits vorher das Publikum „angemacht" hatte. Der 1,93 große Manndecker mutiert zum zerknirschten Häufchen Elend, und die Presse orakelt düster über das „Schlußlicht": Seit 1982 ist der Verein, der nach 23 Spieltagen Schlußlicht war, immer abgestiegen.

Was die persönlichen Gefühle betrifft, so glaube ich mich an jenen dumpfen Schmerz zu erinnern, jene tolstoische Mischung aus wütendem Selbsthaß und höhnischer Kälte, die, wenn ich zurückdenke, meine Wochenenden seit früher Kindheit begleiten. Kein gutes Gefühl. Aber ein sehr prägendes und sich ins Gemüt tief eingrabendes. Wie tief, habe ich erst bemerkt, als ich 1994 von München nach Tübingen umgezogen bin und zu meiner Verblüffung feststellen mußte, dass als einziges Gefühl ausgerechnet dieses mitgezogen war. Freundschaften, Erinnerungssentimente, Großstadtflair, Heimatgefühle – nichts davon war lebendig. Aber dieses allsamstägliche Wut-Verachtungs-Gemisch war noch immer vorhanden. Die Wunde. Die Wunde 60.

Der Schmerz an diesem 23. Spieltag war groß, aber nicht grenzenlos. Denn das beschriebene Samstagsnachmittag-Gefühl ist weitaus komplizierter zusammengesetzt als bisher beschrieben. Das unmittelbar dazugehörige Komplementärgefühl trägt gleichfalls einen Namen: „Bayern". An diesem Tag verbindet sich das große 60er Totalvernichtungsschmach- und Untergangs-Gefühl mit einem an Intensität auch nicht zu unterschätzenden kleinen, hämisch-giftigen Begleitaffekt. Zur Erklärung: Das aufgeblasene Star-Ensemble der Münchner Bayern war von den kickenden Nobodies in Berlin geschlagen worden: Der Anfang vom Ende ihres Titel-Traums. Matthäus, Basler, Strunz und Scholl und Co. wurden als Gurkentruppe demaskiert. Wenig später wird der unglückliche Trainer Trappatoni jene berühmte Rede halten, in der er in rhetorisch atemberaubender Kühnheit die eigene Mannschaft der verdienten Lächerlichkeit preisgibt:

„Ein Trainer sehen, was passieren in Platz. In diese Spiel es waren zwei, drei oder vier Spieler, die waren schwach wie eine Flasche leer!

Haben Sie gesehen Mittwoch, welche Mannschaft hat gespielt Mittwoch? Hat gespielt Mehmet, oder gespielt Basler, oder gespielt Trappatoni? Diese Spieler beklagen mehr als spielen! Wissen Sie, warum die Italien-Mannschaften kaufen nicht diese Spieler? Weil wir haben gesehen viele Male solche Spiel. Haben gesagt, sind nicht Spieler für die italienischen Meisters.

Strunz! Strunz ist zwei Jahre hier, hat gespielt zehn Spiele, ist immer verletzt. Was erlauben Strunz? Letzte Jahre Meister geworden mit Hamann eh... Nerlinger. Diese Spieler waren Spieler und waren Meister geworden. Ist immer verletzt! Hat gespielt 25 Spiele in diese Mannschaft, in diese Verein! Muß respektieren die andere Kollegen! Haben viel nette Kollegen, stellen sie die Kollegen in Frage! Haben keinen Mut an Worten, aber ich weiß, was denken über diese Spieler!

Mussen zeigen jetzt, ich will, Samstag, diese Spieler mussen zeigen mich e seine Fans, mussen alleine die Spiel gewinnen. Muß allein die Spiel gewinnen. Ich bin müde jetzt Vater diese Spieler, eh, verteidige immer diese Spieler!! Ich habe immer die Schulde über diese Spieler. Einer ist Mario, einer, ein anderer ist Mehmet. Strunz dagegen, egal, hat nur gespielt 25 Prozent diese Spiel!
(Pause)
Ich habe fertig." (TAZ Nr. 5482 vom 14.03.1998, Seite 3)
Die bestrafte überhebliche Dummheit der 60er auf der einen und die lächerliche Arroganz der Bayern auf der anderen Seite ergeben zusammenwirkend ein einzigartiges Affektgemisch in den Eingeweiden des betroffenen Fans. Es sind sozusagen alle Gefühlszustände zugleich, die sich synchron ereignen. Emotionen, die an die Wurzeln gehen. An die Wurzeln der Biographie auch. Ein Psychoanalytiker würde in einer Therapie an mir (und uns) vermutlich seine Freude haben. Längst vergessen, verdrängt Geglaubtes steigt allmählich wieder nach oben, frühkindliche Identitätsbildungs-Prozesse (oder -Defekte) auf der grünen Wiese geraten ins Blickfeld; Namen anderer formieren mein Ich: Brunnenmeier, Radenkovicz, Max Merkl – wir, also „mir". Und die anderen. „Die ganz die Andern" – die Bayern. Die Aufsteiger, die Neureichen, die Protzen. Maier, Beckenbauer usw. Die Truppe der charakterlichen Kretins. Diese Zweiteilung der Welt setzte sich bis in die letzte Verästelung fort und im Kopf und Leib fest. Ob auf der Ebene der Farben (wir blau, sie rot) oder der politischen Gesinnungen (wir rot, sie schwarz) oder der menschlichen Gesamterscheinung (wir irgendwie sympathisch, sie menschlich mies) – stets war der Befund im wesentlichen derselbe und daran hat sich auch nichts geändert: anständig und hochbegabt (wenn auch gelegentlich glücklos) – „wir". „Sie": selbst in ihrem Erfolg unangenehm, Zufallstreffer en masse, neureich, vulgär im Witz.
Ein Vers von damals geistert mir durch die Erinnerung: Der damals populäre Torwart Peter Radenkovicz, Panther

von Giesing, berühmt und geliebt wegen seiner fußballerischen Genialität wie Unberechenbarkeit, sang zu dieser Zeit auf Platte ein Lied, eine Hymne, welche ich mir bis zum Überdruß (vermutlich meiner Eltern) vorspielte, dessen Refrain in schlichter, aber suggestiver Knappheit lautete: „bin i Radi / bin i König". Was ich mit einer durchgängigen Gewöhnlichkeit der Bayern meine, wird klar, wenn man deren Antwort auf diesen entzückenden kleinen Hymnus an fußballerisches Lebensgefühl dagegenhält. Da heißt es in dumpfer, CSU-naher Aggressivität: „Bin i Radi / Bin i Depp – König ist der Meier-Sepp!" Tiefschläge für ein sensibles kindliches Gemüt in den späten 50er/60er Jahren. Tiefschläge, die zu Selbstwertstörungen und Minderwertigkeitsgefühlen führten, welche sich ihrerseits gelegentlich in körperlichen Auseinandersetzungen entladen, was wiederum neue Tiefschläge produzierte. Mit anderen Worten: Die Spirale von Gewalt und Gegengewalt begann sich zu drehen.

Wenn ich das so schreibe, bin ich mir ehrlich gesagt nicht völlig darüber klar, ob ich es eher ironisch oder ernst meine. Ich denke, beides ist der Fall, und eines hebt das andere nicht auf.

Fahren wir in der desaströsen Chronik fort:

Samstag, 28. März: Nachdem ich mir zwei Wochen zuvor zum neunundachtzigsten Mal geschworen hatte, in Zukunft dieses alberne und unwürdige, ja schlicht infantile Gebaren endlich aufzugeben, ist – ganz unerwartet – der Tag des *totalen Triumphes* gekommen. Tage dieser Art sind eher selten, vielleicht zwei-, dreimal im Jahr findet das Wunder statt: nämlich, dass *60* gewinnt und Bayern – gleichzeitig – verliert. Die lokale Presse titelt am 02. März:

„Bayern Frust – Löwen Lust

0:2 (Köln)   2:0 (Duisburg)"

Wir jubeln mit den geflügelten Worten: „Hurra, wir leben noch!" Man könnte einwenden: Faktisch bedeutet dies nicht mehr als ein müder 16. Platz. Bemerkenswerter ist eine mentale Disposition herzustellen, die es erlaubt, einen 16. Platz bereits als Totaltriumph, als Wiederauferstehung von den Toten zu feiern, während „die anderen" bereits den Verlust des 1. Platzes als Katastrophe empfinden. Im Duell Titelkampf versus Abstiegskampf kommt dem Abstiegskampf zweifellos die größere, weil die existenziellere Bedeutung zu: „Sein, oder nicht Sein". Es geht mit dem Rücken zur Wand – ums nackte Überleben. Eigentlich fast immer. Jedenfalls verbindet sich in mir dieses trotzige Underdog-Aufbegehren, um sich selbst zu bestätigen, dieses „noch leben wir" mit der Daseins-Form *60*. Dies in Verbindung mit der Fähigkeit – absolut unvoraussagbar – bisweilen genial, bisweilen unsagbar idiotisch zu spielen. Wie sagte einer der vielen reflexions- und analysefähigen Spieler von *60* so zutreffend: „Wir können gegen jede Mannschaft gewinnen, und wir können gegen jede verlieren."

Am 2. März jedenfalls war es ein Sieg, der aus Überlebensinstinkt geschah. Ein Journalist orakelt zutreffend: „Eine erschreckende Festellung: Die Löwen mußten erst auf den letzten Platz abstürzen, um den Ernst der Lage zu erkennen." Was der Zeitungsmensch hier in dürren Worten ausspricht, ist eine ziemlich genaue Beschreibung der fatalen Mitgift, die jede längerfristige emotionale Bindung an diese Mannschaft zur Qual werden läßt. Wann immer man im gesicherten Mittelfeld der Mittelklasse aufatmen möchte, mündet dies in jähe Erstickung. Sobald man die Hoffnung aber aufgegeben hat, deutet sich eine Wende an, die dann doch auch vielleicht gar keine ist, sondern nur die Hoffnung darauf. Dieser latente Spannungszustand zwischen einem ins Absurde driftenden Prinzip Hoffnung, permanenter Existenzangst und begründeter Untergangsahnung in Verbindung mit einem weitgehend unbegründeten, parasakral unterlegten blauweißen Auserwähltheitswahn produziert jene etwas hybride mentale Disposition, die langjährige Fans der *Löwen* gelegentlich mit der Aura des Tragikomischen umweht. Die Losung „einmal Löwe, immer Löwe" wird zum fatalistischen Menetekel der Unentrinnbarkeit und damit zur Chiffre der Ausgesetztheit des modernen Menschen an sich. Die Blütezeit des Vereins in den späten 50er und frühen 60er Jahren fällt nicht von ungefähr mit der Phase der verspäteten deutschen Expressionismusrezeption zusammen. Das Prinzip *60* als allwöchentliche Reinstallation des Sisyphos-Mythos überzeugt. Eine Dissertation zum hochinteressanten Thema *60* und *Sartre* unter besonderer Berücksichtigung der frühfeministischen Schriften von Simone de Beauvoir steht noch aus.

Zurück zu den Fakten. 2. März: Ich rekapituliere Lebenszeichen für *60* und Todesstoß für Bayern in einem. Deutsche Meisterschaft ade, jeder wußte das, der kollektive Blackout der hochdotierten Gurkentruppe löste in Deutschland kollektive und gar nicht mal so klammheimliche Schadenfreude aus. Löwen hier, Flaschen dort; was nun folgte, waren glückliche Wochen. Drei Niederlagen der Bayern in Folge und ein 0:0 gegen Bochum – die Flaschen-Wertung wurde zum 'running gag':

„*Lothar Matthäus:* Alt-Glas ist immer verwertbar. Dreiviertelvoll.

Michael Tarnat: Verkorkt. Nichts kommt raus.

Mehmet Scholl: Viel Schaum, fader Geschmack. Splitter am Flaschenboden.

Mario Basler: Reif für's Recycling.

Ruggiero Rizzitelli: Fader Spumante. Leer-Gut.

Thorsten Fink: Scherbenhaufen.

Bixente Lizarazu: Wo ist die Pfandrückgabe?

Thomas Strunz: Über dem Verfallsdatum."

„Hey – Super – Leergut" und „Scheiß-Millionäääre" – das waren neue Töne gegen die Champions in der Südkurve, die uns Loosern wie Öl runtergingen. Gut, zu diesem Zeitpunkt, 15. März, standen wir immer noch auf Platz 15, hautnah vom Abstieg entfernt, und an eben diesem Samstag wurde nach kurzem Aufschwung auch wieder bereits eine neue Niederlage eingefahren. Doch diese Niederlage gegen Kaiserslautern (damals noch im Zweikampf mit den Bayern um die Meisterschaft) wurde von „uns" gefeiert und bejubelt wie ein Sieg – und eben dies gibt zu denken. Einfache Rechnung: *60* verliert gegen Lautern, macht drei Punkte.

Konsequenz: Bayern wird nicht Meister! Triumph der Torheit. Selbstschädigung aus purer Bosheit gegen den anderen.

Stichwort: Lokal-Rivalität. Seine Erfindung in England bei den Spielen oder Schlachten zwischen den Pfarrgemeinden von St. Peter und All Saints der mittelenglischen Stadt Derby. Tote, Schwerstverletzte waren bei diesen bereits football genannten Auseinandersetzungen um eine luftgefüllte Schweinsblase die Regel. So groß waren übrigens die damals entstandenen Schäden an Menschen und Sachen, dass schon 1531 der Dichter Elyot schrieb:

„Zu verwerfen ist der Fußball, wobei es nichts gibt, als tierische Wut und äußerste Gewaltsamkeit. Daraus entstehen Verletzungen und demzufolge bleiben Rachsucht und Grausamkeit bestehen ..."

Hier irrt der Dichter nicht, und es wäre gut, wenn man den Zustand der Lokalrivalität nicht immer durch den Euphemismus „Haßliebe" beschönigen wollte, sondern sich mit der weitaus zutreffenderen Formulierung „Haß pur" begnügen würde. Wie resümiert der Herausgeber Simander eines Standardwerks die Situation seit den 60er Jahren: Zehn *60er* in seiner Volksschulklasse, dreißig Bayern und jeden Montag, wenn sich die Ergebnisse rumgesprochen haben, Schlägereien auf dem Schulhof. Simander '66: „Manchmal fließt Blut, aber insgesamt sind wir überlegen."

Ich komme – nach einem Zeitsprung – Mitte April zum emotionalen Höhepunkt der Saison. Lokalderby. Bayern ist, ähnlich dem Giftwurm, den man in den Staub getreten hat, in dem aber noch ein Funke übles Leben geblieben ist, wieder näher an Kaiserslautern herangekrochen. *Sechzig* inzwischen wieder in der gesicherten Abstiegszone auf Rang 16. Ein Sieg über Bayern wäre Rettung und Todesstoß in einem.

Um es kurz zu machen: Wir verlieren 3:1. Es ist Ostern und das entscheidende Genickschlag-Tor zum 2:0 wird als „Ei des Jahres" in die Annalen eingehen. Löwen-Torwart Bernd Maier legt „geistesabwesend" einem schußbereit hinter ihm lauernden Bayern-Stürmer den Ball mehr oder weniger vor die Füße. Den anschließenden Tritt ins leere Tor hätte jeder Rentenempfänger in Skistiefeln zuwege gebracht.

In solchen Momenten öffnen sich die Schleusen der Erinnerung und alte Traumatisierungen erwachen zu neuem Leben. Es war, als ob die alten Schulhofverhöhnungen im Stile jenes „Bin i Radi, bin i Depp" in all ihrer miefig-hämischen kleinbürgerlichen Tücke wieder zu neuem Leben erwachten. Damit verbunden alle Demütigungen, die ein auch schulisch abstiegsbedrohtes Kind mit seiner unglücklichen Bindung an einen häufig abstiegsgefährdeten Verein als doppelte Belastung empfinden mußte. Die Misere als Lebensform oder Identitätsbildung qua verinnerlichter Dauererfrustration – wie auch immer man es nennen will. An diesem Tag jedenfalls schien alles verloren, und da war es nur ein schwacher Trost, dass auch der wie immer glückliche Sieger sich innerlich zerstört präsentierte und den achten Trainer in sieben Jahren feuerte.

Im nachhinein muß man sagen, die Niederlage war zu erahnen: Der Präsident hatte die Situation in einem Vorgespräch als ganz „relaxed" bezeichnet. Man weiß, dass sich in Zeiten geruhsamer Selbstsicherheit bei *60* immer Katastrophen vorbereiten.

Nachdem alle Hoffnung verloren war: die Rettung. Zwei Siege in Folge. Beinhartes Training. Am 4. Mai ist der Erhalt der Klasse gesichert. Stehende Ovationen. 13. Platz jedenfalls. Gerettet!

Eine solche Rettung im vorletzten Moment ist immer ein Prozeß, den ein gesteigertes Lebensgefühl begleitet: ist wie der Flugzeugabsturz, den man überlebt, weil man den Flug verpasst hat. Ist wie der karnevaleske Tanz nach der großen Pest. Die rituelle Selbst-Verbrennung des Ur-Bösen in Gestalt der Bayern durch die reinigende Kraft des strahlenden Rächers. Otto bildete den kathartischen Höhepunkt der Saison, dieses Bühnenweihefestspiels, was sage ich, des Dramas. Im aristotelischen Sinne: Reinigung von Mitleid und Schrecken. Trunkene Umarmung der Überlebenden, und

am Ende steigen Gebete einer neuen symbolischen Ordnung auf. Die *60er* lassen siegen, stellvertretend in Gestalt der „roten Teufel" und beten gemeinsam mit ihnen:
„Otto unser:
› (...) geheiligt werden Deine Erfolge,
der Europacup komme,
Deine Erfolge geschehen,
wie zu Hause auch auswärts ...‹
Die Zeitung ‚Rheinpfalz' hatte in prophetischer Voraussicht eine Sonderausgabe gedruckt mit dem Titel: ‚Zurück in die Zukunft'. Die Stationen eines steilen Wiederaufstiegs: ‚Gestern Meppen' – heute München – morgen Mailand."

Schwarzrot gewandete, mit kriegerischen Gesichtsmasken atavistisch geschminkte Scharen werden sich in Fahnenmeeren und leuchtenden Rauchbombengewittern schwarz-rot oder blau-weiß oder grün-weiß in wöchentlichen Ritualen vereinigen. Werden sich heiß grölen, bis zur Besinnungslosigkeit abfüllen, werden weinen, fluchen, wüten, jubeln. Dieselben Menschen, die den Rest der Woche zu mickrigen Buchhaltern, braven Ausfahrern oder trägen Professoren verkümmern. Wo da Berauschung endet und der Wahn beginnt, worin das Befreiende liegt und worin die Gefahr, mögen diese entscheiden. Ich weiß es nicht...

Aber ich weiß, dass – zumindest der noch nicht völlig durchmerkantilisierte – Fußball ein unverzichtbares Refugium des irrationalen, atavistischen, absurden Potentials im Menschen birgt und tausende von symbolischen, ritualisierten Stellvertreter-Untergängen und -Auferstehungen in Serie liefert. Gottesdienste in ansonsten glaubensloser Zeit. Und: Die Dome dieser parasakralen Berauschung, die Stadien, sind der letzte Ort, an dem so etwas wie ein kollektives Gefühl, hier und jetzt, wirklich noch existiert.

BERND STRAUSS

Wer gab Philipp Ozersky für eine Lederkugel 2,7 Millionen Dollar?

Philipp Ozersky widerfuhr etwas Ungewöhnliches: Seine Anwesenheit als Zuschauer zur richtigen Zeit (nämlich am 27. September 1998) am richtigen Ort (im Baseballstadion in St. Louis) brachte ihm 2,7 Millionen Dollar ein, so jedenfalls berichtete es die Süddeutsche Zeitung am 14. Januar 1999. Dies dürfte einem Zuschauer nur recht selten passieren, meistens geben sie eine Menge Geld für ihren Eintritt oder andere Dinge wie Getränke, Fan-Artikel und Popcorn aus. Aber dass ein Fan für sein Kommen nicht nur mit dem Sieg seiner Mannschaft oder dem Titelgewinn belohnt wird, sondern mit barer Münze? Was war passiert?

Philipp Ozersky ist ein amerikanischer Baseballfan, ein treuer Anhänger der *St. Louis Cardinals*. An diesem 27. September 1998 schlug im Spiel gegen die *Montreal Expos* Mark McGwire, Batter der *Cardinals*, einen Home Run, nicht irgendeinen Home Run, sondern *den* Home Run. Nebenbei für die Nicht-Baseball-Kenner: Ein Home Run entsteht dadurch, dass der Batter (der Mann mit dem Baseballschläger) die Lederkugel so über die Begrenzungen (die ungefähr 100m entfernt liegen) hinaus in die Zuschauermassen schlägt, dass die gegnerische Mannschaft den Baseball nicht mehr erreichen kann. Dann nämlich kann der Batter loslaufen und ungefährdet alle Bases passieren und wieder zur Heimatbase laufen – eben ein Lauf nach „Hause".

Es war der 70. Home Run von Mark McGwire in dieser Saison – so viele hatte noch kein Spieler in der ruhmreichen Geschichte des amerikanischen Baseball in einer Saison geschlagen.

Nach diesem Schlag war Mark McGwire Nationalheld, für immer verewigt in der Hall of Fame der amerikanischen Sportlerpersönlichkeiten, und Philipp Ozersky war um jene erwähnten 2,7 Millionen Dollar reicher.

Er fing genau jene Lederkugel, die Mark McGwire bei seinem 70. Home Run über die Abgrenzung des Feldes in die Zuschauermassen beförderte. Nun muß man wissen, dass jeder Baseball in der amerikanischen Baseballiga numeriert ist – schummeln konnte Philipp Ozersky also nicht, zumal die offizielle Begutachtung mittels raffinierter Ultraviolettgeräte eindeutig ergab: dies war der Rekordball von Mark McGwire. Anstatt nun den Ball zurückzugeben – Nachfragen und Bitten gab es genug –, wartete Philipp Ozersky. Er – wahrscheinlich aber eher sein anwaltlicher Berater – kam auf die Idee, den Ball versteigern zu lassen. Und so fand im New Yorker Madison Square Garden die Versteigerung der besagten Lederkugel statt, die Philipp Ozersky um 2,7 Millionen Dollar reicher machte. Soweit die Geschichte um Philipp Ozersky.

Aber wer war es, der den Ball – telefonisch – ersteigerte. Was könnte dafür sprechen, eine derartige Summe Geldes für eine Lederkugel auszugeben, die einen Einkaufswert von maximal neun Dollar hat?

Über den Käufer – nennen wir ihn hier Mister X – ist nichts bekannt, man kann nur spekulieren. Und dies hier im folgenden ausführlich geschehen. Die einfachsten Spekulationen könnten sein: Mister X ist eine solvente Person, die den Ball als Wertanlage betrachtet und ihn nur aus Gründen der eigenen Geldmaximierung gekauft hat. Mister X könnte aber auch eine Person sein, der alle Maßstäbe verloren gegangen sind und die einfach als psychisch deviant bezeichnet werden könnte. Mag sein! Dies alles ist nicht bekannt. Und so könnte man natürlich Spekulation an Spekulation fügen, ohne dass wir am Ende mehr über die Persönlichkeit von Mister X wissen. Hier soll anders vorgegangen werden. Nehmen wir an, Mister X sei im weitesten Sinne auch ein Zuschauer der *Cardinals*. Wir wollen uns hier fragen, welche Erkenntnisse die sportpsychologische Zuschauerforschung hervorgebracht hat, die helfen könnten, Mister X zu charakterisieren.

Wir konzentrieren uns hier auf vier Bereiche. Erstens könnte Mister X ein Fan der *Cardinals* sein, also jemand, der sich stark mit seinem Team verbunden fühlt. Zweitens könnte Mister X sich mit dem Kauf und dem Besitz der Lederkugel selbst darstellen wollen. Möglicherweise war es drittens die Verbesserung seiner Stimmung, die ihn zum Kauf veranlaßte und schließlich viertens: Mister X könnte damit auch versucht haben, die Geschicke des Clubs, des Teams oder dessen Umfeldes zu beeinflussen und zu kontrollieren. Wir wollen alle vier Bereiche „Identifikation", „Selbstdarstellung", „Stimmungsmanagement" und „Kontrolle" in diesem Beitrag intensiver betrachten.

Alle vier Bereiche sind wichtige Merkmale von Sportzuschauern, die Massenveranstaltungen besuchen oder durch Massenmedien mit verfolgen und betreffen damit natürlich nicht nur Baseballzuschauer, sondern natürlich auch die Zuschauer von Fußballspielen wie etwa bei Welt- und Europameisterschaften und natürlich auch bei „normalen" Ligaspielen.

Spiele der Ersten Fußballbundesliga sind zweifelsohne Massenveranstaltungen. So kamen in der Saison 1997/98 im Durchschnitt 32.995 Zuschauer zu jedem Spiel, übrigens der Höchststand in über 30 Jahren Fußballbundesliga. Und in Anbetracht der Kosten für die Erstverwertungsrechte für Fernsehübertragungen – SAT1 bezahlte 1998 bspw. 180 Millionen Mark – gibt es keinen Zweifel: Professioneller Fußball ist – wie die Wettkämpfe in den nordamerikanischen Profiligen des Baseball, American Football, Eishockey und Basketball – Massenware und Massenprodukt. Insofern ist die Suche nach den Gründen, warum Mister X 2,7 Millionen Dollar für einen Baseball ausgab, auch eine Suche nach den Gründen, warum Zuschauer professionelle Fußballspiele besuchen.

Identifikation

Möglicherweise ist Mister X ein *Fan,* eine Person also, die eine hohe Verbundenheit mit einem Club, einer Mannschaft, der Sportart oder auch einzelnen Personen besitzt. Fans richten ihre soziale Identität ganz oder wenigstens zum großen Teil nach den Anforderungen, welche die Gruppe (vermeintlich) stellt, zu der man sich zugehörig fühlt. So (oder ähnlich) würde dies der Sozialpsychologe Henri Tajfel in seiner *social identity* Theorie sagen (Lit.: TAJFEL, H. (Ed.) (1982). Social identity and intergroup relations. Cambridge: Cambridge University Press). Der Kern seiner Theorie besteht in folgendem. Das Selbstkonzept – die Identität – einer Person besitzt zwei Aspekte. Der erste Aspekt betrifft die *personale Identität,* welche die Meinungen, Einstellungen usw. der Person über eigene Merkmale wie z. B. Fähigkeiten und Fertigkeiten beinhaltet. Zum Beispiel, wenn Sie der Meinung sind, dass Sie Gartenarbeiten gut bewältigen, ist dies Teil ihrer personalen Identität. Die *soziale Identität* einer Person ist der zweite Aspekt. Diesen Teil des Selbstkonzepts leitet eine Person aus ihrem Wissen über die eigene Zugehörigkeit zu einer oder mehreren sozialen Gruppen ab. Dass Sie sich eher über den Weltmeistertitel der deutschen Fußballnationalmannschaft freuen als über den Titelgewinn einer anderen Mannschaft, findet hier seinen Grund. Denn als Angehörige der sozialen Gruppe „Deutsche" zeigen Sie automatisch – ohne dass es Ihnen bewußt ist – eine größere Nähe zu den gleichen Mitgliedern dieser Gruppe (also euch zum deutschen Team) als zu Mitgliedern anderer sozialer Gruppen (wie zu anderen Fußballteams). Wenn wir von einem Fan reden, dann meinen wir jemanden, der einen Teil seines Selbstkonzepts aus der Verbindung zu einer Sportmannschaft oder einem Verein aufbaut. Identifikation ist dann übrigens der Prozeß, mit dem diese Verbindung aufgebaut, aufrechterhalten und natürlich auch gezeigt wird. Wenn nun die Identifikation besonders stark ist, kann dies auch Teile der personalen Identität betreffen, aber dazu später mehr.

Welche Auswirkungen kann nun das Fan-Sein, die Identifikation mit einer Mannschaft besitzen? Fans wissen mehr als andere, jedenfalls was ihre Mannschaft, die Sportart und den Sport im allgemeinen betrifft. Sie investieren mehr: Nicht nur Geld (wie möglicherweise Mister X mit 2,7 Millionen Dollar), sondern auch viel Zeit, man denke nur an Auswärtsfahrten oder zahlreiche Fan-Club-Treffen, und sie sind die Besucher in den Stadien, die dort häufiger als andere anzutreffen sind.

Grundsätzlich sind Fans optimistischer bezüglich des Abschneidens ihrer eigenen Mannschaft. Sie erwarten häufiger Gewinne ihres Teams und berichten auch eher von vergangenen Siegen.

Aber es gibt noch eine ganze Reihe weiterer kognitiver Verzerrungen: Fans führen den Gewinn ihres Teams gerne auf sogenannte *internale* Faktoren zurück wie die „Stärke" ihrer Mannschaft, etwa weil so überragende Personen in der Mannschaft sind oder weil die richtige Taktik angewandt wurde. Wenn die eigene Mannschaft verloren hat, wird dies dagegen häufig mit *externalen* Faktoren erklärt. Es kann nur Pech gewesen sein, dass heute verloren wurde oder noch besser: der Schiedsrichter ist schuld. Psychologen nennen dieses Erklärungsmuster *self-serving-bias:* Erfolge werden internal erklärt, Mißerfolge werden dagegen external attribuiert. (1) Und nicht nur Fans wenden diese kognitiven Verzerrungen gerne an; auch Manager sind Anhänger dieses Musters, etwa wenn Uli Hoeness, Manager des FC Bayern München Niederlagen seiner Mannschaft mit den Leistungen der Schiedsrichter Markus Merk und Hellmuth Krug erklären wollte und forderte: Diese Schiedsrichter sollen nicht mehr den FC Bayern pfeifen – so geschehen in der Saison 1998/99.

Fans, die einer Gruppe angehören, fühlen sich untereinander eng verbunden und halten sich für etwas „Besonderes". Sie besitzen ein höheres kollektives Selbstwertgefühl als andere Personen. Und sie beurteilen sich innerhalb der gleichen Fangruppe untereinander positiver als wenn sie von einem Nichtfan beurteilt werden. Fans mögen Fans der eigenen Gruppe. Aber: Fans verhalten sich gegenüber Anhängern der gegnerischen Mannschaft eher aggressiv als Personen mit niedriger Identifikation und haben – allerdings sehr spezifisch für den Kontext von Fußballwettbewerben – auch schon häufiger als andere an gewalttätigen Auseinandersetzungen teilgenommen. In anderen Sportarten trifft letzteres aber nur selten zu. Trotzdem: Das Problem der Gewalt in und um Fußballstadien, ein großes Problem, ist allerdings nicht Gegenstand dieses Beitrages. Wer mehr darüber wissen möchte, kann sich besonders bei dem Hannoveraner Sportsoziologen Gunter PILZ darüber informieren (z. B. in seinem Buch Sport und Gewalt aus dem Jahre 1982, erschienen im Rowohlt Verlag).

Es gibt natürlich noch einige weitere Auswirkungen des Fans-Seins – z. B. Auswirkungen auf die Stimmung bzw. andere emotionale Reaktionen. Da für diese Bereiche noch ein eigenes Kapitel folgt, werden diese Auswirkungen dort berichtet.

Wie kommt es eigentlich dazu, dass jemand Fan wird. Interessanterweise gibt es zu dieser Frage nur sehr wenig seriöse Literatur, jedenfalls weit weniger, als zu den Effekten des „Fan-Seins". Anzunehmen ist, dass es eine „psychologische Nähe" zu dem Fanobjekt, also zum Team, zum Club geben muß, die der Verbindung zwischen Fan und Verein Relevanz verschafft. Diese psychologische Nähe wird z. B. vergrößert, wenn ein grundsätzliches Interesse am Sport und im besonderen an der Sportart vorhanden ist. Eine weitere wichtige Komponente ist die räumliche Nähe. Die Wahrscheinlichkeit ist größer, Fan eines Clubs in der näheren Umgebung zu werden – am besten aus dem Ort, in dem lebt oder aufgewachsen ist – als Fan eines weit entfernten Clubs. Dies läßt sich leicht mit der schon oben angesprochenen *social identity Theorie* von Henri TAJFEL erklären. Fan und Verein gehören dann der gleichen sozialen Kategorie an – z. B. Einwohner der gleichen Heimatstadt –, so dass es leicht ist, sich dieser sozialer Gruppe anzuschließen. Aber: was ist mit den besten Vereinen der Fußballbundesliga, wie Bayern München oder Borussia Dortmund? Gerade diese haben Fans in der gesamten Bundesrepublik und auch darüber hinaus. Hier kommen zwei (miteinander verbundene) Komponenten ins Spiel, die alle bisher genannten überragen: erstens der Erfolg einer Mannschaft und zweitens das Besondere eines Ereignisses oder einer Mannschaft. Menschen haben das Bedürfnis, selbst Erfolge zu erzielen oder wenigstens an den Erfolgen anderer teilzuhaben (siehe auch das nächste Kapitel). Mißerfolge finden nur selten Anhänger. Insofern treffen auf Bayern München und Borussia Dortmund beide Komponenten zu: erstens haben beide Clubs überragende Erfolge, wie Weltcup-Sieger, Championsleague-Gewinner, wie Deutscher Meister etc. und zweitens: sie sind etwas Besonderes. Diese Erfolge haben nur diese oder sonst nur wenige andere Mannschaften aufzuweisen. Darüber hinaus gibt es weitere Besonderheiten. Das Dortmunder Stadion gilt als Kathedrale des Deutschen Fußballs, die Münchner Bayern besitzen einen Vorstand mit überragender Fußballreputation etc., alles Dinge, die die Clubs in den Augen der Fans zu etwas Besonderem machen.

Und Mister X? Nach dem bisher Dargestellten, wäre es natürlich höchst denkbar, dass er Fan ist. Wenn er nicht selbst Fan der *Cardinals* ist, so könnte es doch jemand sein, der mit dem Baseballsport stark verbunden ist und an dem besonderen Ereignis „70. Home-Run von Mark McGwire in einer Saison" teilhaben wollte.

Selbstdarstellung

Unterstellen wir einmal, Mister X kaufte den Baseball, weil er sich selbst darstellen wollte, – vorausgesetzt, er würde es irgendwann einmal der Öffentlichkeit bekanntmachen, dass er den Baseball ersteigerte.

Alle Menschen, also auch Baseball- und Fußballfans, haben grundsätzlich das Bedürfnis, sich selbst (am besten positiv) darzustellen. Dass alle Menschen dieses Bedürfnis haben sollen, mag zunächst verwundern. Es wird doch häufig behauptet, dass Selbstdarstellung etwas Negatives und zum Beispiel nur Ausdruck von übersteigerndem Selbstbewußtsein sei – so der Volksmund. Psychologen wie der Amerikaner James TEDESCHI oder auch der Deutsche Hans-Dieter MUMMENDEY betonen immer wieder, dass die Darstellung der eigenen Person für jeden Menschen wichtig ist. Nur die Formen variieren und diese werden von der Umwelt positiver oder negativer bewertet. Folgt man James TEDESCHI, Nawaf MADI und Dimitri LYAKHOVITZKY in ihrem Beitrag „Die Selbstdarstellung von Zuschauern" (erschienen in B. STRAUSS (1998), Zuschauer, Göttingen: Hogrefe), bedeutet Selbstdarstellung, dass eine Person versucht, ihre eigene Selbstpräsentation so zu gestalten, dass ihre Umwelt einen positiven Eindruck von ihr bekommt.

Welches sind eigentlich die Hintergründe, dass Menschen sich selbst positiv präsentieren möchten? TEDESCHI beschreibt zwei Motive. Er nennt erstens das *Anbindungsmotiv.* Dies haben wir schon im vorherigen Abschnitt ausführlicher diskutiert. Es geht also darum, dass die Selbstdarstellung dazu dient, zu zeigen, dass man bestimmten positiv eingeschätzten Gruppen angehört oder zumindest mit ihnen in Verbindung steht. So kann das Tragen von Trikots seines Vereins, das Umlegen von Schals oder das Schwenken von Fahnen durch Fußballfans genau diesem Anbindungsmotiv, das zur Selbstdarstellung führt, dienen. Solche Trikotträger signalisieren: Ich stelle mich so dar, dass ich einer von mir als positiv eingeschätzten Gruppe angehöre – übrigens in der Hoffnung, dass diese von mir in den Mittelpunkt gerückten positiven Gruppeneigenschaften mir von meiner Umwelt auch zugeschrieben werden. Die Verhaltensweisen, mit denen Selbstdarstellung betrieben wird, müssen natürlich nicht von allen Mitmenschen positiv bewertet werden. So kann die Gewalt von Hooligans zum Teil so interpretiert werden, dass sie sich ihrer Bezugsgruppe oder einzelnen Personen daraus, der sie sich zugehörig fühlen, positiv selbst darstellen wollen. Das zweite von TEDESCHI genannte Motiv ist das *Machtmotiv*. Mit der Selbstpräsentation wird auch Macht und Einfluß demonstriert. Es geht nicht darum, dass damit Unterdrückung demonstriert werden soll. Es geht um folgendes: Seht her, ich bin etwas besonderes und habe besondere Einflußmöglichkeiten. Ein Beispiel: Die Möglichkeit, in VIP-Lounges im Rahmen von Fußballveranstaltungen eingelassen zu werden, ist nur „ausgewählten" Personen vorbehalten. Es handelt sich dabei meist um solche Vertreter eines Menschenschlags, die für den Veranstalter wichtig sind: sei es, dass der Veranstalter sich mit prominenten Personen selbst schmücken will (2) oder dass diese Personen Sponsoren sind und den Verein in wichtiger Weise unterstützen. In all diesen Fällen zeigen „VIP-Lounger" gegenüber ihrer Umwelt, dass sie Einfluß besitzen und machtvoll sind. Das Machtmotiv spielt aber auch bei Hooligans eine Rolle. Sie beweisen nicht nur Personen ihrer Bezugsgruppe, dass sie gewalttätige Auseinandersetzungen gewinnen können, sondern zeigen auch der breiteren Öffentlichkeit ihren Einfluß: nämlich, dass Medien über sie berichten, und ihnen ein Platz in den Nachrichten eingeräumt wird.

Was könnte für den Kauf des Baseballs durch Mister X eine Rolle gespielt haben? Zunächst das Anbindungsmotiv, sich selbst als Baseballfan der Öffentlichkeit darzustellen, als jemand der viel Geld für seine Leidenschaft opfert. Das Machtmotiv kann darin zum Ausdruck kommen, dass Mister X es überhaupt geschafft hat, diese Trophäe zu ersteigern. Er bringt damit zum Ausdruck: Ich habe das Geld, diese Lederkugel, diese Trophäe im Wettbewerb mit anderen Mitbietern zu ersteigern.

In der psychologischen Literatur werden verschiedene Strategien und Taktiken diskutiert, mit denen Personen Selbstdarstellung betreiben können, z. B. indem sie ihre Vertrauenswürdigkeit betonen, ihre Offenheit hervorkehren oder sich durch bestimmte Verhaltensweisen beliebt machen wollen. Ausführlich beschreibt Hans-Dieter MUMMEN-

DEY in seinem Buch „Psychologie der Selbstdarstellung" (1995 erschienen im Göttinger Hogrefe Verlag) die verschiedenen Taktiken und Strategien, die Menschen wählen, um sich zu präsentieren.

Eine bei Sportzuschauern sehr beliebte Taktik ist das „Basking in reflected glory" (kurz: BIRG und zu deutsch: „Sich im Ruhme anderer sonnen"). BIRGing bedeutet: Personen versuchen, ihre „Verbindung" zu erfolgreichen anderen mit Hilfe verschiedener Hilfsmittel zu demonstrieren. Erstmals beschrieb dies 1976 Robert CIALDINI mit einigen Mitarbeitern (Lit.: CIALDINI, R. B., BORDEN, R. J., THORNE, A., WALKER, M. R., FREEMAN, S. & SLOAN, L. R. (1976), Basking in reflected glory: Three (football) field studies. Journal of Personality and Social Psychology, 34, 366–375) in mehreren berühmt gewordenen Football-Studien. Die Autoren stellten fest, dass Studenten häufiger Kleidungsstücke trugen, die auf ihre Verbindung zur Universität hindeuteten (also z. B. Schals, Trikots, Aufkleber), wenn das Universitätsteam kurz vorher gewonnen hatte. Wenn die eigene Mannschaft verlor, wurden weniger solcher Kleidungsstücke getragen. Als „BIRGing" ist auch das Verhalten von Fußballzuschauern zu bezeichnen, wenn nach Siegen oder auch in fester Erwartung eines Sieges (z. B. beim entscheidenden Heimspiel der eigenen Mannschaft um die Meisterschaft) vermehrt Trikots, Schals, Bemalungen des Gesichts etc. getragen werden. BIRGing findet sich auch in der Sprache. Wenn die eigene Universitätsmannschaft in Cialdinis Studien gewann, äußerten viele Studenten „Wir haben gewonnen", und wenn sie verlor: „Die Mannschaft hat verloren". Eifrige Leser der deutschen Boulevardpresse finden übrigens die gleichen Schlagzeilen, wenn die deutsche Fußballnationalmannschaft gewonnen oder verloren hat.

BIRGing ist es auch, wenn versucht wird, unbedingt „das" entscheidende Spiel oder seltene Sportereignis sehen zu können, „Dabeizusein" oder mindestens behaupten zu können, man wäre Zeuge von etwas Ungewöhnlichem gewesen. So wird in den USA gerne kolportiert, dass ca. 1 Million

Menschen von sich behaupten, sie hätten den zweiten Boxkampf Joe Louis gegen Max Schmeling live im Madison Square Garden gesehen, obwohl der Madison Square Garden nur 20.000 Plätze faßt. Jeder möchte sich einen Sonnenplatz sichern (und sei es durch „Vorspiegelung" falscher Tatsachen) und sich ein bißchen, und sei es noch so kurzzeitig und für die eigene Person irrelevant, im Ruhme der Anderen sonnen. Davon sind auch – wie vielfach gesehen – Bundeskanzler, Ministerpräsidenten und sogar mir bekannte Professoren betroffen.

In diesem Zusammenhang gibt es eine ganze Reihe weiterer Taktiken, wie zum Beispiel das sogenannte *blasting:* „Gegnerische" Mannschaften werden von den Zuschauern abgewertet, um im Vergleich zur anderen Mannschaft zu einer positiven Selbstdarstellung zu gelangen. Für Fußballfans ganz typisch ist das blasting in Form der Abwertung der „gegnerischen" Fangruppe: z. B. indem behauptet wird, „Fans des Vereins XY seien nicht so intelligent wie die der eigenen Fangruppe".

Eine weitere Taktik von Zuschauern zur positiven Selbstdarstellung ist das *CORFing* (Cutting off reflected Failure): Häufig ist zu beobachten, dass sich Menschen in ihrer Selbstdarstellung von nicht-erfolgreichen anderen distanzieren. Dies tritt häufig dann ein, wenn die eigene Mannschaft über einen längeren Zeitraum erfolglos ist. Allerdings und dies zum Trost für „echte" Fans und für Bundesligamanager, die eine hohe Zuschauerzahl auch im Mißerfolg erhoffen: Typisch ist, dass CORFing nur selten bei Personen beobachtbar ist, die sich stark mit ihrer Mannschaft identifizieren. Personen, die sich nur kurzzeitig im Ruhme Anderer sonnen wollen (aber kein Vorwurf: ihnen ist dies nicht bewußt), brechen nach ersten Mißerfolgen die Verbindung zur Mannschaft schnell ab, werden Fans eines anderen erfolgreicheren Vereins oder wenden sich einer ganz anderen Sportart zu: Heute Fan von Borussia Mönchengladbach, morgen Fan von Henry Maske. Diese Fans werden deshalb auch „Fair Weather Fans" genannt. Solche Fußballanhänger stehen nur im Erfolg zu ihrer Mannschaft. CORFing tritt nur selten bei „echten" Fans auf. Diese stehen im Erfolg wie auch im Mißerfolg zu ihrer Mannschaft.

Deshalb werden diese Fans auch „Die Hard Fans" genannt. Schöne Beispiele sind viele Fans des 1. FC Kaiserslautern, die auch noch dann das Stadion füllten, als die Mannschaft in die 2. Liga abgestiegen war und die Fans des 1860 München, die ihre Mannschaft in die Oberliga begleiteten. Für „Die Hard Fans" ist der Verein ihr Leben. Um es wieder mit den Begriffen von Henri TAJFEL zu formulieren: Die soziale Identität dieser Fans wird auch zu ihrer personalen Identität.

Während „Fair Weather Fans" – gemessen an dem, was sie sonst noch in ihrem Leben tun – nur hin und wieder BIRGging und blasting betreiben (nämlich dann, wenn es darum geht, sich *kurzfristig* und nur im für *alle anderen sichtbaren Erfolgsfall* der Mannschaft im Ruhme anderer zu sonnen), ist BIRGing und blasting bei „Die Hard Fans" dauerhafter und nicht nur kurzfristig auf einen für alle sichtbaren offensichtlichen Erfolg bezogen. Natürlich: Auch „Die Hard Fans" wollen Erfolg und wollen BIRGen.. Sie aber definieren Erfolg immer neu und nicht notwendigerweise nach offensichtlichen Kriterien, etwa wenn diese Fans sehen, dass eine positive Leistungsentwicklung ihrer Mannschaft auf dem bisherigen 15. Tabellenplatz zu beobachten ist oder wenn ihre Mannschaft in den relativ unbedeutenden UI-Cup als Tabellenneunter „hineinkommt". Wenn man so will, sind „Die Hard Fans" fairer als „Fair Weather Fans", wenn es darum geht, die Leistungen der eigenen Mannschaft zu beurteilen.

Kommen wir am Ende dieses Abschnitts wieder zu Mister X zurück: Wir wissen nicht, ob er ein „Die Hard Fan" oder ein „Fair Weather Fan" ist – wenn er denn überhaupt ein Fan ist. Aber: Mister X zeigt ein ausgesprochenes BIRGing. Mit dem Kauf der Lederkugel bringt er sich in Verbindung mit einem der zur Zeit berühmtesten Amerikaner – mit Mark McGwire. Einmal Nationalheld sein – und sei es, dass dies 2,7 Millionen Dollar kostet.

Stimmung

Mister X könnte den Baseball ersteigert haben, um sich in eine positive Stimmung zu bringen. Verschiedene psychologische Forschungen haben gezeigt, dass Menschen grundsätzlich bestrebt sind, in einen Zustand positiver Stimmung zu geraten. Ganz deutlich macht dies der amerikanische Kommunikationswissenschaftler Dolf ZILLMANN (z. B. in seinem Beitrag „Fernsehen", den er mit Jennings BRYANT in B. STRAUSS (1998), Zuschauer, Göttingen: Hogrefe publiziert hat) in seiner *mood management theory*. Menschen unternehmen allerlei, um negative Stimmungszustände zu vermeiden oder sie zu beseitigen, um in eine erträglichere positive Stimmung zu geraten. Dazu muß nicht notwendigerweise auf Komödien oder dergleichen zurückgegriffen werden. Beispielsweise bevorzugen viele Männer, folgt man Dolf ZILLMANN, aggressiv getönte Filme wie Western oder Kriegsfilme. Und zur Stimmungsverbesserung gehört auch das Betrachten von Sportveranstaltungen, im Fernsehen oder Live vor Ort – auch dies bevorzugen Männer eher als Frauen.

Interessanterweise führt die Darstellung von Konflikten auch im Sport zu einer Verbesserung der Stimmung bei den (meistens männlichen) Konsumenten. Anders formuliert: Das Vergnügen sportliche Wettbewerbe anzuschauen ist dann größer, wenn der Wettbewerb mit persönlichen Konflikten zwischen den Sportlern behaftet ist. Dolf ZILLMANN konnte dies in einigen Experimenten zeigen. So machte es den Zuschauern eines Tennisspiels mehr Spaß, es zu verfolgen, wenn sie die Information bekamen, die beiden Spieler wären „Intimfeinde". Zuschauer, die das gleiche Tennisspiel anschauten, die aber die Information erhielten, es handle sich bei den Tennisspielern um Freunde, machte es deutlich weniger Freude zuzusehen. Auf diesem Hintergrund ist auch verständlich, warum es uns so viel Spaß macht, Duelle wie zwischen Michael Schuhmacher und Damon Hill, Boris Becker und Michael Stich zu verfolgen. Den jeweiligen Kontrahenten wurden besondere Motive ihrer Rivalität nachgesagt. Und wer erinnert sich nicht gerne an die Auseinandersetzungen zwischen Christoph Daum und Jupp Heynckes am Ende der Achtziger Jahre, als ihre Vereine Bayern München und 1. FC Köln um die deutsche Meisterschaft stritten? Und wer verfolgt nicht gerne die Stadtmeisterschaften zwischen Bayern München und 1860, den Roten und den Blauen, denen eine besondere Rivalität nachgesagt wird? Also: Konflikte sind gut, wenn es um die Erhöhung des Interesses und um die Steigerung der Stimmung beim Zuschauer geht. Aber es müssen für das System unschädliche Konflikte sein und sie dürfen nicht von zu langer Dauer sein. Wer verfolgt schon gerne die Abschaffung der Fußballbundesliga, und wer mag schon das 193. Duell zwischen zwei ewigen Kontrahenten mit dem gleichen Spaß verfolgen. Wie jeder sich schon gedacht hat, sind Männer ganz besonders anfällig für Konflikte im Sport und verfolgen diese besonders gerne. Das gleiche Muster weisen aber auch Frauen auf, nur in geringerer Intensität als Männer.

Welche weiteren Ergebnisse gibt es zur Stimmung von Sportzuschauern? Es ist vielfach belegt, dass das Anschauen von Sportereignissen die emotionalen Reaktionen von Zuschauern erhöht. Dies zeigt sich in verschiedenen Parametern. Zum Beispiel steigt vor und während eines Wettbewerbs der Herzschlag von anwesenden Sportzuschauern an, wobei dies insbesondere bei Fans der Fall ist, wenn sie ihrer Mannschaft zuschauen.

Nach Siegen „ihrer" Mannschaft berichten Fans vermehrt von positiven Emotionen, sowie nach Niederlagen vermehrt von negativen Emotionen. Diese Emotionen haben aber auch Auswirkungen auf unterschiedliche Lebensbereiche. Norbert Schwarz und einige Kollegen (Literatur: SCHWARZ, N., STRACK, F., KAMMER, D. & WAGNER, D. (1987). Soccer, rooms, and the quality of your life: Mood effects on jugdements of satisfaction with life in general and with specific domains. *European Journal of Social Psychology, 17,*

69–79) stellten fest, dass Stimmungen die Art der Urteile von Personen über sich selbst oder andere Personen bzw. Ereignissen beeinflussen. So ermittelten sie, dass deutsche Männer unmittelbar nach Siegen der deutschen Fußballnationalmannschaft während der Weltmeisterschaft 1982 eine größere Lebenszufriedenheit berichteten als vor dem Spiel. Dolf ZILLMANN und einige Kollegen zeigten in einer Studie (Literatur: SCHWEITZER, K., ZILLMANN, D., WEAVER, J. B. & LUTTRELL, E. S. (1992). Perception of threatening events in the emotional aftermath of a televised college football game. *Journal of Broadcasting and Electronic Media, 36 (1),* 75–82), die kurz vor dem Irak-Krieg am Beginn der Neunziger Jahre durchgeführt wurde, dass die negative Stimmungen von Fans nach verlorenen Spielen „ihrer" Mannschaft dazu führte, einen Krieg der USA mit dem Irak und große Verwüstungen für wahrscheinlicher zu halten als nach gewonnenen Spielen. Und schließlich: Fans verbinden Erfolg und Niederlage des Teams mit dem eigenen persönlichen Erfolg und Niederlage. Sie fanden, dass Personen ihre eigenen Leistungen in einer Denksportaufgabe niedriger einschätzten, wenn die Mannschaft vorher verloren hatte.

Kurzum: Auszuschließen ist es nicht, dass Mister X den Baseball ersteigerte, um seine Stimmung zu steigern und um seine eigene Lebenszufriedenheit – allerdings nicht sehr preiswert – zu erhöhen.

Kognizierte Kontrolle

Kommen wir zum letzten Bereich, der im Zusammenhang mit der Sportzuschauerforschung noch weithin unentdeckt ist. Zuschauer glauben in der Regel, das Ergebnis von Sportwettbewerben beeinflussen zu können. (3) Und dies glauben besonders die Fans einer Mannschaft.

Dies ist nun nicht sehr überraschend, denn: Menschen – auch hier muß man hinzufügen: also auch Sportzuschauer – sind im allgemeinen bestrebt, Ereignisse und Zustände in ihrer Umwelt zu beeinflussen und wahrzunehmen und dass sie die Fähigkeit zur Kontrolle besitzen. Dies betrifft auch Situationen, die objektiv nicht beeinflußbar sind (wie z. B. beim Glücksspiel), wenn es sich also nur um eine Illusion der Kontrolle handeln kann. Es kommt nicht darauf an, dass tatsächlich Einfluß ausgeübt werden kann, sondern dass die Person davon überzeugt ist, Kontrolle ausüben zu können. Dies nennen Psychologen „kognizierte Kontrolle".

Man kann vier Möglichkeiten unterscheiden, mit der kognizierte Kontrolle ausgeübt werden kann: (a) Verhaltenskontrolle: Eine Person ist davon überzeugt, dass sie durch ihr Verhalten ein Ereignis beeinflussen kann (b) Informationskontrolle: Eine Person besitzt Informationen über das zukünftige Ereignis und nimmt wahr, es zumindest in Teilen vorhersehen zu können; (c) kognitive Kontrolle: Eine Person ist überzeugt, über kognitive Strategien zu verfügen, die ein Ereignis nicht oder weniger unangenehm werden läßt (z. B. positives Denken, Uminterpretation) (d) retrospektive Kontrolle: Dabei handelt es sich um die nachträgliche Zuschreibung von Ursachen zu eingetretenen Ereignissen.

Sport bietet nun die Gelegenheit, alle vier beschriebenen Möglichkeiten anzuwenden, um kognizierte Kontrolle ausüben zu können, um also ihrem grundlegenden Bedürfnis nach „wahrgenommenen Einfluß" nachzukommen.

Als konkretes Zuschauerverhalten zur Einflußnahme im Stadion sind Klatschen und Anfeuern besonders beliebt. Das „spectator booing" – das „Auspfeifen" – ist eine der zentralen Verhaltensweisen von Zuschauern, mit denen Auswärtsmannschaften in ihrer Leistung negativ beeinflußt werden sollen. Aber auch vor dem Stadion wird durch konkrete Verhaltensweisen versucht, die Geschicke der Mannschaft zu beeinflussen, wie etwa die unzufriedenen Fans, die einen Mannschaftsbus am Wegfahren hindern, oder die Zuschauer, die den Rücktritt des Trainers lautstark fordern.

Die Informationskontrolle ist leicht zu beobachten. Millionen Toto-Tipper zeugen davon. Auch wenn die Tageszeitungen tagelang vor dem Ereignis berichten und abschätzen, wer denn wohl aus welchen Gründen gewinnen möge und Stammtische Extratermine einlegen, um Prognosen durchzuführen – all dies gehört zur Informationskontrolle.

Auch das Muster der kognitiven Kontrolle ist im Sport leicht herstellbar. Wenn das schlechte Abschneiden der deutschen Fußballnationalmannschaft so uminterpretiert wird, dass „es nur besser werden kann" oder „es nach einer Talfahrt nur bergauf gehen kann", ist dies Ausdruck kognitiver Kontrolle.

Und schließlich: Die retrospektive Kontrolle kann am Wochenende durch die zahlreichen Erklärungsversuche von Journalisten und Zuschauern beobachtet werden. Hier geht es um so spannende Fragen: Warum kam es zu dem Elfmeter? Ist die Ursache für den schlechten Tabellenstand der Trainer oder doch der Präsident oder doch die Spieler oder umgekehrt? (4)

Kurzum: Sport bietet Räume für alle vier Möglichkeiten kognizierter Kontrolle. Und Mister X? Worin liegt seine Möglichkeit kognizierter Kontrolle? Zum Beispiel macht Mister X anderen Personen deutlich, dass er über erhebliche Geldmittel verfügt. Damit beeinflußt er nachfolgende Transaktionen, wenn er – nur beispielsweise – selbst einen Baseballclub kaufen würde. Er greift somit strukturierend in zukünftige Fragen ein. Seine Kontrolle kann aber auch darin liegen, dass er dem Ereignis – 70. Home-Run in einer Saison – eine noch höhere Relevanz durch die exorbitante Summe gibt.

Diskussion

Wir wissen natürlich nicht, welche Gründe Mister X tatsächlich dazu bewogen haben, die Lederkugel zu erwerben. Aber wir haben einige Gründe mehr kennengelernt, warum eine Person die Lederkugel kaufen könnte. Diese Gründe entstammen der sportpsychologischen Zuschauerforschung: Identifikation, Selbstdarstellung, Stimmungsmanagement und kognizierte Kontrolle sind wesentliche Gründe, warum Menschen Sportveranstaltungen besuchen, die als Massenveranstaltung und Massenware konzipiert sind.

Natürlich: für den Besuch eines Kreisligaspiels oder eines Sportereignisses mit lediglich regionaler Bedeutung dürften häufig auch andere Gründe wichtig sein oder aber auch nur zu den schon diskutierten Gründen hinzutreten: (5) wie z. B., dass Zuschauer mit einigen Sportlern bekannt oder gar verwandt sind oder dass Freunde und Bekannte unter den Zuschauern getroffen werden sollen oder dass Kinder lernen sollen, wie der Vater Fußball spielt. Sportsoziologische Untersuchungen wie die etwa von Manfred Messing und Martin Lames in ihrem Buch „Der Sportzuschauer als empirische Sozialfigur" aus dem Jahre 1996 (Niedernhausen: Schoss) rücken genau solche Gründe in den Mittelpunkt, die sich also nicht auf Identifikation, Selbstdarstellung, Stimmung und Kontrollerleben beziehen. In der Regel beziehen sie sich aber auch auf Veranstaltungen, die nicht den Charakter von Massenveranstaltungen annehmen. Außerdem gibt es einen weiteren ganz wesentlichen Unterschied zwischen den Arbeiten von Manfred MESSING und Martin LAMES und der hier vorgenommenen psychologischen Betrachtung. Dieser Unterschied liegt in der Ermittlung dieser Besuchsgründe. Menschen können häufig gar nicht oder nur sehr ungenau über ihre Identifikation, ihre Selbstdarstellung, ihr Stimmungsmanagement oder ihr Kontrollerleben Auskunft geben – ob nun als Zuschauer bei Massenveranstaltungen oder Kreisligaspielen. Wenn Zuschauer damit selbst konfrontiert werden, sie würden aus Selbstdarstellungsgründen Sportveranstaltungen besuchen: Sie würden es weit von sich weisen. Diese Gründe wird man also nur mit genau kontrollierten Beobachtungen und Experimenten finden können, aber nicht, indem man Zuschauer nach ihren Besuchsgründen einfach fragt wie es Sportsoziologen wie Manfred MESSING und LAMES tun. Insofern können einfache Befragungen der Zuschauer in den Stadien oder am Fernsehschirm keine oder nur wenige Erkenntnisse über Selbstdarstellung, Kontrollerleben usw. liefern.

Was bedeutet dies insgesamt für die Veranstalter vor Ort und für die Marketingexperten? Um Menschen zum Besuch von Massenveranstaltungen – jedenfalls über einen längeren Zeitraum zu bewegen, sollte genau auf diese vier Bereiche von Identifikation, Selbstdarstellung, Stimmung und Kontrolle von seiten der Veranstalter geachtet werden. Besucher benötigen Räume und Möglichkeiten, in denen auf genau diese Merkmale eingegangen wird. Wie etwa für den Sponsor, der seine Verbindung zum Club durch den Besuch der VIP-Lounge und eine dadurch erzeugte Nähe zur Mannschaft dezent sichtbar machen kann. Und in diese Art der Nähe darf nicht jeder kommen: Es bedarf des Exklusiven, des Besonderen. Insofern ist die Idee vieler Vereine, einen „Club der 100 Förderer" oder ähnlich zu gründen, eine gute Idee, vorausgesetzt es werden nicht alle Interessenten in diesen Club aufgenommen. Für den Fußballfan in der Stehkurve wird die Nähe durch Kleidung, Veränderung des Lebenswandels, durch Fanclubs, durch die Möglichkeit manchmal ihre Helden zu berühren hergestellt, um zu demonstrieren, ich gehöre dazu und ich bin wichtig für die Herstellung von Erfolg. Dazu gehört dann natürlich auch der Glaube, das Spiel mit zu beeinflussen und Unterstützung geben zu können. Dazu gehört die Erfahrung von Fans, dass die Äußerung ihres Unmuts Trainerwechsel zumindest befördern können.

Wichtig ist nur: Diese Räume müssen auf verschiedene Gruppen zugeschnitten sein. Edmund Stoiber als Fan von Bayern München dürfte sich kaum mit einer Dauerkarte im Stehblock zufriedengeben, während viele Fans im Stehblock es zwar einmal reizvoll finden, in der Ehrenloge Platz zu nehmen, dieses aber nicht auf Dauer ihnen eine adäquate Form der Selbstdarstellung gibt. Weiterhin sind die Möglichkeiten, positive Stimmungen zu erreichen in den Bezugsgruppen einfacher.

Fan ist nicht Fan – dies ist eine Lehre der vorherigen Kapitel. Fans, die nur zeitweilig Verbundenheit demonstrieren, kann man als „Fair Weather Fans" bezeichnen. Diese Personen sind kurzfristig „im Erfolg da", brechen die Verbindung aber, wenn mittelfristig Mißerfolg eintritt, ab. Auf diese Fans kann ein Verein nicht langfristig vertrauen. Welcher Fußballclub hat außer Bayern München dauerhaft Erfolg? Sie sind aber auf der anderen Seite wichtig, um Ereignissen in kurzer Zeit Relevanz und Wichtigkeit zu geben. Aber mittelfristig und langfristig gilt es – jedenfalls wenn man Marketingstrategen betrachtet – diese Typen von Fans länger zu binden, zu Fans zu machen, die durch „dick und dünn" mit dem Verein gehen, die eine lebenslange Verbundenheit zu ihrem Verein aufbauen, sie eben zu „Die Hard Fans" zu machen. Diese Fans bleiben auch bei Niederlagen, auch bei Abstiegen in Verbundenheit zu ihrem Verein: Viele Fans von Traditionsvereinen wie Kaiserslautern, Schalke und Dortmund sind „Die hard Fans". Auf diese Gruppe treffen alle vier Merkmale in ganz starker Form zu. Auf Fair-Weather Fans treffen nur wesentlicher weniger Merkmale zu. „Die hard Fans" richten ihre gesamte soziale wie auch personale Identität auf die Verbundenheit zu ihrem Verein aus. Fair-Weather-Fans sind natürlich auch wichtig – zumindest aus Marketingsicht: Wenn es gelingt, aufgrund des Erfolges oder auch aufgrund der Besonderheit des Ereignisses kurzfristige Verbundenheit zu erzeugen, werden damit zum einen neue finanzielle Ressourcen geschaffen, die einen dauerhaften Erfolg ermöglichen und zweitens geben diese Zuschauer aufgrund ihrer Masse dem Ereignis weitere Relevanz, die es zu etwas Besonderem machen können (u. a. indem Medieninteresse geweckt wird). Aber: jedem Verein muß klar sein: Bleibt der Erfolg aus, sind es diese Fans, die sich schnell anderen Dingen zuwenden. Ein Verein muß daher bestrebt sein, nicht immer nur neue „Fair Weather Fans" zu gewinnen, sondern einen Teil dieser Fans zu „Die Hard Fans" zu machen.

Mister X war ein „Die hard Fan"

Einige Wochen nach der Auktion im Madison Square Garden gab der Käufer seine Identität im Rahmen einer selbst einberufenen Pressekonferenz preis. In einer Pressemitteilung der Agentur „aa" war folgendes lesen:

New York, 9. 2. 99. (aa) ... Todd McFarlane heißt der aus Kanada stammende Mann, der für seine Baseball-Verehrung so tief in die Tasche griff. Und McFarlane ist selbst kein Unbekannter. Als Erfinder der Comic-Figur 'Spawn' und Produzent des gleichnamigen Hollywood-Films genießt der in Arizona lebende Zeichner in Amerika große Popularität. Dass er der geheimnisvolle Käufer des berühmten Lederballs ist, gab er allerdings erst jetzt auf einer extra einberaumten Pressekonferenz in New York bekannt.

„Ich habe für das Ding meine gesamten Ersparnisse auf den Kopf gehauen", kokettierte der mehrfache Millionär. Außerdem sei er, so McFarlane weiter, ein absoluter „Baseball-Psycho", der seine sieben Firmen gegen einen Platz im Center Field eines Major League Clubs tauschen würde. Unter anderem besitzt McFarlane die fünftgrößte Spielzeugfabrik der USA. Wie der Comic-Zeichner weiterhin bekanntgab, ist der Ball, mit dem McGwire seinen 70. Homerun schlug, nicht der einzige in seiner Sammlung.

Von den Bällen des fast schon legendären 'Homerun-Rennens' der letzten Saison zwischen Mark McGwire und Sammy Sosa besitzt McFarlane des weiteren die Bälle von McGwires erstem, 63., 67., 68. und 69. Homerun. Von Sosa besitzt er Nummer 33, 61 und 66. Diese Erinnerungsstücke sollen jetzt aber nicht bei ihm in der Vitrine verstauben. Vielmehr plant der geschäftstüchtige Kanadier eine 'McFarlane Collection'-Tour quer durch die Vereinigten Staaten. Natürlich immer in der Hoffnung, dass McGwires Rekord nicht so schnell gebrochen wird...

Man ist geneigt zu sagen: vgl. die obigen Ausführungen zur Identifikation, vgl. die obigen Ausführungen zur Selbstdarstellung, vgl. die obigen Ausführungen zur Stimmung und vgl. die obigen Ausführungen zur Kontrolle.

Mister X, Todd McFarlane, ist also ein „Die Hard Fan". Aber viel treffender als alle Ausführungen in diesem Beitrag hat Todd McFarlane sich und seine Identität in einem anderen Interview der Agentur „ap" an anderer Stelle selbst beschrieben:

> *Sports make you forget death, taxes and politics,*
> *and all the other garbage*
> *that goes on in life*
> Todd McFarlane

Anmerkungen

(1) Psychologen bezeichnen „Ursachenerklärungen" als „Attributionen".
(2) Es handelt sich hier also um eine Selbstdarstellung des Veranstalters.
(3) Dass dies nur ein Volksglaube ist, und gerne von Managern zur Steigerung der Zuschauerzahlen bestätigt wird, ist nicht Gegenstand dieses Beitrags. Aber in der Tat: Die Möglichkeit der Einflußnahme von Zuschauern wird in der Regel erheblich überschätzt – was niemand gerne wahrhaben will, aber nachzulesen ist in der Zeitschrift Sportwissenschaft in einem Beitrag von B. STRAUSS (1999) mit dem Titel: Wenn Fans ihre Mannschaft zur Niederlage klatschen.
(4) Meine liebste Sendung in diesem Zusammenhang ist der Warsteiner-Fußballstammtisch im DSF am Sonntagmorgen von 11-13 Uhr, geleitet von Rudi Brückner. In dieser Sendung kommentieren Sportjournalisten den letzten Spieltag. Meine (nicht durch empirisch Untersuchungen fundierte) Meinung ist: Diese Sendung hat die höchste Attributionsdichte (also die höchste Dichte von Ursachenerklärungen) im Deutschen Fernsehen. Anschauen ist Pflicht für jeden Sportstudierenden, der gerade das Thema „Attributionen" in seiner Sportpsychologievorlesung durchnimmt.
(5) Denn vielleicht möchte sich der Sponsor der Lederkugel anläßlich eines Fußballspiels in der Kreisliga vor seinen Stammtischkollegen selbst positiv darstellen, wenngleich ihn das sicherlich nicht 2,7 Millionen Dollar gekostet haben dürfte.

(6) Verantwortliche des Sportmarketings berücksichtigen bisher nur partiell die hier beschriebenen Komponenten der Identifikation, der Selbstdarstellung, der Stimmung und Kontrolle bei der Entwicklung von Marketingkonzepten. Am deutlichsten finden sich in gängigen Marketingkonzepten die Aspekte der Identifikation und der Stimmung, indem beispielsweise Stadien so umgebaut werden, dass es für Zuschauer bequem ist und sie sich wohl fühlen. Auch wird durchaus gesehen, dass Fans notwendig sind, um dem „Ganzen" einen unverwechselbaren, eben besonderen Rahmen zu geben. Aber die Aspekte der Selbstdarstellung und der Kontrolle sind bisher kaum ins Blickfeld der Betrachtung gerückt. Als ein Beispiel für ein Marketingkonzept, das alle vier Aspekte berücksichtigt, ist das von Antje Kühl entwickelte Konzept für die „New Yorker Hurricanes", ein Kieler American-Football-Club in der 1. Deutschen Liga. Dieses Konzept wird gerade in der Praxis erprobt. Zum Beispiel schlägt Antje Kühl (nachzulesen in ihrer Kieler Examensarbeit aus dem Jahre 1999) auf dem Hintergrund der vier berichteten psychologischen Aspekte vor, den Club in eine AG umzuwandeln, um den Zuschauern den Eindruck zu geben, sie könnten Einfluß gewinnen, eben Kontrolle ausüben – natürlich nachdem alle rechtlichen und wirtschaftlichen Fragen geklärt sind. Warten wir das Ergebnis dieses Praxistests ab.

MARTIN SCHIMKE

Transferrecht, Medienrecht, Spielervermittlung: Zur Vorreiterrolle des Fußballs im Sportrecht

Dass Sport zum „Big Business" für Sportler, Veranstalter und Sponsoren geworden ist, bedarf keiner näheren Erläuterung. Insbesondere der Blick auf Sportarten wie Fußball, Tennis, Formel-1-Motorsport und Golf verdeutlicht, dass der Stellenwert des Sports neben seiner sozialen Funktion vor allem in wirtschaftlicher Hinsicht immer weiter zunimmt. Soweit sich also rechtliche Probleme im Sport ergeben, betreffen sie einen Teil der Wirtschaft. Sport betrifft daher auch das Wirtschaftsrecht mit der Besonderheit, dass die nationalen Sportverbände als Subjekt des Privatrechts Autonomie besitzen. Aufgrund dieser sogenannten Verbandsautomie können die Verbände in einem gewissen Rahmen, der vom staatlichen Recht vorgegeben wird, gegenüber den ihnen angeschlossenen Mitgliedern (Sportlern bzw. Vereinen) Recht setzen und vollziehen. Damit basiert das Sportrecht zum einen auf dem Regelwerk der nationalen und internationalen Sportverbände (Verbandsrecht) und zum anderen auf dem staatlichen Recht. Dabei entsteht ein Spannungsverhältnis, das ständig an Konfliktpotential zunimmt.

Ein Schwerpunkt der juristischen Sportprobleme läßt sich jedoch nur schwer ausmachen. Beinahe das gesamte staatliche, europäische und internationale Recht ist davon betroffen. Das Sportrecht stellt sich als *Branchenrecht* dar, dass sich weder in einem abgeschlossenen System noch in einer umfassenden Kodifikation befindet. Der Beitrag konzentriert sich daher auf einige „Highlights" des Sportrechts, die zur Zeit und in der Vergangenheit im Brennpunkt der

Medien stehen bzw. standen. Dabei wird deutlich, dass insbesondere im Hinblick auf richtungsweisende Entscheidungen dem *Fußball* eine „Vorreiterrolle" zukommt.

Regelungen zum Spielertransfer sowie für die Spiel- und Teilnahmeberechtigung von ausländischen Sportlern (sogenannte „Ausländerklauseln")

(1) Ein sportrechtlicher „Dauerbrenner" war und ist zum Teil noch die Frage, ob der Wechsel von Sportlern vom bisherigen Verein zu einem neuen Verein von sogenannten Transferentschädigungen abhängig gemacht werden darf. Dies gilt nicht nur für Profisportler (Lizenzspieler), sondern auch – wie zu zeigen sein wird – im Amateurbereich. Der DFB hatte beispielsweise in seinem Lizenzspielerstatut die Pflicht des aufnehmenden (neuen) Vereins festgeschrieben, an den abgebenden („alten") Verein eine Transferentschädigung zu zahlen. Die Höhe dieser Entschädigung sollte zwischen den Vereinen ausgehandelt werden. Bei Streit hierüber sollte auf Antrag ein Schiedsgutachter des DFB entscheiden.

Um derartige Regelungen ging es in der aufsehenerregenden Entscheidung zum Fall des belgischen Profifußballers Jean-Marc Bosman. Auf dessen Antrag ersuchte im Oktober 1993 ein belgisches Gericht – das nach dem EG-Vertrag zu einer solchen Maßnahme berechtigt ist – den Europäischen Gerichtshof (EuGH), eine Entscheidung darüber zu treffen, ob die Transferbestimmungen des belgischen Fußballverbandes mit dem EG-Recht vereinbar seien. Nach diesen belgischen Transferbestimmungen war nach Vertragsablauf eine Freigabeerklärung des abgebenden Vereins notwendig, damit der Spieler nach dem Transfer seine neue Spiellizenz erhalten konnte. Im Gegenzug war der aufnehmende Verein jedoch verpflichtet, an den abgebenden Verein eine Ablösesumme als sogenannte Ausbildungsentschädigung zu zahlen (zu weiteren Einzelheiten der Vorverfahren und des Sachverhaltes vergleiche NJW 1996, S. 505 ff.).

In der entsprechenden Entscheidung des EuGH in Sachen „Bosman" vom 15.12.1995 bestätigte der EuGH zunächst seine frühere Rechtsprechung, dass Profisportler, jedenfalls soweit sie Mannschaftssport betreiben, Arbeitnehmer sind und daher die Arbeitnehmerfreizügigkeit des Artikel 48 des EG-Vertrages genießen. Nach dieser Vorschrift kann jeder Arbeitnehmer zum Zwecke unselbständiger Erwerbstätigkeit in jeden Mitgliedsstaat der EU einreisen und sich dort dauerhaft aufhalten. Des weiteren stellte der EuGH klar, dass das Grundrecht der EG-Freizügigkeit auch in Privatrechtsverhältnissen unmittelbare Wirkung entfaltet und sich somit jeder EG-Bürger gegenüber seinem Arbeitgeber hierauf berufen kann.

Auf der Basis dieses europarechtlichen Freizügigkeitsgedankens entschied der EuGH in der Bosman Entscheidung wie folgt:

Art. 48 EG-Vertrag steht der Anwendung von durch Sportverbände aufgestellten Regeln entgegen, nach denen ein Berufsfußballspieler aus einem EG-Mitgliedsstaat bei Ablauf seines Spielvertrages nur dann von einem Verein eines anderen Mitgliedsstaates beschäftigt werden kann, wenn dieser dem bisherigen Verein eine Transfer-, Ausbildungs- oder Förderungsentschädigung gezahlt hat.

Das „Pendant" zu der gerade erläuterten Bosman-Entscheidung des EuGH ist in Deutschland das Urteil des Bundesarbeitsgerichts in Sachen „Kienass" vom 20. 11. 1996. Dieser vereinzelt auch als „Bosman Deutschlands" bezeichnete Fall betraf allerdings nicht den Fußball, sondern den Eishockeysport. Der folgende Leitsatz des genannten Urteils spricht im Hinblick auf die Wirksamkeit von Transferentschädigungen noch klarere Worte (vgl. BAG in SpuRt, Zeitschrift für Sport und Recht, 1997, S. 94 ff.):

Die Regelungen in Artikel 59 der Spielordnung des Deutschen Eishockeybundes, wonach beim Vereinswechsel eines Ligaspielers der abgebende Verein vom aufnehmenden Verein eine Entschädigung für Aus- und Weiterbildungskosten zu beanspruchen hat (Transferentschädigungen), ist wegen Verstoßes gegen die guten Sitten (§ 138 BGB, Art. 12 Abs. 1 Grundgesetz) nichtig, soweit danach eine Ent-

schädigung auch dann verlangt werden kann, wenn das Arbeitsverhältnis bei dem abgebenden Verein bereits beendet war.

Die genannten Urteile, insbesondere das aus dem Fußballbereich stammende „Bosman Urteil", wurden vielfach als „revolutionär" betrachtet. Diese Bewertung trifft jedoch nur in *empirischer* Hinsicht zu, denn durch die „Bosman" – und „Kienass"-Urteile verloren die Vereine ein wichtiges Finanzierungsinstrument. Insbesondere konnten die Vereine im alten, seit vielen Jahren durchgeführten Transfersystem durch geschickte An- und Verkaufspolitik von Spielern stille Reserven in Form von Rechten an den Spielern bilden, die sich dann beim Transfer in Erträgen über dem Buchwert der aktivierten Spielerlizenzen niederschlagen (vgl. dazu näher Parensen, Die Fußball-Bundesliga und das Bosman-Urteil , in: EU-Recht und Sport, 1998, S. 135 ff.). Die Grundsätze des „Bosman"- und „Kienass"-Urteils trafen die Vereine um so mehr, als diese für sofort anwendbar erklärt wurden, das heißt es gab keine Übergangsregelung mit der Folge, dass das Transfersystem von heute auf morgen „gekippt" wurde.

Juristisch hingegen waren die Urteile keine Sensation. Insbesondere wenn man sich vorhält, dass Bundesliga-Mannschaftssportler, insbesondere in den Top-Sportarten Fußball, Handball, Basketball und Eishockey, nach ständiger Rechtsprechung arbeitsrechtlich als „reguläre" Arbeitnehmer angesehen werden, haben der EuGH in Sachen „Bosman" und das Bundesarbeitsgericht in Sachen „Kienass" etwas entschieden, was in unserer Arbeits- und Wirtschaftswelt grundsätzlich selbstverständlich ist, nämlich dass ein Arbeitnehmer nach Ablauf seines Arbeitsvertrages sich ungehindert eine neue Arbeitsstätte (hier: einen Verein) suchen darf. Dies ist Ausfluss der – auch in unserer Verfassung verankerten – Berufs(ausübungs)freiheit.

Betont sei, dass eine Ablösesumme/Transferentschädigung von dem abwerbenden Verein auch nach der Rechtsprechung des EuGH und des Bundesarbeitsgerichts unbeanstandet gezahlt werden kann, wenn kein beendetes Arbeitsverhältnis vorliegt. „Fließen" in einem solchen Fall Ablösezahlungen, so spricht man herkömmlicherweise von einem „Herauskaufen aus dem noch laufenden (Arbeits-)Vertrag".

(2) In der Angelegenheit „Bosman" wurde der EuGH auch ersucht, eine Entscheidung darüber zu treffen, ob die in den Regelwerken der UEFA und der meisten europäischen nationalen Fußballverbände enthaltene sogenannte „Ausländerklausel" mit dem EG-Recht vereinbar sei. Diese mit Billigung der Europäischen Kommission getroffene Regelung sah vor, dass ein Verein bei jedem offiziellen Spiel nur drei Spieler aus EU-Ländern einsetzen durfte, zuzüglich zweier weiterer sogenannter „assimilierter" Spieler, die seit 5 Jahren im Inland die Spielerlaubnis haben, davon zwei Jahre als jugendliche Spieler (sogenannte „3+2„-Regel).

Mit Bezug auf diese Regelung stellte der Europäische Gerichtshof fest, dass derartige benachteiligende Bestimmungen aus Gründen der Staatsangehörigkeit ebenfalls nicht mit dem schon erläuterten EG-Freizügigkeitsrecht für Arbeitnehmer vereinbar und daher nichtig seien. Hier verwies der Europäische Gerichtshof insbesondere auf seine frühere Rechtsprechung, nach der solche Beschränkungen nur für die Zusammensetzung von Nationalmannschaften zugelassen werden können, da dies eine Frage von rein sportlichem Interesse sei und nichts mit wirtschaftlicher Tätigkeit zu tun habe. Im Bosman-Fall bezogen sich jedoch die Ausländerklauseln nicht auf spezielle Regelungen zwischen Mannschaften, die ihre Länder repräsentieren, sondern galten für alle offiziellen Begegnungen zwischen Vereinen und betrafen somit den Kern der von Profisportlern ausgeübten Arbeitnehmertätigkeit. Auch die Tatsache, dass die „3+2 Regel" mit der Europäischen Kommission ausgehandelt wurde, erachtete der Europäische Gerichtshof für unerheblich, da die Kommission nicht befugt sei, gegen den EG-Vertrag verstoßene Verhaltensweisen zu genehmigen.

Der entsprechende Leitsatz in der „Bosman„-Entscheidung lautete:

Artikel 48 EG-Vertrag steht der Anwendung von durch Sportverbände aufgestellten Regeln entgegen, nach denen die Fußballvereine bei den Spielen der von diesen Verbänden veranstalteten Wettkämpfe nur eine begrenzte Anzahl von Berufsspielern, die Staatsangehörige anderer Mitgliedsstaaten sind, aufstellen können.

Zahlreiche Sportverbände – darunter die UEFA – haben aufgrund der erläuterten Grundsätze des Europäischen Gerichtshofes und des Bundesarbeitsgerichts ihr altes Transfersystem und *jene* Bestimmungen außer Kraft gesetzt, durch welche die Anzahl der Spieler (Sportler) aus anderen EU-Staaten, die in offiziellen (Europacup-) Spielen aufgestellt werden dürfen, begrenzt wurde.

Nach wie vor emsig wird daran gearbeitet, wie die Auswirkungen des „Bosman- und Kienass-Urteils" aufgefangen werden können. Dazu sind viele Konzepte bereits erarbeitet worden, die an dieser Stelle jedoch nicht dargestellt werden sollen.

Aufmerksam machen möchte ich jedoch auf weitere Probleme, die weder durch das Bosman-Urteil noch durch das Kienass-Urteil gelöst worden sind. Es handelt sich um folgende sportrechtliche „Hot-Issues„:

1. Fraglich ist zum Beispiel, wie in Anlehnung des erläuterten „Bosman-Urteils" künftig die Förderung und Unterstützung des Nachwuchses gestaltet werden kann. Wäre beispielsweise eine Regelung zulässig, die (Bundesliga-) Vereinen vorschreibt, wenigstens einen deutschen Jugend- bzw. U22-Spieler in den Bundesligakader aufzunehmen und im Fall der Nichtbeachtung eine Sanktion androht?

Auch eine solche Regelung könnte insoweit mit dem „Bosman-Urteil" kollidieren, als sie eine Konstellation ermöglicht, bei der die Freizügigkeit für Spieler aus der EU eingeschränkt wird. Im Extremfall muß nämlich nach dem „Bosman-Urteil" eine Mannschaftsaufstellung möglich sein, bei der die gesamte Mannschaft aus „EU-Ausländern" besteht.

Dies wäre bei einer Regelung nicht gewährleistet, welche die Aufstellung mindestens eines – wenn auch jugendlichen – Deutschen zwingend vorschreibt.

Allerdings ist im Lichte des „Bosman-Urteils" denkbar, dass das Gebot der Freizügigkeit ausnahmsweise hinter dem Ziel der Förderung Jugendlicher zurücktreten muß. Entsprechende Anhaltspunkte dafür, dass der EuGH dieses Ziel grundsätzlich als Rechtfertigungsgrund für eine Einschränkung der Freizügigkeit betrachtet, finden sich bereits in anderen EuGH-Urteilen (vgl. SCHIMKE, *Sportrecht*, 1996, S. 229 f.).

2. Fraglich ist ferner die Erstreckung der Grundsätze des „Bosman-Urteils" auf sogenannte „Drittstaaten" (vgl. dazu ausführlich STREINZ, Die Auswirkungen der Europäischen Gesetzgebung auf den Sport, in: *EU Recht und Sport*, 1998, S. 36 ff.). Inwieweit die Grundsätze des „Bosmann-Urteils" – insbesondere bezüglich der Ausländerklauseln – auch auf Sportler (Spieler) aus nicht zur EU gehörenden Drittstaaten anwendbar sind, hängt zunächst davon ab, ob es zwischen diesen Drittländern und der Europäischen Union Abkommen gibt, nach denen gleichfalls eine Diskriminierung von Angehörigen dieser Staaten in Bezug auf den Zugang zu Arbeitsstellen verboten ist. Ein solches Abkommen ist beispielsweise der Vertrag über den Europäischen Wirtschaftsraum (EWR), mit dem die Grundfreiheiten des EG-Vertrages auf die EWR-Länder ausgedehnt werden (z. Zt.: Irland, Norwegen, Liechtenstein). Ferner besteht ein Assoziierungsabkommen mit der Türkei. Danach steht türkischen Arbeitnehmern, die seit 4 Jahren in einem Mitgliedsstaat ordnungsgemäß beschäftigt sind, das EG-Freizügigkeitsrecht innerhalb dieses Staates zu, allerdings nicht ein Zugangsrecht aus der Türkei oder Wanderungsrecht innerhalb der EU. Türkische Spieler (Sportler) müssen also nach 4 Jahren ordnungsgemäßer Beschäftigung nur innerhalb des betreffenden Mitgliedsstaates wie EU-Staatsangehörige behandelt werden. Ähnliche Abkommen bestehen mit anderen Ländern wie zum Beispiel mit Bul-

garien, Polen, Ungarn, der Slowakei, Tschechin und Rumänien.

Die Frage, ob (wie nach dem EG-Vertrag) auch nach diesen Abkommen die erläuterten Ausländersperrklauseln (gegebenenfalls auch die Transferbestimmungen) unwirksam sind, wirft eine Reihe von Rechtsproblemen auf, auf die hier nicht näher eingegangen werden kann. Die Fragen ranken sich primär um folgende Punkte:

- Sind die Abkommen (wie der EG-Vertrag) hinsichtlich des Diskriminierungsverbotes und der Freizügigkeitsregelungen *unmittelbar* anwendbar?
- Entfalten die genannten Assoziierungsabkommen auch Wirkung gegenüber Privaten?
- Wie sind Bestimmungen in EU-Assoziierungsabkommen und gegebenenfalls darauf bezogene Verbandsregelungen auszulegen?

Hierzu gibt es bereits zahlreiche Entscheidungen von Gerichten aus den unterschiedlichen Sportbereichen (u. a. Ringen, Tischtennis und Handball; vgl. zuletzt Landgericht Dortmund in *SpuRt, Zeitschrift für Sport und Recht*, 1999, S. 31 ff. mit Anmerkung von KROGMANN und weiteren Rechtsprechungsnachweisen).

3. Abschließend zum Thema „Bosman-Urteil" noch folgende interessante Problematik, die nach wie vor diskutiert wird.

Das „Bosman-Urteil" betraf Beschränkungen (Ausländerklauseln/Transferbestimmungen) im Zusammenhang mit dem *Berufssport*. Soweit ersichtlich, sind bislang weder an den EuGH noch an deutsche Obergerichte Fälle herangetragen worden, die Benachteiligungen von *Amateur*sportlern oder – juristisch korrekter formuliert – von Nichtarbeitnehmern betreffen. Auf solche benachteiligenden Regelungen wäre weder die Arbeitnehmerfreizügigkeit gem. Art. 48 EG-Vertrag (bzw. Art. 39 EG-Vertrag in der Fassung des Vertrags von Amsterdam vom 2. 10. 1997; zum Vertrag von Amsterdam vgl. Streinz, EuZW, 1998, S. 137) noch der verfassungsrechtliche Schutz der freien Wahl des Arbeitsplatzes nach Art. 12 Abs. 1 des Grundgesetzes anwendbar, denn beide Regelungen schützen lediglich die *berufsmäßige* Ausübung des Sports. Im Rahmen des EG-Rechts wäre auch das allgemeine Diskriminierungsverbot gem. Art 6 EG-Vertrag (bzw. Art. 12 EG-Vertrag in der Fassung des Vertrages von Amsterdam vom 2. 10. 1997) nicht anwendbar, da der EG-Vertrag bekanntlich keine Anwendung findet, wenn nicht-wirtschaftliche Sachverhalte in Rede stehen, was insbesondere beim (Freizeit-) Sport von Amateursportlern, die nicht Arbeitnehmer sind, der Fall ist.

Danach fragt es sich also, wie Amateursportler (Nichtarbeitnehmer) vor Benachteiligungen geschützt werden können. Diese Frage ist nicht nur von theoretischer Natur, sondern hat hohe praktische Relevanz.

Viele Verbandsstatuten haben nämlich Regelungen, wonach bei Vereinsübertritten von jugendlichen Sportlern (also Nichtarbeitnehmern) die Freigabe des abgebenden Vereins von der Zahlung einer Ausbildungsentschädigung an den aufnehmenden Verein abhängig gemacht werden kann.

Derartige Ausbildungsentschädigungen sind ebenfalls rechtlich umstritten. Nach meiner Auffassung handelt es sich hierbei tatsächlich nicht um eine „klassische" Ausbildungsentschädigung, da sich die Kostenerstattungspflicht in der Regel gar nicht an den tatsächlichen Kosten der Aus- und Weiterbildung orientiert (vgl. hierzu insbesondere Arens, in *SpuRt, Zeitschrift für Sport und Recht*, 1997, S. 127). Mithin handelt es sich um nichts anderes als eine „versteckte" Transferzahlung, die erst recht im Amateurbereich unzulässig ist.

Andere Stimmen meinen, dass Regelungen zur Ausbildungskostenerstattung bei Vereinswechseln von Jugendlichen Bestimmungen seien, die ein Verein bzw. Verband im Rahmen seiner durch die Verfassung geschützten Vereins- bzw. Verbandsautonomie treffen darf.

Auch hier erfolgte die erste Entscheidung eines *ordentlichen* Gerichtes im Bereich des *Fußballs*. So entschied das

Amtsgericht Frankfurt in seinem Urteil vom 10. 11. 1997 wie folgt:

Die Regelung in § 15 der Spielordnung des Hessischen Fußballverbandes, wonach für männliche Jugendliche von dem aufnehmenden Verein in den Spielklassen D bis A eine Ausbildungsentschädigung zu zahlen ist, ist wirksam.

Ähnlich entschied der Rechtsausschuß des DLV am 12. 9. 1997:

Die Regelung in § 4 E Ziff. 3 LAO des Deutschen Leichtathletikverbandes, nach welcher bei Vereinsübertritt die Freigabe von der Zahlung eines Ausbildungskostensatzes in Höhe von DM 3500,00 abhängig gemacht wird, ist wirksam.

Der Rechtsausschuß des Deutschen Basketballbundes hat allerdings am 20. 5. 1998 anders und wie folgt entschieden:

Die in Verbandsregelungen festgeschriebene Kostenerstattungspflicht beim Wechsel von Jugendspielern ist wegen Verstoßes gegen das Grundrecht der allgemeinen Handlungsfreiheit gem. Art. 2 Abs. 1 GG dann nichtig, wenn sich die Entschädigungspflicht nicht an den den Vereinen tatsächlich entstandenen Weiter- und/oder Ausbildungskosten orientiert.

Die vorstehenden Entscheidungen sind in der genannten Reihenfolge sämtlichst abgedruckt in *SpuRt, Zeitschrift für Sport und Recht*, 1998 S. 204 ff. mit Anmerkung SCHIMKE und weiteren Nachweisen auf S. 209 f.

Insbesondere die Entscheidung des Deutschen Basketballbundes zeigt, dass bei rein innerdeutschen Sachverhalten (ohne EG-Rechtsbezug) ein Schutz von Amateursportlern (insbesondere Jugendlichen) über das grundgesetzlich verankerte Recht auf freie Entfaltung der Persönlichkeit nach Art. 2 Abs. 1 GG gewährleistet werden kann. Ob und unter welchen Voraussetzungen Jugendspielern, die (noch) nicht als Arbeitnehmer gelten, auch unter den Schutz des Art. 12 GG fallen, hat der Rechtsausschuß des Deutschen Basketballbundes offengelassen. Denkbar wäre die Argumentation, ein „Amateur" sei im Begriff, die Arbeit aufzunehmen. Unterstützt wird diese Auffassung durch die Tatsache, dass ausdrücklich die freie Wahl der Ausbildungsstätte unter Art. 12 Abs. 1 GG fällt. Nach alledem dürfte die Tätigkeit von Jugendspielern dann unter die Berufs-(Ausübungs)freiheit des Art. 12 GG zu subsumieren sein, wenn dieser zu einem Bundesligaverein (also vom Amateur in das Profilager) mit dem Ziel wechselt, Berufssportler zu werden (so auch zutreffend Pfister, Das Bosman-Urteil des EuGH und das Kienass-Urteil des BAG in: *EU-Recht und Sport*, 1998, S. 160).

Bei der Benachteiligung von Amateursportlern könnte auch eine EG-Verordnung (Verordnung 1612/68 vom 19. 10. 1968) Bedeutung erlangen, in der die Verpflichtungen der Mitgliedsstaaten im Hinblick auf die Freizügigkeit der Arbeitnehmer und *ihrer Familien* festgelegt werden. Nach dieser Verordnung sollen diese die gleichen sozialen und steuerlichen Vergünstigungen genießen wie Staatsangehörige des jeweiligen Mitgliedsstaates. Der Europäische Gerichtshof hat als „soziale Vorteile" alle Vergünstigungen und Vorteile gewertet, welche die volle Integration der Arbeitnehmer und ihrer Familien in das Gastland erleichtern. Im Wirkungsbereich eines Familienmitgliedes, welches die Personenfreizügigkeit des EG-Vertrages genießt, könnte daher im Einzelfall die Benachteiligung eines Amateursportlers (namentlich also: Das abhängig Machen eines Vereinsübertrittes von der Zahlung einer Ausbildungsentschädigung) EG-rechtswidrig sein.

Die vorstehenden Gesichtspunkte und Fälle sollen verdeutlichen, dass auch bezüglich dieser interessanten Problematik noch vieles im Fluß ist. Es ist nicht auszuschließen, dass auch diesbezüglich eine Grundsatzentscheidung eines deutschen und/oder europäischen Obergerichtes erfolgen wird, unter Umständen erneut aus dem Bereich „Fußball".

§ 11 der Profispielerverträge im DFB

Der Fußball war auch das Parkett für eine weitere sportrechtliche Auseinandersetzung. Gemeint ist die Frage der Wirksamkeit des § 11 der Profispielerverträge im DFB. Zuletzt stand diesbezüglich der Fall des Torhüters Stefan Klos vom Fußball-Bundesligisten Borussia Dortmund im Mittelpunkt der Medien. Beispielhaft darf ich auf folgende Überschrift der FAZ vom 12. Juni 1998 verweisen:

„Klos muß Wechsel nach Glasgow aufschieben."
Im Streit um den § 11 entscheidet das Landesarbeitsgericht für Borussia Dortmund.

Was hat es mit dieser Problematik auf sich:

Die meisten Bundesligaprofis hatten in ihrem Arbeitsvertrag mit ihrem Verein die Bestimmungen des § 11 des Musterarbeitsvertrages des DFB vereinbart, der wie folgt lautet:

Bei einem Transfer des Spielers gelten die Bestimmungen der DFB-Satzung, der DFB-Ordnungen – insbesondere des DFB-Lizenzspielerstatus – in der jeweils gültigen Fassung.

Für einen Transfer zu einem ausländischen Verein gelten zusätzlich die jeweils gültigen Bestimmungen der UEFA bzw. der FIFA.

Vereinbarungen über Transferentschädigungszahlungen zwischen Verein und Spieler sind unzulässig. (Sie können nur vom Verein getroffen werden).

Werden diese Bestimmungen nach Abschluß dieses Vertrages dahingehend geändert, dass die bisherige Transferentschädigungsregelung (§ 29 ff. Lizenzspielerstatut) teilweise oder ganz entfällt, so verpflichtet sich der Spieler, den Vertrag unter den seitherigen Bedingungen um ein Jahr fortzusetzen, falls der Verein es wünscht. Unter den gleichen Umständen verpflichtet sich der Verein, den Vertrag mit dem Spieler um ein Jahr zu den bisherigen Bedingungen fortzusetzen, falls es der Spieler wünscht. Verein und Spieler müssen in diesem Fall bis zu dem der Vertragsbeendigung vorausgehenden 30. 4. erklärt haben, ob sie von dieser Option Gebrauch machen wollen. Unterbleibt die Erklärung, so endet der Vertrag entsprechend der in § 10 getroffenen Vereinbarung.

Nicht zuletzt aufgrund des Bosman-Urteils beschloß der DFB im April 1996 die Änderung und später die Aufhebung des obengenannten Transfersystems. Dies hatte zur Folge, dass § 11 Abs. 4 des Musterarbeitsvertrages des DFB (s. o. „Fettdruck") anwendbar wurde, so auch im Fall Stefan Klos. Dort war nämlich zwischen Herrn Klos und Borussia Dortmund vereinbart, dass das Arbeitsverhältnis mit Ablauf des 30.06.1998 endet. Als Stefan Klos immer noch kein Verlängerungsangebot von Borussia Dortmund erhalten hatte, teilte er seinem Club mit, dass er einen neuen Verein suche. Daraufhin teilte Borussia Dortmund Stefan Klos mit, dass er – der Club – das Arbeitsverhältnis gern. § 11 des Arbeitsvertrages unter den bisherigen Bedingungen um ein Jahr fortzusetzen wünsche. Stefan Klos wendete sich gegen dieses Vorgehen und nahm gerichtliche Hilfe in Anspruch mit der Begründung, dass ihn Borussia Dortmund nicht für ein weiteres Jahr „halten" könne. Die von Borussia Dortmund „gezogene" Optionsklausel des § 11 Abs. 4 des Musterarbeitsvertrages für Berufsfußballspieler sei vielmehr unwirksam, weil sie den Spieler in seinem beruflichen Fortkommen hindere und einschränke.

Nachdem Klos beim Arbeitsgericht Dortmund im Eilverfahren eine einstweilige Verfügung gegen den BVB auf Aufnahme in die Transferliste des DFB erwirkt und auch das erstinstanzliche ordentliche Verfahren für sich entschieden hatte, gingen in dem Berufungstermin (des einstweiligen Verfügungsverfahrens) vor dem Landesarbeitsgericht die Borussia und der Deutsche Fußballbund als Sieger aus dem Gerichtssaal.

Es würde an dieser Stelle zu weit führen, die juristischdogmatischen Ansätze der gegensätzlichen Auffassungen der genannten Arbeitsgerichte näher zu erläutern. Daher seien die Argumente **gegen** die Wirksamkeit von § 11 der Profispielerverträge des DFB und die Argumente für dessen Wirksamkeit „populärwissenschaftlich" wie folgt skizziert:

Argumente gegen die Wirksamkeit von § 11
- Vereine kommen durch § 11 in die „glückliche" Lage, Spieler für ein weiteres Jahr *„zwangszuverpflichten"*, die bei anderen Vereinen zu besseren Konditionen tätig sein könnten.
- § 11 ist nicht zumutbar, da Spieler einerseits in der Regel nur befristete Verträge mit kurzer Laufzeit haben (dadurch keine dauernde Arbeitsplatzsicherung), andererseits im Fall persönlicher Leistungssteigerung an einem lukrativen Arbeitsplatzwechsel gehindert werden könnten.
- Mit der Verlängerungsoption steht der Lizenzspieler immer noch in einem bestehenden Arbeitsverhältnis, so dass eine Ablösesumme von dem abwerbenden Verein (auch nach der Rechtsprechung des EuGH und des Bundesarbeitsgerichts) unbeanstandet gezahlt werden könnte, da gerade kein beendetes Arbeitsverhältnis vorliegt (siehe dazu auch oben unter 1 a. E.). Faktisch sollte damit für diese Fälle eine Übergangsfrist geschaffen werden. Damit wird aber genau das umgangen, was der Europäische Gerichtshof in seiner Bosman-Entscheidung bereits für ausgeschlossen erachtet hatte (Stichwort: Umgehung des Bosman- bzw. Kienass-Urteils).

Argumente für die Wirksamkeit des § 11
- Nach Anwendung des § 11 (Option) liegt kein *auslaufender* Vertrag vor, sondern vielmehr ein bestehendes Vertragsverhältnis, das sich eben aus einem Vertrag, der § 11 zum Inhalt hat, ergibt (Stichwort: „pacta sunt servanda" = Verträge sind einzuhalten).
- Wäre der Vertrag von vornherein um ein Jahr verlängert worden, wäre die Freizügigkeit nicht verletzt. (Stichwort: Freiwillig eingegangene Beschränkung. Einigung ist vorgezogen worden)

- Vertragsparität ist nicht gestört, sondern ausgewogen, da das Optionsrecht beiden Vertragspartnern eingeräumt worden ist.
- Vereine haben nicht die Möglichkeit, die die Option auslösenden Änderungen des Transfersystems vorzunehmen, sondern nur der DFB (Dritter).

(Wer sich näher mit dieser Problematik befassen will, der kann die genannten Entscheidungen sowie auch eine weitere Entscheidung des Landesarbeitsgerichts Köln nachlesen in *SpuRt, Zeitschrift für Sport und Recht,* 1999, S. 73 ff., vgl. auch die Beiträge von ARENS, JAQUES und NASSE in *Spurt, Zeitschrift für Sport und Recht*, 1997, S. 41 ff. und 45 ff.).

Spielervermittlung

Kaum ein Transfergeschäft im Profifußball läuft ohne die persönlichen Interessenvertreter der Spieler ab. Diese Berater, häufig auch als Manager oder im Mannschaftssport als Spielervermittler bezeichnet, vertreten rechtsgeschäftlich ihre Klienten aus dem Sport bei Verhandlungen mit den Vereinen. Bei der Frage, ob und in welcher Form die Beratung und Vermittlung von Sportlern zulässig ist, geht es im wesentlichen um die *Vereinbarkeit mit folgenden Gesetzen:*
- Sozialgesetzbuch III (SGB III)
- *Rechtsberatungsgesetz* (RBerG)
- *Gesetz über den Widerruf von Haustürgeschäften und ähnlichen Geschäften* (HausTw)

1. Vereinbarkeit mit dem dritten Buch des Sozialgesetzbuchs (SGB 111)

Am 01. 1. 1998 hat das *3. Buch des Sozialgesetzbuchs* (SGB III) das aus dem Jahre 1969 stammende Arbeitsförderungsgesetz (AFG) abgelöst. Die hier in Rede stehenden Vorschriften wurden jedoch weitgehend aus dem AFG übernommen.

Seit August 1994 ist private Arbeitsvermittlung in Deutschland gestattet. Eine Erlaubnis der Bundesanstalt für Arbeit erhält, wer die erforderliche Eignung und Zuverlässigkeit besitzt, in geordneten Vermögensverhältnissen lebt und über angemessene Geschäftsräume verfügt. Dazu hat der Antragsteller dem zuständigen Arbeitsamt ein polizeiliches Führungszeugnis sowie die Auskunft aus dem Schuldnerverzeichnis, Handels-, Vereins- oder Genossenschaftsregister vorzulegen. Die unbefristete Erlaubnis kostet eine Gebühr von zur Zeit DM 2000,00.

Arbeitsvermittlung ist nach dem Gesetz eine Tätigkeit, die darauf gerichtet ist, Arbeitsuchende mit Arbeitgebern zur Begründung von Arbeitsverhältnissen zusammenzuführen.

Die Rechtsprechung sieht bereits in einer bloßen Anbahnungshandlung zwecks Herstellung eines Kontaktes eine auf Zusammenführung gerichtete Tätigkeit im Sinne der vorgenannten Definition (Beispiele: Übergabe einer Interessentenliste; Vorschlag eines Interessenten; Herstellung eines telefonischen Kontaktes)

Man kann davon ausgehen, dass die in der Fußballprofibranche agierenden und herkömmlich als „Spielervermittler" bezeichneten Interessenvertreter in der Regel Arbeitsvermittlung betreiben, da ihre entgeltliche Tätigkeit – zumindest teilweise – darauf gerichtet ist, Lizenzfußballspieler (Arbeitnehmer) und Vereine (Arbeitgeber) zwecks Abschluß eines (neuen) Arbeitsvertrages zusammenzubringen.

Die genannten Spielervermittler bedürfen daher in der Regel einer Erlaubnis zur Arbeitsvermittlung. Sollten sie diese nicht haben, kann das im Einzelfall Bußgelder und weitere negative Folgen für die Vermittler auslösen.

2. Vereinbarkeit mit dem Rechtsberatungsgesetz (R.BerG)

Vereinbarkeit der Beratertätigkeit mit Art. 1 § 1 RBerG

Das RBerG sieht vor, dass die geschäftsmäßige Besorgung fremder Rechtsangelegenheiten, einschließlich der Rechtsberatung – ohne Unterschied zwischen haupt- und nebenberuflicher oder entgeltlicher und unentgeltlicher Tätigkeit – nur von Personen betrieben werden darf, denen von der zuständigen Behörde die hierfür erforderliche Erlaubnis erteilt worden ist. Hierzu zählt der Berater/Spielervermittler/Manager (ohne Rechtsanwaltszulassung) in der Regel nicht. Soweit er geschäftsmäßig fremde rechtliche Angelegenheiten für den Sportler erledigt, verstößt er gegen Art. 1 § 1 RBerG. Das kann insbesondere dann der Fall sein, wenn der Manager im Auftrag der Sportlerin/des Sportlers Siegprämien, Startgelder und/oder andere (Werbe-)Honorare aushandelt.

Erlaubnisfreie Rechtsbesorgung i.S. des Art. 1 § 5 Nr. 1 RBerG durch Berater mit einer Arbeitsvermittlungserlaubnis

Zweifelhaft ist, ob auch das Führen von Vertragsverhandlungen durch den Berater als geschäftsmäßige Besorgung fremder Rechtsangelegenheiten und damit unter das Verbot des Art. 1 § 1 RBerG fällt. In der Literatur wird deshalb diskutiert, ob für Inhaber einer **Arbeitsvermittlungserlaubnis der Bundesanstalt für Arbeit** der Ausnahmetatbestand des Art. 1 § 5 Nr. 1 RBerG greift. Gemäß dieser Vorschrift gilt das grundsätzliche Verbot, fremde Rechtsangelegenheiten ohne besondere Rechtsberatungserlaubnis zu besorgen, nicht für kaufmännische oder sonstige gewerbliche Unternehmen, die für ihre Kunden rechtliche Angelegenheiten erledigen, welche mit einem Geschäft ihres Gewerbebetriebes in unmittelbarem Zusammenhang stehen. Das wäre dann der Fall, wenn die erlaubte private Arbeitsvermittlung im Vordergrund stünde und die Erledigung rechtlicher Angelegenheiten (z. B. das Führen von Vertragsverhandlungen) im Verhältnis dazu ein notwendiges „Hilfsgeschäft" darstellen würde.

Hierzu gibt es folgende Meinungen:

1. Meinung

Bei der Vermittlung von Berufssportlern ist die Mitwirkung bei den Vertragsverhandlungen als notwendiges Hilfsgeschäft in unmittelbarem Zusammenhang mit der Arbeitsvermittlung zu sehen.

Zitiert wird in diesem Zusammenhang ein Urteil des Bundessozialgerichts (vgl. BSGE 37, 1; SozR Nr. 1 zu § 23 AFG) zu Künstlermanagern und Künstlervermittlern. Bei entsprechender Auslegung des Art 1 § 5 Nr. 1 RBerG stehen die Vorschriften dieses Gesetzes einer Mitwirkung der Spielervermittler bei Vertragsverhandlungen nicht entgegen (vgl. auch Summerer, in: *Praxishandbuch Sportrecht 2*).

2. Meinung

Die Vertragsverhandlungen des Beraters/Managers sind nicht als lediglich notwendiges Hilfsgeschäft im Sinne von Art. 1 § 5 Nr. 1 RBerG zu qualifizieren. Die Einschaltung des Managers erfolgt vielmehr originär zwecks Akquisition der Einnahmen von Spielern.

Nach meiner Auffassung besteht kein Zusammenhang in der Weise, dass die Arbeitsvermittlung nicht sinnvoll ohne das nachfolgende Führen von Vertragsverhandlungen durchgeführt werden könnte. Vielmehr handelt es sich um Tätigkeiten, die unabhängig voneinander durchgeführt werden können. Es ist nicht einsehbar, warum derjenige, der den Kontakt hergestellt hat, unbedingt auch die Vertragsverhandlungen führen muß. Die Arbeitsvermittlung kann auch ohne derartige Rechtsbesorgungen sinnvoll und effektiv ausgeübt werden.

Was gerichtliche Entscheidungen anbelangt, hatte auch hier der **Fußball** das erste Wort.

Gewissermaßen stellvertretend für die gesamte Manager- und Sportlerberaterbranche mußte sich nämlich der frühere Fußball-Nationaltorhüter und heutige Profi-Spielerberater Wolfgang Fahrian gegen eine zivilrechtliche Unterlassungsklage vor dem Landgericht Köln verteidigen. Der klagende Kölner Anwaltsverein vertrat in dem Verfahren die Auffassung, Fahrian habe gegen das Rechtsberatungsgesetz verstoßen, da er zahlreiche Fußballprofis (u. a. den von Juventus Turin zu Borussia Dortmund gewechselten Jürgen Kohler) bei deren Transfer zu neuen Vereinen finanziell und auch rechtlich beraten hatte. Der als Musterprozeß angesehene Rechtsstreit in Köln brachte jedoch nicht – wie zunächst erwartet – klarere Richtlinien, die der Praxis als Orientierung hätten dienen können. Das Verfahren endete nämlich nicht mit einem Urteilsspruch, sondern mit einer Unterlassungserklärung Fahrians, in der er sich verpflichtete, es künftig zu unterlassen, „Lizenzfußballspieler" gegenüber Fußballvereinen in Verhandlungen rechtsgeschäftlich zu vertreten, die auf Abschluß von Vorverträgen und Verträgen – auch Transfermodalitäten – gerichtet sind.

Ob weitere Gerichte sich der erläuterten Frage annehmen werden, bleibt abzuwarten.

3. Vereinbarkeit mit dem Gesetz über den Widerruf von Haustürgeschäften und ähnlichen Geschäften

Unter Umständen kann auch der Ort der Tätigkeit entscheidend dafür sein, ob eine Beratungs- und/oder Vermittlungstätigkeit rechtlich zulässig ist. Nach § 1 Abs. 1 Nr. 1 des Gesetzes über den Widerruf von Haustürgeschäften und ähnlichen Geschäften (HausTWG) wird ein Vertrag über eine entgeltliche Leistung erst nach Ablauf einer Widerrufsfrist von 1 Woche wirksam, sofern der Kunde durch mündliche Verhandlungen an seinem Arbeitsplatz oder im Bereich einer Privatwohnung zum Vertragsschluß bestimmt worden ist. Der Lauf dieser Wochenfrist beginnt erst, wenn die andere Vertragspartei dem Kunden eine drucktechnisch deutlich gestaltete schriftliche Belehrung über sein Recht zum Widerruf einschließlich Namen und Anschrift des Widerrufsempfängers aushändigt. Zusätzlich muß diese Widerrufsbelehrung den Hinweis enthalten, dass zur

Wahrung der Frist die rechtzeitige Absendung des Widerrufs genügt. Andere Erklärungen darf die Belehrung nicht enthalten. Sie ist vom Kunden zu unterschreiben. Unterbleibt eine Widerrufsbelehrung, so erlischt das Widerrufsrecht des Kunden erst einen Monat nach beiderseits vollständiger Erbringung der Leistung (vergleiche § 2 Haus TWG).

Auch bezüglich der vorstehenden Problematik existiert wieder ein Urteil aus dem Bereich des „Fußballs".

In einem im Jahre 1993 vom Oberlandesgericht Hamm entschiedenen Fall hatte ein Spielerberater auf dem Trainingsgelände zu einem Fußballspieler Kontakt aufgenommen und mit ihm dort mehrfach über einen Vertragsabschluß verhandelt. Schließlich wurde in der Wohnung eines Vertragskameraden ein Beratungsvertrag abgeschlossen, der als Vergütung eine „Auslagenpauschale" in Höhe von DM 10000,– pro Saison vorsah.

Das OLG Hamm wies die Klage des Spielerberaters gegen den Fußballspieler auf Zahlung der Vergütung wegen Unwirksamkeit des Beratungsvertrages nach § 1 Abs. 1 Nr. 1 Haus TWG ab. Nach Auffassung des Gerichts waren wegen der Verhandlungen auf dem Trainingsgelände und durch den rechtzeitigen Widerruf des Spielers die Widerspruchsvoraussetzungen des § 1 Abs. 1 Nr. 1 Haus TWG erfüllt. Die Frage nach der Vereinbarkeit des Beratungsvertrages mit dem Arbeitsförderungsgesetz und dem Rechtsberatungsgesetz ließ das Gericht offen (vergleiche OLG Hamm, *NJW-RR*, 1995, S. 1532 f.).

Da die vorstehend geschilderte Situation nicht selten vorkommen dürfte, empfiehlt sich im Einzelfall für den Spielervermittler/-berater die Aushändigung einer Widerrufsbelehrung gemäß obigen Grundsätzen.

Schließlich ist noch darauf hinzuweisen, dass die von der FIFA erteilten Vermittlerlizenzen nur insoweit von Nutzen sein können, als der Inhaber einer solchen Lizenz mit seiner Tätigkeit im Rahmen der beschriebenen gesetzlichen Regelungen bleibt. Im übrigen hat sie allenfalls verbandsinterne Bedeutung.

Hinsichtlich der erläuterten Probleme im Bereich der Spielervermittler möchte ich abschließend auf die nachstehende Übersicht verweisen, die dokumentieren möge, in welche gesetzlichen „Strudel" ein Spielervermittler geraten kann bzw. mit welchen rechtlichen Vorgaben er sich auseinandersetzen muß.

Spielervermittler		
Arbeitsvermittlungs-erlaubnis (SGBIII)	Rechtsberatungs-gesetz	Haustürwiderrufsgesetz
(+) wenn Anbahnungshandlung (Beispiel: Übergabe einer Interessenliste)	(+) bei Tätigkeiten, die auf den Abschluß oder Abänderung eines Vertrags gerichtet sind	(+) wenn Kunde durch mündliche Verhandlungen an seinem Arbeitsplatz oder im Bereich einer Privatwohnung zum Vertragsabschluss bestimmt → dann Widerrufsfrist von einer Woche mit deutlich gestalteter schriftlicher Belehrung über Recht zum Widerruf

Medienrecht

Abschließend noch in aller Kürze zwei sportrechtliche Themen mit großer medienrechtlichen Brisanz. Auch hier war der „Fußball" stark involviert und sozusagen Auslöser von richtungsweisenden Entscheidungen.

1. Kurzberichterstattung

Eine der rundfunkrechtlich umstrittensten Vorschriften des Rundfunk-Staatsvertrages ist die Vorschrift des § 4 über die sogenannte Kurzberichterstattung. Die außerordentlich umfangreiche Regelung wurde am 15.03.1990 in den Rundfunk-Staatsvertrag vom 01./03.04.1987 eingefügt. Auslöser war der Verkauf von Senderechten zur exklusiven Ausstrahlung von Fußballspielen der Bundesliga durch die Rechteinhaber an private Rundfunkveranstalter. Mit dem

Recht auf Kurzberichterstattung wollten die Rundfunkgesetzgeber der Länder die Informationsinteressen der Zuschauer sichern, weil nach ihrer Auffassung die privaten Rundfunkveranstalter zu einer flächendeckenden Ausstrahlung ihrer Sendungen nicht in der Lage seien. Das Recht auf unentgeltliche Kurzberichterstattung, wie es § 4 des Rundfunk-Staatsvertrages einräumt, bezieht sich allerdings nicht allein auf Sportereignisse, sondern auf alle „Veranstaltungen und Ereignisse, die öffentlich zugänglich und von allgemeinem Informationsinteresse sind" (vgl. Pfister/Steiner, *Sportrecht von A-Z*, 1995).

Durch das Urteil vom 17. 2. 1998 hat der Erste Senat des Bundesverfassungsgerichts das in § 3a WDR-Gesetz bzw. Landesrundfunkgesetz NW verankerte Recht auf nachrichtenmäßige Kurzberichterstattung im Fernsehen als verfassungsmäßig bestätigt und mit Blick auf die Berufsfreiheit des Art. 12 Abs. 1 GG lediglich moniert, dass dieses Recht auch bei berufsmäßig durchgeführten Veranstaltungen unentgeltlich ausgeübt werden kann. Der Leitsatz des genannten Urteils lautet:

Das Recht auf nachrichtenmäßige Kurzberichterstattung im Fernsehen nach § 3a WDR-G/LRG NW ist mit dem Grundgesetz vereinbar. Es verstößt dabei gegen Art. 12 Abs. 1 GG, dieses Recht bei berufsmäßig durchgeführten Veranstaltungen unentgeltlich auszugestalten. Bei der Regelung des Entgeltes muß der Gesetzgeber sicherstellen, dass die Kurzberichterstattung grundsätzlich allen Fernsehveranstaltungen zugänglich bleibt (vgl. dazu näher Tettinger in *SpuRt, Zeitschrift für Sport und Recht*, 1998, S. 109 ff.).

2. Zentrale Vermarktung von Fernsehrechten

Ausgang dieser Problematik war eine spezielle Regelung in dem vom Deutschen Fußballbund (DFB) aufgestellten Lizenzspielerstatut. Danach besitzt der DFB (und nicht die Vereine) *das Recht, über Fernseh- und Rundfunkübertragungen von Bundesligaspielen und internationalen Wettbewerbsspielen mit Lizenzligamannschaften Verträge zu schließen.*

Der DFB hat sich demnach hinsichtlich der Bundesliga- und der Europapokalspiele der Lizenzligamannschaften das alleinige Recht der Vermarktung gegenüber Rundfunk und Fernsehen zugesichert.

Die seit der Saison 1998/90 existierende Regelung im Lizensspielerstatut des DFB wurde, soweit sie die zentrale Vermarktung der Europapokalspiele regelt, im Jahre 1994 vom Bundeskartellamt für kartellrechtswidrig erklärt. Daraufhin hat das Bundeskartellamt gegenüber dem DFB eine entsprechende Untersagungsverfügung ausgesprochen.

Zur Begründung führte es an, die Regelung hinsichtlich der zentralen Vermarktung der Europapokalspiele beschränke den Wettbewerb auf dem deutschen Markt für Fernsehübertragungsrechte an Sportveranstaltungen zu Lasten der einzelnen Vereine und beeinflusse dadurch die Marktverhältnisse im Sinne des Gesetzes gegen die Wettbewerbsbeschränkungen. Die Vereine selbst seien bei Europapokalspielen, anders als zum Beispiel bei Spielen der Nationalmannschaft, als alleinige Veranstalter originäre Inhaber der Fernsehübertragungsrechte an den einzelnen Spielen und müßten demnach auch die Möglichkeit besitzen, selbst darüber zu bestimmen, zu welchen Preisen oder Konditionen deren Übertragung möglich sein sollte.

In einer von Sportverbänden und Sportrechteverwertern mit Spannung erwarteten Entscheidung hat der Bundesgerichtshof die Entscheidung des Bundeskartellamtes bestätigt (vergleiche BGH SpuRt, Zeitschrift für Sport und Recht. 1998, Seite 28 ff.). Einzelheiten sind komplex und sollen hier nicht dargestellt werden. Insbesondere ist auch noch offen, wer Veranstalter der Fußballbundesliga Heimspiele und damit Rechtsinhaber der Fernsehübertragungsrechte dieser Spiele ist (vgl. auch zu dieser Problematik LG Frankfurt, *SpuRt, Zeitschrift für Sport und Recht*, 1998, S. 195 ff.).

Die vorstehenden in der Praxis und in der Rechtsprechung behandelten Probleme sollen deutlich machen, dass insbesondere der Fußball hinsichtlich vieler richtungsweisender sportrechtlicher Entscheidungen eine Vorreiterrolle eingenommen hat.

Wolfgang Schlicht

Sieger, Helden und Idole

Vor über 150 Jahren erscheint bei Reclam in Leipzig die Übersetzung eines englischen Buches, das im Zusammenhang mit dem Helden-Thema zitiert werden muß. Der Autor ist der englische Historiker Thomas Carlyle. Der Titel seiner Schrift lautet: *„Über Helden, Heldenverehrung und das Heldentümliche in der Geschichte"*. Carlyle versucht sich in diesem Werk an einer Typologie von Helden. Unter den bei ihm genannten fünf Typen gibt es – das muß einen aber bei einem Werk um 1850 nicht verwundern – keine Kategorie, zu der heutige Sporthelden widerspruchsfrei zuzuordnen wären. Sportler sind weder *Propheten*, noch sind sie *Poeten*, noch *Priester* und auch keine *Schriftsteller*. Das gilt auch, obwohl mancher Sportstar eifrig bemüht ist, seine Begabung auch auf dem Gebiet der Literatur zu beweisen. Der Held als *König* allerdings scheint auch Helden im Sport zu repräsentieren. Immerhin besitzen wir in Deutschland einen mächtigen Fußball-Kaiser, und *Diego Armando Maradonna* wurde zu seinen Glanzzeiten sogar als Fußball-Gott verehrt. Nun ist nicht jeder König und Kaiser zugleich ein Held. Das lehrt die Geschichte. Und selbst Könige sind manchmal von zweifelhaftem Ruhm. So soll Baudelaire den französischen Dichterkönig Voltaire als „König der Schafsköpfe" bezeichnet haben.

Neben Carlyle haben verschiedene Autoren – darunter Friedrich Nietzsche oder Ernst Jünger, genauso wie eine Reihe amerikanischer Autoren (u. a. Dixon Wecter, Sidney Hook, Daniel Boorstin, Marshall Fishwick und Robert Knight Barney) – Kriterien genannt, die Helden kennzeichnen. Für Thomas Carlyle und viele nach ihm gilt, dass *„die Geschichte dessen, was der Mensch in dieser Welt vollbracht* *hat, im Grunde die Geschichte der großen Männer (ist), welche darin gearbeitet haben. Alle Dinge, die wir in der Welt fertig dastehen sehen, sind eigentlich das äußere wesentliche Ergebnis, die praktische Verwirklichung und Verkörperung von Gedanken, die in den Hirnen der uns in die Welt gesandten großen Männer lebten"* (S. 24). In diesem Zitat formuliert CARLYLE hohe Ansprüche an das Wirken von Helden und so ähnlich fordern es auch andere Autoren. Sie fordern letztlich so etwas wie eine Generalbegabung und eine Einmaligkeit – da fällt der Fußball-Wochenend-Held bei kritischer Analyse spätestens Montags wieder durch den Rost.

Es gibt sie aber, die Sport- und Fußballhelden! Die Helden von Bern etwa, die dem übermächtigen Gegner Ungarn trotzten und ihn im Kampf wie vormals David gegen Goliath 3:2 nieder rangen, um damit Weltmeister zu werden und so der schuldbeladenen deutschen Nation das Gefühl zu vermitteln, sie sei wieder wer. Die meisten der 11 Namen der Weltmeistermannschaft sind aber auch heute verblaßt. Nur noch Fußballenthusiasten und Sporthistoriker werden sie ohne längeres Nachdenken benennen können: Eckel, Kohlmeyer, Liebrich, Mai, Morlock, Posipal, Rahn, Schäfer, Tureck, Fritz und Ottmar Walter sowie Sepp Herberger, der legendäre Trainer.

Was sind Sieger, Helden, Idole?

Sieger, Helden und Idole haben gemeinsam, dass sie sich in ihrer jeweiligen Epoche – manchmal auch darüber hinaus – durch Größe qua Eigenschaften oder Leistung auszeichneten und sich dadurch Ruhm erwarben. Jakob BURCKHARDT (1949) prägte den Begriff der *historischen Größe,* der denjenigen Personen zuzubilligen sei, die durch ihre Taten bedeutende Folgeleistungen erst möglich machten. Mit anderen Worten, ihre Erfindungen, Theorien oder Werke schufen die Voraussetzungen für revolutionäre Entwicklungen. Das ist sehr idealistisch gesehen und wird durch die Empirie auch kaum gedeckt. Vielmehr denn Unersetzlichkeit und Einzigartigkeit zählen nämlich Zufall und Willkür, wer als eine historische Größe genannt und als solche die Zeit überdauernd gehandelt wird. Dass es mit der Einzigartigkeit und Unersetzlichkeit nicht weit her ist, zeigt Wolf SCHNEIDER in einem 1992 bei Gruner + Jahr erschienenen Buch mit dem Titel *Die Sieger: Wodurch Genies, Phantasten und Verbrecher berühmt geworden sind.* Er vergleicht darin u. a. europäische Größen, wie sie in Enzyklopädien genannt werden. An quantitativen Merkmalen wie der Häufigkeit oder der Spaltenlänge des Eintrags gemessen, finden sich in Deutschland auf den ersten fünf Rangplätzen Deutsche, in Frankreich dominieren die Franzosen, in Italien die Italiener und in England die Engländer... Wenn sich historische Größe aber – wie BURKHARDT meint – aus sachlich definierter Unersetzlichkeit herleitete, dann müßten Personen, die sich kulturübergreifend Ruhm erworben haben, es rechtfertigen, eine gemeinsame europäische Rangreihe zu definieren. Bei Wolf SCHNEIDER (1992) liest sich diese Liste so:

Napoleon – Shakespeare – Goethe – Platon – Dante – Michelangelo – Leonardo – Luther – Rembrandt und Homer.

An der Spitze steht hier ein international berüchtigter Aggressor. Was uns zeigt, dass historische Größe nicht durch moralische Integrität definiert oder mit ihr gepaart sein muß. Der klassische Held der griechischen Mythologie mußte solches noch erfüllen. In ihm sah man eine Person, die physisch, moralisch, intellektuell und sozial von funktionaler Exzellenz war und die sich unvergänglichen Ruhm und Ehre erworben hatte, einen Halbgott eben. Der Sieger im Ranking der europäischen Geschichte entspricht nicht einem solchen Ideal.

Auch im Fußball gibt es Ranglisten. Seit Jahren wählen die Nationaltrainer den *Weltfußballer des Jahres.* Kriterien für diese Auswahl werden keine benannt. Entscheidend – das dürfen wir unterstellen – dürfte die sportliche Leistung sein, nicht aber die moralische Integrität der Spieler. Ich bin sicher, dass auch diese Wahl zeigt, dass nicht immer hervorragende Persönlichkeiten zum Weltfußballer gekürt werden. Selbst Fußball-Experten werden zögern, den Geehrten den Heldentitel zuerkennen zu wollen.

Die Fußballzeitschrift *Kicker* hat durchaus erkannt, dass über die sportliche Leistung hinaus auch noch andere Kriterien Exzellenz ausmachen. Sie bewertet seit fünf Jahren zweimal jährlich die Spieler der Fußball-Bundesliga anhand von zehn Kriterien unter denen auch die persönliche Ausstrahlung, das professionelle Verhalten und die Imagepflege genannt werden. Die Liste der zurückliegenden Jahre:

Chapuisat – Herzog – Yeboah – Matthäus – Sammer – Balakov – Scholl – Kahn

Alle diese Fußball-Laureaten sind ohne Zweifel vom Typus der *Sieger*. Man schreibt ihnen zu, dass sie gegebenenfalls alleine in der Lage sind, Spiele zu entscheiden. Sie sind die im Sport hochgeschätzten *champions*. Man erlaubt ihnen durchaus schlitzohrig und verschlagen zu sein; denn selbst Schurken können Sieger sein. Sie erlangen mediale Präsens, zeitlich befristeten Ruhm und sind – bis auf Ausnahmen – bald wieder vergessen. Die Ausnahmen wie Beckenbauer zeichnet aus, dass sie neben der ihnen zugeschriebenen Fachkompetenz auch noch glänzende Selbstdarsteller sind oder – wie *Uwe Seeler* und *Fritz Walter* – den Eindruck erwecken, *good fellows* zu sein, wie der heilige Nikolaus und ähnlich der Mythengestalt Robin Hood für das Gute in der Welt respektive im Fußball zu kämpfen.

Sieger, wie sie in den Ranglisten erscheinen, werden nicht selten zu Idolen und damit zu „Götzen" des medialen Sports. Das Verhalten ihrer Fans zeigt in der Tat Parallelen zur *Idolatrie*, zum Götzendienst. Sportidole sind repräsentiert in säkularisierten Ikonen, in Bildern und immer wieder und vor allem in Produkten, die ihren Namen tragen und von unzähligen Fans in der stillen Annahme und Hoffnung erworben werden, damit ihrem Idol ähnlicher zu sein und vor allem der sozialen Umgebung anzuzeigen, dass sie selbst zu den Siegern gehören. Idole erfüllen also eine Funktion für ihre Anhänger. Sie kompensieren die eigenen unerfüllten Sehnsüchte und Wünsche, sie helfen beim Aufbau einer sozialen Identität. Idole sind im günstigsten Falle Vorbilder und taugen damit beispielsweise Jugendlichen als biographisches Modell.

In modernen Gesellschaften, in denen Biographien eher bastelnd entworfen werden und entstehen, denn durch Herkunft bestimmt sind, sind gerade Vorbilder als Orientierungshilfe wichtig. Aber auch Vorbilder müssen nicht untadelig sein. Der Tübinger Philosoph Dietmar MIETH sieht nach der Aufklärung, im Zeichen der Autonomie, nur noch strittige Vorbilder. Die Orientierungsfunktion sportlicher Vorbilder steckt in deren diszipliniertem Aufbieten von Energie, um gesetzte Ziele zu erreichen. Sie sind Leistungsvorbilder.

Was aber sind nun Sporthelden? In einer Synopse aus ausgewählten Vorschlägen in der einschlägigen Literatur lassen sich vier wesentliche Anforderungen anführen, die Sportler erfüllen müssen, um als Sporthelden zu gelten:

- Sie müssen von beispielhafter physischer Exzellenz sein
- Sie müssen moralisch exzellent sein (großmütig, selbstdiszipliniert und rechtschaffen)
- Sie müssen sich in den Dienst der Gemeinschaft stellen und
- Das Urteil über sie muß in bezug auf die vorgenannten Anforderungen die Zeit überdauern (BARNEY, 1985).

Der amerikanische Sporthistoriker BARNEY spricht auch – sofern alle Kriterien erfüllt sind – von einem *bona fide* Sporthelden.

Was schafft Helden im Sport?

Die meisten modernen Sportstars dürften – an diesen Kriterien gemessen – wohl mehr den glänzenden Darstellern zugeordnet werden oder den Lieblingen des Publikums, denn den Sporthelden. Betrachtet man die Stars und Sternchen des Fußball genauer, und legt die Meßlatte wie oben

an, dann zögert man, auch nur einem von ihnen den Titel eines Helden zuzubilligen. Es mangelt ihnen immer mindestens ein Kriterium, das wir bei einem *bona fide Sporthelden* erfüllt sehen wollen. Eine günstige Situation und Eigenschaften ihrer Person schaffen Voraussetzungen, die eine Heldenverehrung begünstigen. Diese Voraussetzungen noch einmal im einzelnen:
- *Das Erzielen einer Rekord-, Höchst- oder außergewöhnlichen Leistung ist eine begünstigende Bedingung, die erfüllt sein muß. Sie ist aber bei weitem noch nicht hinreichend.*

Das schnellste Spiel, der weiteste Wurf, der höchste Sprung, der präziseste Schuß oder das geniale Dribbling, zahllose Athleten erreichen Rekorde und dennoch sind sie keine Helden. Es geht nicht um die alltäglichen Rekorde und Höchstleitungen, sondern um die außergewöhnlichen Leistungen, so wie Bob Beamons 8,90m in Mexiko oder die erstmalige Besteigung des Mount Everest ohne Sauerstoffflaschen durch R. Messner und P. Habeler im Jahre 1978. Es geht also um Leistungen, die zu einer gegebenen Zeit außerhalb dessen liegen, was möglich erscheint. Möglicherweise erfüllen auch geniale Spielleistungen diese Voraussetzung, wie jene von Wayne Gretzky im Eishockey oder Michael „Air" Jordan im Basketball. Um als Helden verehrt zu werden, müssen Athleten weitere Bedingungen erfüllen:
- *Die moralische Integrität definiert eine zweite notwendige Bedingung.*

Was also für Idole und Sieger nicht bindend ist, das ist es für Helden: Die untadelige Lebensweise. Sie zeigt sich auf dem Spielfeld im Fair-Play und im Alltag in der Orientierung an einem für die jeweilige Gesellschaft anerkannten – meist traditionellen – Normenkatalog. Zu diesem gehören die Tugenden Großmut, Selbstdisziplin und Rechtschaffenheit. Eine dritte Voraussetzung die erfüllt sein muß, liegt in den Umständen, unter denen die heldenwürdige Leistung erbracht wurde. Es sind stets
- *dramatische Umstände.*

Der von allen erwartete Sieg bringt keine Heldenverehrung. David muß Goliath besiegen und der uralte Mythos sich damit wiederholen. Die Helden von Bern konnten solche erst werden, weil sie im Kampf gegen einen übermächtigen Gegner erfolgreich waren. Hat der zukünftige Held seine Leistung unter Inkaufnahme einer körperlichen Schädigung oder angesichts eines körperlichen Handicaps erbracht, dann relativiert sich unter diesen dramatischen Umständen sogar die erstgenannte Vorbedingung. Hier liefert auch eine knappe Niederlage den Stoff für eine Heldenverehrung. Allerdings scheint das nur einmalig zu gelten. Wer sich ständig Blessuren holt und knapp verliert, dem haftet bald das Etikett des Pechvogels und des Ungeschickten statt das eines Helden an. Insgesamt gilt also in bezug auf die Situation: Je dramatischer die Umstände, desto größer die Heldentat.

Weitere Bedingungen sind eher nachrangig. Sie sind weder hinreichend noch notwendig:

- *Attraktive Personen*

haben es in der medialen Inszenierung des Spitzensports leichter als Helden verehrt zu werden als unattraktive Personen. Die sozialpsychologische Literatur ist voll von Beispielen und Befunden, welche die Wichtigkeit dieser Variable im Alltag belegt.

- *Sozialorientierung*

verweist auf einen Kern des „bona fide" Helden. Der Held, der sich in den Dienst der Gemeinschaft stellt, der sich mit Leib und Leben für diese einsetzt. Abgeschwächt sind es im modernen Fußball die Sportler, die sich in den Dienst der Mannschaft stellen, sich für diese abrackern und – zumindest auf dem Spielfeld – ihre Eigeninteressen nicht in den Vordergrund rücken. *Berti Vogts* war ein solcher Typ. In seinem Buch *„Klein, aber oho"*, das vor 25 Jahren erschien, ist zu lesen: „Ich bin gern der Berti Vogts auf schmucklosem Verteidigerposten..." und weiter: „Wir haben also auf der einen Seite die Disziplin, die den Abwehrspieler auszeichnet, und auf der anderen Seite die Freiheit des Handelns, die dem Stürmer mitgegeben ist". Vogts, der Typ Spieler, der kämpft bis zum Umfallen, der sich abrackert bis zum Abpfiff, dessen Sozialorientierung außer Frage steht. Und dennoch, ein Held war er nie. Letztlich sind auch hier Zufall und Willkür des Publikums die entscheidenden Bedingungen, dass Athleten als Helden verehrt werden.

Welche Rolle spielen die Medien?

An diesem „Willkürakt" sind in nicht unerheblichem Maße die Medien, allen voran das Privatfernsehen beteiligt. Der englische Sozialwissenschaftler Lash berichtet in einem Beitrag der Wochenzeitschrift Die ZEIT (1998), dass Robert MURDOCH 1991 in England mit der Gründung von *BSkyB* ein Telekommunikationsmonopol über Satellit erwarb. Das Unternehmen verlor von Woche zu Woche mehrere Millionen Pfund Sterling. Die Amortisation und Wertschöpfung der Investition setzte erst ein, als Murdoch sein Technologiemonopol um ein Inhaltsmonopol ergänzte: Für 305 Millionen Pfund Sterling erwarb er die Exklusivrechte für Live-Übertragungen der englischen Premier-League. Fünf Jahre später (1996) hatten bereits 25% der britischen Fernsehzuschauer *BSkyB* abonniert und bezahlten für die Betrachtung von Fußball-Live-Berichterstattungen rund eine Milliarde Pfund pro Jahr. Dass eine solche Summe auch Begehrlichkeiten in der Bundesliga weckt, wird spätestens seit 1998 offenbar, wenn Manager von Vereinen in Spitzenpositionen der Bundesliga mit Nachdruck eine Verkleinerung und attraktivere Liga fordern, die sich noch besser vermarkten ließe.

Was Fernsehzuschauer bis heute jeden Samstag umsonst erhalten, dafür müssen sie möglicherweise in Zukunft teuer bezahlen. Und wie das Beispiel der britischen Insel zeigt, „melkt" das Medium nicht nur die „Kuh", in dem es die Gebühren von Jahr zu Jahr erhöht, es füttert diese auch noch mit dem von ihm erzeugten „Heu": Spitzen-Fußball ist ein industrielles Produkt. Der Gang zur Börse wird von einigen Vereinen folgerichtig ernsthaft erwogen. Fußballspieler werden zur Handelsware, zu Medienfiguren, wie Popstars angehimmelt und – wenn es in das Marketingkonzept paßt – zu einem „Helden" designed. Dabei definiert oftmals die fußballerische Leistung nur noch die Bedingung der Möglichkeit.

Es ist einige Jahre her, da wurde dem Bayern-Spieler *Mehmet Scholl* von der Zeitschrift *Bravo* der *Goldene Otto* verliehen. Tausende von pubertierenden Jugendlichen überschwemmten die Redaktion mit einer Flut von Briefen, in denen sie ihrer Sympathie für den Spieler Ausdruck verliehen. Auch andere Attribute bestimmen den Wert eines Spielers: *Alain Sutter* wurde, als er noch für Freiburg spielte, zum schönsten Spieler der Bundesliga gekürt. Diese „Verpoppung" des Starkults führt längerfristig möglicherweise dazu, den Marktwert von Fußballprofis nicht mehr alleine an ihrer Spielleistung zu messen, sondern an der Dezibelzahl hysterisch kreischender Jugendlicher, die so ihren Idolen huldigen. Von den so geehrten Stars sichern sich die Medien Exklusivrechte. Medien kreieren Biographien und erschaffen Popularität. Wenn ich die Sport-Medien also richtig deute, dann scheint es heute nicht mehr länger ausreichend, das Sportgeschehen an sich zu präsentieren, sich also am Spiel zu erfreuen, an der gelungenen Taktik oder dem athletischen Einsatz. *Magdalena Brzeska*, die erfolgreiche deutsche Sportgymnastin bekennt dazu in der Südwestpresse vom Januar 1999 *„Es reiche halt nicht aus, ›gut im Sport zu sein, man muß auch medienwirksam sein und Persönlichkeit haben‹"*.

Die Leserzahlen nehmen zu und die Einschaltquoten steigen offensichtlich erst dann, wenn Personen in den Mittelpunkt einer Erzählung rücken. So ist die Zeitschrift Bravo-Sport 1994 mit der Absicht angetreten, *„Sport in seiner schönsten Form, so livig wie möglich darzustellen"*, so der damalige Chefredakteur. Fußballer werden dementsprechend dargestellt wie Popstars oder Schauspieler. Ran auf

SAT 1 trat mit dem erklärten Anspruch an, *„das Publikum zu verjüngen, mit einer flotteren Sprache, flotterem Outfit und der Bildsprache des 20. Jahrhunderts und auch der Mensch sollte nicht zu kurz kommen",* so der Leiter der Fußball-Abteilung. Um die Sportler werden Erzählungen gesponnen, die übrigens immer von ähnlichem Stoff zu sein scheinen: Es werden persönliche Konflikte unterstellt, wie der zwischen *Scala* und *Möller, Klinsmann* und *Matthäus, Porschner* und *Schäfer* oder *Schenk* und *Niemann* im Eisschnell-Lauf. Für den Sportler selbst und seinen Marktwert scheint es nachgerade essentiell, medial präsent zu sein. Man inszeniert Sport und Sportpersonen. Und zunehmend können Sportstars der Versuchung zur Selbstdarstellung nicht widerstehen. Manche zeigen nahezu alles was sie haben: *Dennis Rodman* und *Giovane Elber* sind nur zwei Beispiele aus der jüngeren Zeit.

Das Publikum giert nach Darstellungen von Personen und nach Dramatik des events. Und was macht das Publikum bei alledem? Neuere Theorien zur Medienwirkung unterstellen, dass Zuschauer – mehr zufällig, denn aus eigenem Willen geplant – mit einer Fülle von Programmangeboten konfrontiert werden, dass sie eine Option testen und nur dann dabei bleiben, wenn das Programm sie emotional fesselt. Das Bild des Zuschauers ist also nicht, wie noch vor Jahren, das des aktiv und rational auswählenden, sondern das eines „Gelegenheitsguckers", der durch die Kanäle surft und hängen bleibt, wenn die angebotene Story attraktiv erscheint. Um das Publikum zu binden und mithin also hohe Einschaltquoten zu erreichen, sind im Sport genau jene Stories geeignet, die konflikthafte, dramatische Elemente enthalten. Nichts eignet sich dann besser zur Unterhaltung als Sport. Die amerikanischen Medienforscher BRYANT, BROWN, COMISKY & ZILLMANN (1982) (1) haben die Bedeutung der Dramaturgie am Beispiel des Tennisspiels eindrucksvoll belegt. Sie manipulierten die Kommentierung eines Matches dergestalt, dass die Zuschauer einmal den Eindruck gewannen, zwei Freunde stünden sich in einem entscheidenden

Match gegenüber. Die zweite Variante erweckte den Eindruck, dass die Rivalität auf dem Court ihre Entsprechung im Alltag hat: Zwei einander befehdende Spieler. Das Ergebnis ist eindeutig: Die Zuschauer genossen v. a. die zweite Variante, sie fanden das Match interessanter und waren stärker in das Geschehen involviert.

„*Dramatische Stories befriedigen das Sensationsbedürfnis, das in uns allen steckt und geben uns von sicherem Terrain die Möglichkeit, den Streit der Kombatanten mitzuerleben*", so sagt es die Sportjournalistin Bianca Schreiber. Die Protagonisten der Stories eignen sich offensichtlich zur Identifikation für das Publikum. Der Markt an Fan-Artikeln prosperiert. Im Jahre 1990 investierten Privathaushalte mehr als 13 Mrd. DM in sportbezogene Waren. Ein Trikot vom Star, ein Autogrammbild mit eigenhändiger Unterschrift, ein Poster und andere Ikonen zieren Körper oder Jugendbuden. Fan-Zubehör gibt es in jedem Supermarkt. Die Käufer sind überwiegend Jugendliche. Mit jedem tatsächlichen und virtuellen Besuch einer Sportveranstaltung, mit dem Erwerb eines Starposters oder gar eines wertvollen – weil vom Idol selbst benutzten Andenkens, einer Reliquie – definiert sich das Mitglied der Fangemeinde als dazugehörig und formt damit seine gewünschte soziale Identität aus. Die Delegation der eigenen Fähigkeiten und Fertigkeiten an den prominenten Stellvertreter wird durch dessen mediale Präsentation ständig erneuert und verstärkt. Die amerikanische Sport- und Sozialpsychologie spricht hier vom Effekt des *Basking-in-Reflected-Glory* oder vom *Boosting*.

Der Prozeß der Aufnahme und Verarbeitung von Athleten zu heroischen Gestalten hat sich in den vergangenen Jahrzehnten dramatisch gewandelt. *Fritz Walter* oder *Uwe Seeler* waren authentische Gestalten. Sie mußten noch außergewöhnliche Leistungen erbringen und durch ihre Taten überzeugen, bevor sie zu den Stars der Medien, zu den Idolen einer Generation avancierten. Im Sinne von Hans LENK (1983) waren sie Menschen der Tat, die ihre Leistung als eigene Gestaltung erbringen und erleben. Die modernen Idole entwickeln sich zunehmend weg von dieser Authentizität hin zum synthetischen Star. Hier ist die Kopie manchmal besser als das Original. Zunehmend sind Sportstars mehr *persona* denn Person, sie sind mehr Maske denn Schauspieler, sie spielen mehr Rolle von Sportlern oder Sportlerin, als dass sie Sportler oder Sportlerin sind. Meine These lautet: Medien brauchen nicht mehr unbedingt den Sieger, um aus Sportlerinnen oder Sportlern Idole oder Helden zu designen. Sportler haben erkannt, dass sie sich über das Erbringen der sportlichen Leistung hinaus u. a. ausziehen müssen, um anziehend zu wirken.

Die Bedeutung für das Publikum

In der sozialpsychologischen Literatur werden zwei Phänomene der Selbstdarstellung beschrieben, die als *Basking-in-Reflected-Glory* und als *Boosting* bekannt sind, und die der Schriftsteller *Isaac Asimov* mit folgendem Satz beschrieben hat: " ... *und beweisen will man, dass man selbst besser ist als der andere. Wen auch immer man anfeuert, er steht letztlich für einen selbst; und wenn er gewinnt, gewinnt man selbst*".

Das Fußballspiel ist aus diesem Blickwinkel betrachtet nicht einfach ein unterhaltsames Spiel, sondern es ist für die Massen seiner Anhänger mehr, es geht um die eigene Identität. Erinnern wir uns noch einmal an die Helden von Bern. 1954, Deutschland mit schwerer Schuld beladen, eine gedemütigte Nation, geteilt, die seit 1949 als Bundesrepublik Deutschland um internationale Reputation ringt. Und dann der Sieg von Bern.

Im Radio-Kommentar von Zimmermann: „Aus-Aus – Deutschland ist Weltmeister!" wird deutlich, was Jacob Burckhard schreibt: „*Die als Ideale fortlebenden großen Männer haben einen hohen Wert für die Welt und für ihre Nationen insbesondere. Sie geben denselben ein Pathos, ei-*

nen Gegenstand des Enthusiasmus und regen sie bis in die untersten Schichten intellektuell auf durch das vage Gefühl von Größe; sie halten einen hohen Maßstab der Dinge aufrecht, sie helfen zum Wiederauffraffen aus zeitweiliger Erniedrigung."

Wenn Menschen also Symbole einsetzen, damit die Zugehörigkeit zu einem Sieger, einem Helden, oder einem Idol signalisieren, dann gehen sie davon aus, dass auch ihr öffentliches Ansehen dadurch steigt. Robert CIALDINI, ein amerikanischer Sozialpsychologe hat dieses Bemühen um das Herstellen einer positiven Identität in mehreren Studien belegen können. Immer wenn die Teams der *University of Southern California* gewannen, trugen am darauffolgenden Tag mehr Studierende Sweatshirts mit dem Universitäts-Emblem als an Tagen, an denen die Mannschaft zuvor verlor. Andere Studien zeigen, dass der Gebrauch der Personalpronomina *Wir* und *Uns* bei Siegen der eigenen Mannschaft statistisch bedeutsam ansteigt.

JINSCHING und DIEHL von der Universität Tübingen haben gezeigt, dass es sich hier keineswegs um ein amerikanisches Phänomen handelt. Als *Jan Ullrich* 1997 auf dem Wege zum Tour-Sieg war, äußerten Studierende der Universitäten Gießen und Mannheim angesichts von Interviewern, die in gelbe T-Shirts gekleidet waren mehr Nationalstolz als angesichts neutral gekleideter Interviewer. Die Farbe Gelb steht für das *Maillot jaune* des Tour Spitzenreiters. Sie provoziert in dieser Studie die Befragten offenbar dazu, ihre soziale Identität zu demonstrieren. Was für den einzelnen Fan gilt, gilt für die ganze Gesellschaft. Politiker und Regierungen feiern die Idole als Repräsentanten ihres Landes, welche hochgeschätzte Werte und Normen in ihren Eigenschaften repräsentieren und deren Medaillenglanz auf die gesamte Nation und deren Leistungsvermögen abfärbt. Wir sonnen uns also im Lichte des Glanzes der Sieger. Wir hoffen, dass sich über den Erwerb von Fan-Artikeln eine positive Assoziation mit dem Idol herstellen läßt, und dass wir auf diese Art und Weise am positiven Image unseres Idols teilhaben.

Stellt man dann auch noch fest, dass man am gleichen oder gar selben Tag wie eine Idol geboren ist, dann steht nichts mehr im Wege, sich im Lichte dieser Person zu sonnen (*Boosting*).

Die Identifikation mit dem Idol geht im extremen Falle so weit, dass Fans bereit sind, Verbrechen zu begehen, um ihren Idolen einen Leistungsvorteil zu verschaffen. Das Attentat auf die Tennisspielerin *Monica Seles* ist diesem Kontext zuzuordnen.

Schlußbemerkung

Die Helden von Bern, die Fußball-Weltmeister 1954, sie waren Sportidole im besten Sinne des Wortes. An derartigen Figuren ist heute ein Mangel. Der Nikolaus und Robin Hood sind out. In modernen Gesellschaften sind wahre Helden ein Mythos, eine gefährdete Art, wie Garry Smith es bereits 1973 in einem Beitrag in Quest, The Sport Hero: An endangered species, formuliert hat. Sollte man nun darüber traurig sein? Erteilen wir dazu Brecht das Wort („Leben des Galilei"):

Andrea Sati : „Unglücklich ist das Land, das keine Helden hat."
Galileo: „Nein, unglücklich das Land, das Helden nötig hat."

Anmerkung

BRYANT et al. (1992). Sports and spectators: Commentary and appreciation. Journal of Communication, 32, 109–119.

Weitere, im Text nicht genannte Literatur

THIEL, E. (1991). Sport und Sportler – Image und Marktwert. Einsatzmöglichkeiten im Marketing. Landsberg/Lech.

JÜRGEN SCHRÖDER

> Fußball ist bekanntermaßen das Spiel
> des einfachen Mannes, und wird dadurch
> für alle möglichen Leute, die, so wie die
> Dinge liegen, gerade nicht der einfache
> Mann sind, zum Objekt der Begierde.
> *Nick Hornby, Ballfieber*

Die Lust der Intellektuellen am Fußball

Schon die antike Rhetorik, allen voran der große Aristoteles, läßt uns wissen, dass es bei einem Vortrag auf nichts so sehr ankommt wie auf die Glaubwürdigkeit des Redners. Meine Glaubwürdigkeit, der ich über „Die Lust der Intellektuellen am Fußball" sprechen will, steht gleich in zweifacher Hinsicht auf dem Spiel, erstens als Intellektueller und zweitens als Fußballer – wobei ich meine heikle Kompetenz, über die „Lust" zu sprechen, einfach dazwischen ansiedle. Was meine Glaubwürdigkeit als Intellektueller betrifft, so vertraue ich auf das hartnäckige Vorurteil, dass alle Professoren Intellektuelle sind. Vielleicht gelingt es mir im Laufe des Abends, dieses Vorurteil ein wenig zu erschüttern.

Zum Beispiel dadurch, dass ich Ihnen meine sehr viel unwahrscheinlichere Glaubwürdigkeit als Fußballer praktisch demonstrierte, denn über die „Lust am Fußball" und ihre Geheimnisse kann nur sprechen, wer ihn am eigenen Leib erfahren hat und über die „Lust der Intellektuellen am Fußball" nur derjenige, der beides ist, Intellektueller und Fußballer. Das ist zwar unwahrscheinlich, aber logisch.

Ich bin mir des vertrackten Dilemmas der beiden Glaubwürdigkeiten voll bewußt: die eine gräbt der anderen das Wasser ab. Je besser ich als Fußballer dastünde, desto windschiefer als Intellektueller – und umgekehrt. So ist es ein sportlich wie intellektuell gleich schwieriger Balanceakt, der mir hier auferlegt ist.

Wohlan denn, hier ist der Beitrag, hier ist der Ball...

Vor fünfundvierzig Jahren wirkte meine Lust am Ball vermutlich etwas ansehnlicher als heute. Damals war ich Torschützenkönig vom Kreis Wesermünde, und meine schönste Schlagzeile in der Wesermünder oder Otterndorfer Zeitung lautete: „Atom-Otto hält Bombenschüsse!" Diese Überschrift ist interpretationsbedürftig. Sie hören sofort heraus, dass wir uns noch im Zeitalter des Kalten Krieges befanden und auch, dass ich, trotz meiner unzulänglichen Größe, ausnahmsweise und erfolgreich unseren Torwart vertreten hatte. „Otto" deshalb, weil meine wenig geistreichen Klassenkameraden in der Heimschule mir diesen Spitznamen nach dem Vornamen meines Vaters gegeben hatten. „Atom-Otto" deshalb, weil es damals in Lübeck oder Kiel einen bekannten Handballer gab, den man wegen seiner wuchtigen Torwürfe so nannte. Also ein Fall von kleinkarierter Übertragung aus der Metropole in die Provinz. Immerhin, ich muß damals ziemlich explosiv gewesen sein!

Damit bin ich schon mitten im Thema und beim ersten Teil meines Beitrags, in dem ich Ihnen, in wenigen Spielzügen, schildern will, wie ich, Jahrgang 1935, als ein bescheidener aber doch exemplarischer Vertreter der intellektuellen Nachkriegsgeneration, zum Fußball gekommen bin. Im Vergleich mit heute sehr verspätet, denn im Kriege waren die Bälle und die Gelegenheiten rar. Erst nachdem wir 1945 aus Pommern in die Mark Brandenburg geflüchtet waren, hatte ich meinen ersten unglücklichen Ballkontakt. Im Haus meines Onkels fand sich ein alter Lederball, ich präsentierte ihn stolz der männlichen Dorfjugend, mit dem traurigen Ergebnis, dass er nach ein paar kräftigen Schüssen an die Mauer seine Nähte und seinen Geist aufgab. Die nächste Station liegt schon im Westen 1947/48, eine Stadt an der Elbmündung, in die mich meine Eltern in Pension gegeben hatten, damit ich das Gymnasium besuchen konnte. Jeden Tag nach der Schule kickten wir mit obskuren kleinen Bällen, die Tore wurden mit den Schulranzen markiert, ich kam regelmäßig verdreckt und verspätet zum Mittagessen. Selber zum unscheinbaren Mittelfeld gehörig, bewunderte ich maßlos die zwei, drei Spitzenfußballer unserer Klasse und einen Spieler namens Rieck aus der Cuxhavener Stadtmannschaft; nachmittags spielte ich mit meiner Freundin Hildegard auf Gartenwegen, wobei wir unreife Äpfel und Quitten als Bälle benutzten.

Im Herbst 1948 wechselte ich in die Niedersächsische Heimschule Bederkesa, ein Ort, der sich die „Perle Nordhannovers" nannte. Sie wurde zu meiner Fußballwiege. Wir spielten fast jede freie Stunde auf einem tiefen Sandplatz, der unmittelbar neben der Schule lag, barfuß versteht sich, also echt brasilianisch, denn wer sich mit seinen Schuhen fußballspielend erwischen ließ, wurde hart bestraft. Am Sonntag aber standen wir am Spielfeldrand, wo die 1. Mannschaft des Fleckens kickte und gossen unseren Spott so unverschämt auf sie aus, dass nicht selten ein wutentbrannter Spieler einfach eine Auszeit nahm, um uns zu verprügeln. Die Ausgangskonstellation war also denkbar ungünstig: Nervenkrieg zwischen den jungen Heimschul-Intellektuellen und den untrainierten Lokalkickern.

Sie änderte sich gründlich, als wir fünfzehn, sechzehn und siebzehn Jahre alt wurden. Unsere Sportlehrer engagierten sich im Verein, wir bildeten eine unschlagbare Juniorenmannschaft, spielten ganz cool und gewannen zweistellig gegen die umliegenden Dorf- und Bauernmannschaften und bald gab es einen Durchmarsch von der Kreisklasse in die Amateurliga; zuletzt, Mitte der fünfziger Jahre, spielten nur noch vier Einheimische in der 1. Mannschaft.

Trotzdem blieb mein Verhältnis zum Vereinsfußball gebrochen und distanziert. Auf der einen Seite genossen wir unseren jungen Ruhm als Heimschul- und Lokalmatadore, genossen es, dem intellektuellen Schul-Ghetto zu entkommen, genossen auch, als ewig Hungrige, das kalte Wiener Schnitzel, das uns nach den Heimspielen serviert wurde, und die Kuchenstücke, die uns Bäcker Meyer, ein liebenswerter Vereinsfanatiker, in die Hand drückte, wenn wir unter der Woche betont langsam an seiner Bäckerei vorbeischlenderten; auf der anderen Seite blieb diese Fußballwelt doch das Fremde und Andere, es gab kaum ein Gespräch mit den erwachsenen Spielern, die zum Teil noch im Krieg gewesen waren, unser Mittelläufer z. B. hatte einen Arm verloren; bei den derben Fußballgesängen und Scherzen im Bus blieben wir stumm, wir tranken kein Bier und spielten nicht foul, während unser rothaariger Torwart Hannes, ein rechter Schinderhannes, lauthals verkündete, dass er bei Eckbällen mehr nach den Köpfen der Stürmer, die ihn geärgert hatten, schlug als nach dem Ball.

In meinem ersten Hamburger Studienjahr – ich spielte in der Uni-Mannschaft neben dem HSV-Platz am Rothenbaum, als der junge Uwe SEELER gerade berühmt wurde – fuhr ich noch zu jedem Punktspiel zurück; mit meinem zweiten Studienjahr, als es mich in den Süden nach Freiburg zog, weil man in Tübingen 1955 noch nicht ordnungsgemäß Sport studieren konnte, riß der Kontakt zum Verein. Dafür lernte ich die Geisterstadt Tübingen, wie es sich gehört, durch den Fußball kennen. Wir spielten gegen die hiesige Uni-Mannschaft, verloren 3:1, und der Torwart schlug mir bei einer Flanke so kräftig auf das Nasenbein, dass ich seitdem den Anflug einer Adlernase besitze. Der obligate Meniskus-Vorfall – ich war inzwischen Assistent – eröffnete mir dann eine fünfzehnjährige Laufbahn als Trainer und Betreuer von Jugendmannschaften, denn der berühmt-berüchtigte Olympia-Arzt Klümper, der die Freiburger Orthopäden nicht leiden konnte, versuchte mich ganz vergeblich mit seinen Wunderspritzen zu heilen. Erst als ich 1974 nach Tübingen kam, brachte die BG mein Knie in Ordnung, und auch ein Kreuzbandriß und eine weitere Meniskus-Operation konnten mich nicht davon abhalten, bis heute mit Lust und Leidenschaft Fußball zu spielen. Soviel zu meiner intellektuellen Fußball-Biographie.

Das perverse Bedürfnis, über diese Lust zu schreiben, fühlte ich bisher nie. Vielleicht deshalb, weil mir Sport und

Fußball eine Lebensnotwendigkeit waren. Ohne sie hätte ich mein Studium und dann meinen Professoren-Beruf nicht durchgestanden. Am besten, ich illustriere es Ihnen mit einem seltsamen autobiographischen Detail aus meiner Assistentenzeit. Während ich intensiv an meiner Habilschrift schrieb, verfolgte und entlastete mich eine fixe Idee, eine innere Bildfolge mit dem Charakter einer Obsession: ich saß am Schreibtisch, schloß halb die Augen und köpfte im Sprung wuchtig einen Ball ins Tor, nicht einmal, sondern viele Male, Tag für Tag, solange ich an der Arbeit schrieb, etwa drei bis vier Jahre lang. Der Kompensationscharakter dieser Zwangshandlung liegt auf der Hand. Erstens wollten mein armer Kopf und Körper auch noch zu etwas anderem auf der Welt sein, als sich ein neues Lessing-Buch auszudenken; zweitens brauchte ich auf der frustrierend langen Durststrecke bis zum Habilitationsziel täglich kleine innere Erfolgs- und Jubelerlebnisse. Denn was ist schon ein Buch, diese zähe abstrakte Kopfgeburt, gegen das alles durchströmende Glücksgefühl eines Kopfballtors!?

Wegen dieser lebensnotwendigen Balance zwischen Kopf und Kopfball, Hörsaal und Spielfeld fühlte ich also nicht nur kein Bedürfnis, über meine Fußballust zu schreiben, sondern, ganz im Gegenteil, es amüsierte mich, als meine geistreichen und leibfernen Kollegen und namentlich die Literaturwissenschaftler vor ca. fünfzehn bis zwanzig Jahren endlich den Körper, den Sport und zuletzt auch den Fußball zu entdecken begannen. Die meisten sind freilich bei den Versuchen, die geheimnisvolle Schrift des Körpers zu entziffern, über den mysteriösen Körper der Schrift nicht hinausgelangt.

Ich hatte als Sportstudent noch die Zeit erlebt, da das Fach „Leibeserziehung" sich mühsam und nicht ohne komische Irrwege zu einer respektablen „Sportwissenschaft" zu mausern begann, ich war den mißtrauischen Blicken und dem nervösen Wimpernzucken mancher Professoren begegnet, wenn sie meine Fächerkombination hörten, ich wurde bei meiner Tübinger Antrittsvorlesung im Jahr 1974 noch als jemand begrüßt, der „Turnen" studiert hatte – so konnte ich die sport- und fußballfreundliche Wende in der Öffentlichkeit und unter den Gebildeten ihrer vormaligen Verächter zunächst nur als eine längst fällige Normalisierung empfinden. Hellhörig wurde ich erst, als es in den höheren politischen und kulturellen Kreisen gesellschaftsfähig und chic wurde, sich als Sport- und Fußballfan zu präsentieren und auch die Kulturjournalistik das Feld überschwemmte. (1) Das geschah, so wollen es die Auguren wissen, in den letzten achtziger Jahren, und dieses Phänomen samt seiner Vorgeschichte möchte ich Ihnen in dem zweiten Teil meines Vortrags beschreiben. Dabei teile ich die Intellektuellen in drei Spielklassen ein: in die Klasse der *primären* Lust, das sind jene, die schon in ihrer Jugend praktisch Feuer gefangen haben und den Brand zeitlebens nicht mehr löschen konnten – z. B. Walter Jens, Martin Heidegger und ich; in die Klasse einer *sekundären* Lust, das sind jene, die der geheimnisvollen Faszination erst später und ohne originalen Ballkontakte erlegen sind; und schließlich in die niedere Klasse der *tertiären* Lust, das sind die intellektuellen Trittbrettfahrer und Parasiten der jeweils allerneuesten Zeitendenzen.

Mit Nichtbeachtung strafe ich natürlich auch jene Intellektuellen, die sich durch unqualifizierte Sprüche für immer ins Abseits manövriert haben, z. B. Martin WALSER, von dem das boshafte Wort stammt: „Sinnloser als Fußball ist nur noch eins: Nachdenken über Fußball." (2)

Obwohl der große Durchbruch des Fußballs in der Literatur noch auf sich warten läßt, ja, obwohl man den bitteren Satz schreiben konnte: „Während der deutsche Fußball zwischen 1954 und 1990 Weltniveau hatte, läßt sich das von der Literatur der Nachkriegszeit gewiß nicht behaupten." (3), so kann man doch schon vor den achtziger Jahren eine imaginäre, mit französischen Gästen verstärkte Mannschaft aufbieten, die sich auf illustre Namen aus Kultur und Geistesleben stützt. Ich lasse sie kurz in folgender Formation auflaufen: im Tor Albert Camus und Vladimir Nabakov, in der Verteidigung J.P. Sartre, Martin Heidegger, Ödön von Horváth und Niklas Luhmann, im Mittelfeld Walter Jens, Peter Handke, Ror Wolf und F. C. Delius, als Sturmspitzen Hermann Broch, Franz Kafka und Nick Hornby. Auf der Ersatzbank schmoren u. a.: Alfred Polgar, Friedrich Torberg, Karl Valentin, Urs Widmer, Eckhardt Henscheid und Erich Loest.

Das ist ein ansehnliches Aufgebot, und jeder Spieler besitzt seine besonderen Qualitäten. TORBERG z. B. schrieb eine Elegie „Auf den Tod eines Fußballspielers", des legendären österreichischen Stürmers Mathias Sindelar, der nach der Annexion Österreichs durch Hitler freiwillig in den Tod ging. HENSCHEID verfaßte eine „Hymne auf Bum Kun Cha", die Eingang in eine germanistische Habilitationsschrift fand. (4) HEIDEGGER war in seiner Jugend linker Läufer beim FC Meßkirch, er bewunderte Beckenbauers geniale „Unverwundbarkeit" und regte sich 1964 bei dem Spiel HSV gegen Barcelona dermaßen auf, dass er einen Teetisch umtrat. (5) Walter JENS war für den TV Eimsbüttel aktiv und machte sich durch das Bekenntnis verdächtig: „wenn ich den letzten Goethe-Vers vergessen habe, werde ich den Eimsbütteler Sturm noch aufzählen können." (6) Ror WOLF wird in die Literaturgeschichte eingehen als der Schöpfer klassischer deutscher Fußballprosa („Der letze Biß" z. B.). Aber sie alle blieben doch passionierte Einzelne, so wie die Stimme des Engländers Arthur HOPCRAFT, dem wir 1971, in „The Football Man", die für unser Thema schlechthin fundamentale Bemerkung verdanken:

> Was auf dem Fußballfeld passiert, hat große Bedeutung, nicht so wie Essen und Trinken, sondern die Bedeutung, die für manche Leute Lyrik hat und für andere Alkohol. Er nimmt von der Persönlichkeit Besitz. („He engages the personality!")

Ein kollektiver Funke begann erst im Umkreis der glanzvollen „Gladbacher Ära" (etwa 1969 – 1972) überzuspringen, also von der berühmten „Fohlenelf" mit dem Trainer Hennes Weisweiler und dem Mittelfeldregisseur Günter Netzer. NETZER wurde geradezu „eine Ikone für intellektuell

veranlagte Fußballfreunde" (7) und Borussia Mönchengladbach der Inbegriff für eine „linke" Fußball-Ästhetik. Hören Sie drei intellektuelle Stimmen zu Günter Netzer, eine verzückte, eine mythenstiftende und eine nüchterne. Die verzückte stammt von seinem Biographen Helmut BÖTTIGER, der zur gleichen Zeit an einem Buch über Paul Celan schrieb:
> Die raumgreifenden Pässe eines Netzer atmeten den Geist der Utopie, plötzlich befand man sich im Offenen, und die langen Haare Günter Netzers, die im Mittelfeld wehten und beim Antritt die ganze Brisk- und Schuppen- und Faconschnittästhetik der 50er vergessen ließen, diese langen Haare wollten mehr. (8)

Ich nehme an: sie wollten zum Friseur!

BÖTTIGER – er gründete geradezu eine intellektuelle Schule „links-alternativer Fußballhermeneuten" (Jürgen ROTH) – stützt sich bereits auf einen berühmt gewordenen, mythenträchtigen Satz des Bielefelder Essayisten und Literaturwissenschaftlers Karl Heinz BOHRER (aus seiner Wembley-Prosa):
> „Der aus der Tiefe des Raumes plötzlich vorstoßende Netzer hatte ‚thrill'. ‚Thrill', das ist das Ereignis, das nicht erwartete Manöver, das ist die Verwandlung von Geometrie in Energie, die vor Glück wahnsinnig machende Explosion im Strafraum, ‚thrill', das ist die Vollstreckung schlechthin, der Anfang und das Ende." (9)

Hier liegen GOETHES Faust II und seine späten Gedichte nicht mehr fern, hier beginnt jene flirrende und funkelnde intellektuelle Fußballsprache, die in unermüdlichen Anläufen versucht, die lautlose Schrift des Körpers in den beredten Körper der Schrift zu übertragen, und den leibhaftigen Thrill auch literarisch zu zünden.

Aber auch die *nüchterne* Stimme zu NETZER kann nur bestätigen:
> Dieses Image ist haarscharf auf jene Gruppen der Gesellschaft zugeschnitten, die bisher noch nie von einem Fußball-Star emotionell berührt wurden: auf die Intellektuellen und die Frauen. Deshalb erscheinen im Lichtkreis Net-

zers Künstler, Fotografen, Fernseh-Regisseure und junge Leute, die nie ein Fußballstadion besuchen würden. (10) Nestor und Vorbild dieses inzwischen geglückten Projekts, den Fußball in unsere Alltags- und Intellektuellen-Kultur zu integrieren, ist zweifellos – ein bißchen Lokalstolz muß sein – ein Tübinger, ich brauche nicht noch einmal seinen Namen zu nennen. (11) Er hat die Bresche geschlagen, durch die die anderen nachströmen konnten. Er war mit seinen „Eimsbütteler Tagen" – wir „freuen uns, wenn man den Dirigenten Overath mit dem Dirigenten Karajan vergleicht" – schon in dem grundlegenden Weltmeisterschaftsband von 1974 vertreten (12) und lieferte ein Jahr später, mit seiner Rede zum 75-jährigen Jubiläum des DFB („Fußball: Versöhnung mitten im Streit") ein ebenso kritisches wie visionäres Manifest für alle intellektuellen Fußballfreunde. Nimmt sich Manfred HAUSMANNS poetische Festrede aus dem Jahre 1960 inzwischen eher komisch aus – über den „Einwurf" schwärmte er folgendermaßen: „Es macht Freude, zu sehen, wie sich ein Spieler, dessen Haar ihm wirr und naß über die Augen hängt, dessen Lunge heftig arbeitet, dessen Nerven bis zum äußersten beansprucht sind, in selbstverständlicher Zucht unter das Gesetz des Einwurfs stellt" -, so hat Jens ein paar bleibende Formeln geprägt – „Fußball: Wirklichkeitsverdoppelung und zugleich Entwurf von Möglichkeit? Widerschein und Vorausschau in eins – wie die Kunst?", „die Dialektik von Irrationalität und Kalkül, von Reglement und Risiko", Formeln, die auch stilistisch bis heute weitergewirkt haben, ganz zu schweigen von dem Tübinger „Geist der Utopie", dem wir schon in BÖTTIGERS langhaariger Netzer-Ikone begegnet sind. Hier der Originalton Jens: Fußball als „Vorblick auf eine Welt der Freien und Gleichen, in der die Regeln des Fußballspiels zum kategorischen Imperativ der Allgemeinheit geworden sind: Freiwillige Selbsterschwerung statt Zwang von außen." (13) Auf sein tiefsinniges Schlußwort: „Auf jeden Fall ein Spiel, das rätselhafter ist, als es sich gibt", komme ich im letzten, dem Geheimnis-Teil meines Vortrags noch zurück.

In den siebziger Jahren wurden die Fundamente gelegt, doch erst im letzten Jahrzehnt – und auch das hat etwas mit dem Zusammenbruch des realen Sozialismus und dem deutschen Wendejahr 1989/90 zu tun – ist das gepflegte intellektuelle Fußballgespräch zu einem großen marktgängigen Lust-Palaver geworden, das sich in zahlreichen gutgemachten und flott geschriebenen Büchern und geistreichen Essays und Artikeln niedergeschlagen hat. Das letzte April-Heft der weitverbreiteten Zeitschrift „Der Deutschunterricht", das dem Thema „Fußball/Medien/Kultur" gewidmet ist, versichert es uns gleich dreimal. Zum Beispiel mit der Autorität von Rainer MORITZ, der wohl das zugleich witzigste und liebevollste Fußballbuch geschrieben hat, in Form eines originellen Fußball-Lexikons mit dem schon mehrfach zitierten Titel „Immer auf Ballhöhe. Ein ABC der Befreiungsschläge". Er konstatiert im besagten DU: „Fußball überspringt die Grenzen gesellschaftlicher Milieus und ist seit Ende der achtziger Jahre auch intellektuell hoffähig geworden." (14) Denn er „füllte die Leerstelle" der verschwundenen gesellschaftlichen und politischen Utopie und „hielt folgerichtig Einzug ins Feuilleton". (15) Aus dem Lust- und Frust-Palaver dieser Bücher und Essays, zu deren Autoren neben Rainer MORITZ und Helmut BÖTTIGER u. a. Dirk SCHÜMER, Norbert SEITZ, Eckhard HENSCHEID, Dietrich SCHULZE-MARMELING, Hartmut ESSER, Martin SEEL, Johannes DRÄXLER und Harald BRAUN gehören und natürlich der klassische Fan-Roman „Fever Pitch" (16) von Nick HORNBY, habe ich, zu Ihrer Unterhaltung und Belehrung, eine kleine Blütenlese zusammengestellt. Ihre Autoren, fast ausschließlich sozial- und geisteswissenschaftlicher Provenienz, gehören offensichtlich alle in die erste und zweite Bundesliga intellektueller Fußball-Lust.

Die Rolle, die Borussia Mönchengladbach um 1970 gespielt hat, ist im letzten Jahrzehnt gereift an den Freiburger SC übergegangen. Seine Mannschaft, die Lieblingsmannschaft Joschka Fischers und der Grünen, (17) ist zur Ikone links-intellektueller Fußball-Ästhetik geworden. Rainer Moritz hat ihr in seinem Lexikon einen der längsten Einträge gewidmet. Roger Willemsen, der Talkmaster mit Niveau, von Haus aus promovierter Musil-Germanist, schwärmt: „Sie kämpfen vorbildlich, haben wenig Kapital, der Trainer trägt einen Ohrring. Das ist meine Welt." (18) Es ist die Abiturienten- und Studentenmannschaft mit „Müslischale, Fahrrad statt Mercedes und WG-Erfahrung", (19) mit dem „Strafraum-Melancholiker" Uwe Spies (er denkt beim Schiessen!), und wenn sie siegen, „dann umarmen sich klassenübergreifend Kleinbürger und Intelligenzija". (20) BÖTTIGER hat ihr in seinem Buch von 1993 einen ganzen Abschnitt unter dem Titel „Fußball als feine Ziselierung der Seele. Der SC Freiburg und seine Entgrenzungen" zu Füßen gelegt, denn „Hier, im milden mediterranen Ambiente, spielt die Gelöstheit des Südlichen ins Akademische wie ins Körperliche hinein." (21) Nur hier, Sie hören es, entsteht wahre Fußball-Poesie: „einige Spiele im Dreisamstadion werden 'bleiben', im goldenen Buch der Bundesliga. Das 5:1 gegen die Münchner Bayern in der Spielzeit '94/95 [...], als es nach zwanzig Minuten schon 3:0 stand und Oliver Kahns finsterer Blick Zuflucht in den abendlichen Wipfeln des Schwarzwaldes suchte." (22) Ja, Freiburg, du hast es besser als Tübingen, dort gab sogar der Rektor der Universität den Fußballern einen Empfang, „wegen der traditionell guten Beziehungen zwischen der Universität und dem Sportclub", (23) dort wäre unsere Vorlesungsreihe auf offene Ohren und Arme gestoßen.

Bayern München ist natürlich der Inbegriff all dessen, was der feiner organisierte Intellektuelle verabscheut: „Zartfühlend-intellektuellen Kreisen war die pragmatische Spielweise der Münchner immer unangenehm. Sie galt als Verkörperung ergebnisorientierten Gekickes (→ Angestellte), dem es an Herzblut und Leidenschaft fehlt, oder postmoderner Jeder-muß-selbst-schauen-wo-er-bleibt-Kultur." (24) Der Intellektuelle, füge ich kritisch hinzu, sucht gerade im Fußball das Andere seiner selbst, er scheut die Selbstbegegnung. Deshalb ignoriert oder verunglimpft er den Schiedsrichter, seinen eigentlichen Stellvertreter auf dem

Fußballfeld, der „einzige Gerechte in einer ungerechten Welt", (25) deshalb sieht er nur denjenigen in ihm, der inmitten der „sexuell motivierten Spieler und Zuschauer" „weder Tore schießen noch verhindern darf", und deshalb ist er für ihn „der negierte Sexualakt – [das ist] blanker Sadismus, da schlummert die Triebquelle des Unparteiischen". (26) Rainer MORITZ muß es wissen, denn er war jahrelang (1975 – 1983) Schieds- und Linienrichter der Schiedsrichtergruppe Heilbronn.

Selbstverständlich erhalten auch die Vettern vom Fernsehen ihren Bodycheck: „Heribert Faßbender, der unantastbare Schnarchsackonkel der Rest-'Sportschau', Dieter Kürten, die silbergraue Ahnungslosigkeit, oder Gerd ‚Gaudimax' Rubenbauer, der bayrische Sonderweg." (27)

Wie Sie anläßlich des harschen Schiedsrichter-Verdikts gerade hörten, kann sich die Lust der Intellektuellen am Fußball blitzschnell zur zügellosen Wollust steigern. Da sie das Andere ihrer selbst im Fußball suchen, haben sie ein ganz besonderes Sensorium für seine erotischen und sexuellen Spannungen und Substanzen. Sie können sich freilich auf unumstößliche Zeugenaussagen stützen. Jürgen Klinsmann: „Der Druck entlädt sich beim Torschuß – ein Wahnsinns-Feeling. So ähnlich wie beim Sex." (28) Max Merkel: „Das Geheimnis der Anziehungskraft dieses Spieles liegt im Schuß aufs Tor. Es ist wie bei der Liebe. Was vorher ist, kann auch sehr schön sein, aber es ist nur Händchenhalten. Der Ball muß hinein." Christoph Daum: „Ein spannendes Fußballspiel ist doch schöner als ein Orgasmus." Offensichtlich ein Anwärter für die Viagra-Pille! Klaus Thomforde, der Schlußmann bei St. Pauli, hat das Wahnsinns-Feeling sogar für den Torwart und jeden abgewehrten Schuß reklamiert. „Ihm gehe dabei ‚einer ab', gab er [konsequenterweise] zu Protokoll." (29) Und in den befremdeten Augen einer Frau, Uta-Maria HEIM, Kriminalautorin, Jg. 1963, die sich „Weibliche Gedanken zur Erotik des Schießens" gemacht hat, nimmt sich der orgiastische Torjubel der Männer folgendermaßen aus:

Dort wälzen sie sich dann kreischend und quietschend, ein Knäuel aus muskulösen Armen und Beinen. Mal liegt der eine oben, mal der andere. Der, der jeweils oben liegt, verrichtet stoßende Bewegungen gegen den unteren. Der untere versucht, möglichst schnell hochzukommen, um selber stoßen und quietschen zu können. (30)
Offensichtlich nährt der homoerotische Fußballsport auch die männliche Utopie, ohne das andere Geschlecht auszukommen, das heißt, nicht nur zeugen, sondern auch gebären zu können. So kann der Intellektuelle im Fußball das sinnliche Äquivalent seiner abstrakten Kopfgeburten genießen. Das ist jedenfalls das abgründige Fundament für einen schon klassisch gewordenen ‚Spielbericht‘ Ror Wolfs, dessen vieldeutige Sprache sich ganz aus der Metaphorik des menschlichen Liebesspieles speist, (31) darum kann der Franzose George Haldas einen erfolgreich abgeschlossenen Angriff mit einer „Brautnacht für alle" vergleichen (32) und deshalb gibt es im Fußball-Lexikon lange Einträge zu den Stichworten „Orgasmus" und „Sex". (33) Es wird Zeit, dass der Frauenfußball erstarkt.

Aber die Intellektuellen müßten keine Intellektuellen sein, wenn sie sich nicht zugleich aus den Niederungen der Lust und den „Wonnen der Gewöhnlichkeit" immer wieder aufschwingen würden in höchste spirituelle Sphären, wenn sie ihre Lust nicht destillierten und sublimierten in raunende Orakel des Geistes. Sie haben sich nicht gescheut, Sepp Herberger an die Seite Martin Heideggers zu rücken: „Herberger ist ein uns Heutigen vor allem Philosoph, wohl der einzig originäre Denker, den die deutsche Nachkriegsmetaphysik hervorgebracht hat", (34) denn mit Heidegger verbinde ihn „die Anschauung vom Dasein des Menschen, das Geworfensein in die Welt bedeutet, von Furcht und Angst geprägt", zum Beispiel von Furcht und Zittern vor dem nächsten Spiel. Und Dirk Schümer bestätigt: „Bei seinen kryptischen Schelmereien wird Herbergers Nähe zur Philosophie Martin Heideggers offenbar. Beide sind beinahe ein Jahrgang und von auffallend ähnlich knorriger Statur" usw.

(35) So schreiben sich die Intellektuellen unermüdlich in die Körperschrift des Fußballs ein, in „dieses selbstorganisierte Zeichensystem auf grünem Grund", (36) obwohl sie doch wissen:

> Sperrige Texte aus unsinnlichen Buchstaben sind zu schwach, dieses Gesamtkunstwerk zu fassen. Über Fußball kann man nicht schreiben. Fußball ist selbst Literatur. Alle, die sich mit Fußball befassen – […] –, schreiben gemeinsam an einem großen Text und versuchen immer aufs neue vergeblich, ihn zu entziffern. (37)

Einer der geistvollsten Entzifferer dieser „innerweltlichen Religion" – „Elf Jünger spielen mit, und Judas ist der Ball" (38) –, ist der Philosoph Martin Seel (Gießen). Ihm verdanken wir z. B. folgende Sprüche, die ihre Nähe zu den Fragmenten Heraklits nicht verleugnen können:

- „Der Ball ist das ewig verspringende Eine, das schlechthin abwegige Ding." (39)
- „Sobald der Ball nach den Regeln der FIFA freigegeben ist, beginnen die modernen Mysterien der Kontingenz." (40)
- „Nur diese Welt ist alles, was der Ball ist." (41)
- „Die großen Spieler nehmen den Spielverlauf wahr, bevor er empirisch wahrnehmbar ist. […] Ihr Spiel ist Antizipation des Spiels." (42)
- „Der Brite sucht im Ball sein Schicksal, weswegen er ihn härter als jeder andere aufpumpen läßt." (43)

Aber es gibt, meine Damen und Herren, auch auf diesem Felde schon das intellektuelle Blabla, und mit einem Beispiel solcher Schaumschlägerei möchte ich diesen Teil beschließen. Sie entsteht immer dann, wenn es den sprachlichen Analysen und Interpretationen an dem notwendigen Quentchen Ironie und Selbstironie fehlt. So hat sich ein hochrenommierter Romanist dazu verführen lassen, im vorigen Jahr an der Universität São Paolo an einem Kolloquium über den Stil der brasilianischen und deutschen Fußballschule teilzunehmen und es mit einigen philosophischen Reflexionen über „American football" und Fußball einzuleiten. (44) Ihren Unterschied faßt er in den tiefsinnigen Satz: „So gesehen liegt die Faszination des ‚American football' mehr auf ontologischer Ebene, während der Fußball stärker eine existentialistische Faszination produziert." (45) Und für das 'blinde' Verständnis zwischen zwei Spielern findet er eine wahrhaft umwerfende Definition: „Es ist die Komplementarität der realisierten Intentionen gegen die Kontingenz." (46) Da wollte ihm denn auch seine brasilianische Kollegin nicht nachstehen und waberte: „Mir scheint, dass der Fußball sich stärker auf das Wagnis von Gegenwärtigkeit einlässt, [...]. ‚American football' dagegen ist eher metonymisch; eingepaßt, wie in Homers Dichtungen, in denen jeder Vers eine mehr oder weniger vorfabrizierte Struktur hat." (47)

Da verläßt der Fußballer schweigend den Platz. Ich aber nehme Ihre Hand, um Sie im letzten Teil meines Beitrags vor das Tor der letzten Fußball-Geheimnisse zu führen, in die Gründe, die Urgründe und die Abgründe der unersättlichen Lust der Intellektuellen am Fußball.

Jetzt wird es ernst, jetzt wird es akademisch.

1. Was der Intellektuelle in dem „Anderen" seiner selbst beim Fußball sucht, das entbirgt sich, wenn man über das auf den beiden Seiten höchst unterschiedliche Verhältnis von Fuß-Hand-Arm und Kopf nachdenkt. Der Fußball revolutioniert und demokratisiert nicht nur die gewöhnliche Hierarchie der Körperteile – eine aristokratische Hierarchie, die sich von oben nach unten, vom dominierenden Kopf bis zu den dienenden Füßen etabliert hat -, sondern er entmachtet und tabuisiert gerade jene Körperteile, die der Intellektuelle am Schreibtisch allenfalls noch benutzt, den Arm und die Hand, und er weist dem privilegierten menschlichen Kopf, von dem der Intellektuelle in der Regel recht einseitig lebt, eine diametral andere Rolle und Funktion zu. Wer beim Fußball Arm und Hand – also das, was den Menschen als „homo faber" auszeichnet – ins Spiel bringt, wird bekanntlich bestraft, und wer seinen Kopf nicht in die gleichberechtigte Einheit des Körperensembles zurücknimmt, wird nie ein inspi-

rierter Fußballer werden. Der Fußball ist der gelungene Aufstand des Körpers gegen die Vorherrschaft von Hirn und Hand. (48) Er beweist, dass die menschlichen Füße genau so geschickt sein können wie die Hände und dass der Mensch auch Mensch ist ohne die Diktatur des Kopfes. Der Kopf beim Fußball ist zunächst einmal ein Körperteil wie jeder andere auch, der lediglich aufgrund seiner herausragenden Körperposition eine besondere Aufgabe, nämlich das Kopfballspiel, zugewiesen bekommt. Der Triumph des Kopfes auf dem grünen Rasen ist das Kopfballtor. Wenn man von einem Spieler als dem „Kopf" der Mannschaft spricht, dann ist das metaphorisch gemeint. Der echte Spieler lebt davon, dass er nicht in unten und oben gespalten ist, dass er mit dem gesamten Körper fühlt und denkt, dass seine Körperintuition den Primat des Kopfes, des Intellekts gebrochen hat. Sein Körper ist der Mikrokosmos, der Platz des Makrokosmos, beide stehen in einem genauen Analogieverhältnis. Der ideale Spieler trägt alle Platzmaße und Spiel-Konstellationen, wo immer er auch gerade steht oder läuft, in seinem hochsensiblen Körper. Deshalb ist er in der Lage, den genau getimeten, genau bemessenen Paß und die Flanke mit der optimalen Flugbahn zu schlagen. Sein gesamter Körper verarbeitet die Sinnesdaten, die er unablässig aufnimmt, schneller als jeder Computer, daher die geniale Antizipation des Spiels. Sein Kopf und seine Augen sorgen lediglich für die körpergesteuerte Übersicht. Darum gilt dem 'blinden' oder 'traumwandlerischen' Verständnis auf dem Rasen stets das höchste Lob. Fußball-Brüder und -Zwillinge haben es oft. Jetzt wird deutlich, welch profunde Entlastung und Befreiung der Fußball gerade für den Intellektuellen, der körperfern, als Schreibtischtäter, unter dem Diktat von Hirn und Hand lebt und leidet, mit sich bringen kann. Er, der mit Gottfried BENN sagen kann: Ich „armer Hirnhund, schwer mit Gott behangen. / Ich bin der Stirn so satt" *(Untergrundbahn),* findet beim Fußball mehr als bei jeder anderen Sportart

Erlösung von seiner Kopflastigkeit, Körperentfremdung und Zerrissenheit, sowohl als Spieler wie als mitgehender Zuschauer.
2. Der *Kompensationscharakter* seiner Faszination liegt also auf der Hand. Und zwar in mehrfacher Hinsicht: der Fußball befreit den Intellektuellen von seiner Isolation, Einsamkeit und Asozialität. Er vermittelt ihm das Gefühl der Zugehörigkeit zu einer großen Gemeinschaft, zum Volk und zur Volkskultur (H. BÖTTIGER beginnt sein Buch von 1993, Kein Mann..., mit dem bezeichnenden Satz: „Nirgends ist der Abgrund zwischen den Intellektuellen und dem Volk größer als in Deutschland."). Er gestattet ihm die reuelose Abfuhr seiner gestauten und verdrängten Emotionen und Affekte und schenkt ihm risikolose Lusterfahrungen, deren erotische und sexuelle Komponente noch einmal zu betonen, ich mich hüten werde. Schließlich und vor allem befreit er ihn von der Qual des unzulänglichen Sprechens und Schreibens und läßt ihn seinen grauen zweidimensionalen Schriftkörper gegen eine mitreißende bewegte Körperwelt eintauschen.
3. Aber es geht nicht nur um Kompensation. Der Weg von der Hand hinunter zum Fuß, vom Kopf als Verstandeszentrale zum Kopf als Körpermedium, anatomisch gesagt, der Weg von der Hirnrinde zum Hirnstamm, ist auch ein Weg lustvoller Regression, ein Weg aus der Zeit des Erwachsenseins in das verlorene Zeitalter der Kindheit und Jugend. Dieses irrationale Moment ist weitaus wesentlicher als das „Prinzip der freiwilligen Selbsterschwerung", von dem Walter JENS in seiner DFB-Rede gesprochen hat. (49) Auf dem Fußballfeld geht es ja zu wie im Kindergarten und in der Grundschule. Wer es betritt, wird sofort nach dem Anpfiff mit wildfremden Menschen intim, fast alle zivilisatorischen Körperdistanzen und Tabus sind aufgehoben, man duzt sich, berührt und drückt sich mit allen Körperteilen, hält sich fest, wälzt sich übereinander und auf der Erde. Und auch die Sprache regrediert, es wird geschrieen, geschimpft, gepöbelt, gejubelt, meist in

unvollständigen Sätzen, auf dem Platz wie bei den Zuschauern. „Der Fußballsportler, Idol des technischen Zeitalters, ist wieder zurückgeworfen auf die vorzivilisatorischen Gaben der Körpermotorik", heißt es bei Dirk SCHÜMER. (50) Ich würde sagen: er ist mit diesen Gaben wieder beschenkt.
4. Es gibt beunruhigende Indizien, dass sich bei dieser lustvollen Regression auch sadistische Rachegefühle des Intellektuellen ausleben können. Zwischen dem Kopf und dem Ball besteht nämlich eine unheimliche Analogie und Verwandtschaft. Zur symbolischen Vieldeutigkeit des Balls gehört es nicht zuletzt, dass er den „Kopf" repräsentiert. Das ist schon in das zweideutige Verb „köpfen" eingegangen. Beim Kopfball stoßen auch zwei Köpfe zusammen, die sich wechselseitig köpfen. Der Ball – um das tiefsinnige Erbe Herberger-Heidegger fortzuschreiben – ist auch der geköpfte Kopf. Dafür existieren ernsthafte wissenschaftliche Belege. Seit dem 14. Jahrhundert gibt es den Topos, dass Mörder mit dem Kopf ihres Opfers Fußball spielen. In der Rachetragödie John WEBSTERS, „The white Divel" (1612), will ein Medici nicht eher ruhen, „till I can play at football with thy head". (51) Das Fußballspielen wie das Zuschauen ist also auch eine unbewußte Rache des verachteten, erniedrigten Körpers am vorwitzigen Kopf. Beim Intellektuellen ist es eine sadomasochistische Rachehandlung – und deshalb doppelt lustvoll.
5. Kehren wir aus diesen psychischen Ur- und Abgründen noch einmal zu höheren und edleren Gründen der intellektuellen Fußballust zurück.
   - Das Fußballspiel ermöglicht unsereinem auch, seine Lieblingsrolle einzunehmen: nämlich die des „freischwebenden" Intellektuellen, der sich gleichzeitig darin und darüber befindet. Unser zuständiger Philosoph, Martin SEEL, bestätigt und steigert noch: „Im Anschauen einer Fußballübertragung – und nur hier – können die Menschen jenen olympischen Standpunkt einnehmen, von dem ARISTOTELES (in Unkenntnis des

rundum bewegten Bewegers) glaubte, er müsse den Außerirdischen vorbehalten bleiben." (52)
- Er genießt „freischwebend" den Vorschein einer utopischen Kommunikationsgemeinschaft, die den Menschen nicht mehr in Körper, Seele und Geist aufspaltet und von seinem Tun entfremdet, sondern die sich im Gegenteil immer wieder den Grenzen ästhetischer Perfektion nähert.
- Er ist, wenn er nicht zu der Minorität der neokonservativen Intellektuellen gehört, fasziniert von der urdemokratischen Verfassung dieser Kommunikation, die der grundlegenden Demokratisierung des Körpers, der neuen revolutionären Körperordnung entspricht. Denn trotz der verschiedenen Rollenverteilung sind im modernen dezentralisierten Fußball alle Spieler gleichberechtigt. Jeder von ihnen kann jederzeit zu einer triumphalen oder tragischen Hauptfigur werden. Auch die Körpergröße spielt, im Gegensatz zu anderen Ballspielen, keine entscheidende Rolle! Den Ball selber haben Kenner zurecht als ein „sehr demokratisches Produkt ohne Klassendünkel" definiert. (53)
- In einer Zeit, in der die dekonstruktivistischen Theorien á la DERRIDA dem eingeschüchterten Intellektuellen einhämmern wollen, dass es so etwas wie Präsenz, Anwesenheit, Gegenwart nicht gibt, dass sie nur ein Märchen der abendländischen Metaphysik gewesen seien, genießt er den Fußball als eine unverwüstbare Oase der reinen Präsenz und des unmittelbaren Glücks und Unglücks, eine Oase, in der die Signifikanten und die Signifikate, das Eigentliche und das Uneigentliche eine unzerstörbare Einheit bilden. – Nick HORNBY: „es gibt [außerhalb eines Fußballstadions] keinen anderen Ort im gesamten Land, der dir das Gefühl gibt, als ob du dich im Herzen der Dinge befindest." (54)

Ich sagte vorhin reichlich vorlaut, ich wollte Sie vor das Tor der letzten Fußball-Geheimnisse führen. Vielleicht war es doch nur ein Fußballtor – das einzige Tor auf der Welt, hinter dem nichts, rein gar nichts ist. Über diesen Unort, diese Leerstelle müssen Sie nun selber weiter nachdenken.

Denn ich, meine Damen und Herren, bin der letzte in dieser Vorlesungsreihe, also das Schlußlicht, also zum Abstieg verurteilt. Aber das Leben geht weiter. In der nächstniederen Spielklasse werde ich dann einen Vortrag halten mit dem Titel: „Über den Frust der Fußballer an den Klugscheißern".

Anmerkungen

(1) Vgl. R. BAUMGART in der „Zeit" vom 23.4.1998 über ein Buch von Luc BONDY: „Er will nicht mitspielen in den Konkurrenzen der Postmodernität oder Intertextualität, um Punktgewinn in der Bundesliga unserer Gegenwartsliteratur."
(2) Rainer MORITZ, *Immer auf Ballhöhe. Ein ABC der Befreiungsschläge*. München 1997, S. 163.
(3) Dirk SCHÜMER, *Gott ist rund. Die Kultur des Fußballs*. Berlin 1996, S. 228.
(4) Norbert GABRIEL, *Studien zur Geschichte der deutschen Hymne*, München 1992.
(5) Dirk SCHÜMER, *Gott ist rund*. S. 244.
(6) Rainer MORITZ, *Doppelpaß und Abseitsfalle*, Stuttgart 1995, S. 56.
(7) Rainer MORITZ, *Immer auf Ballhöhe*, S. 103.
(8) Frankfurter Rundschau v. 20. 6. 1992 = Helmut BÖTTIGER: Kein Mann, kein Schuß, kein Tor. Das Drama des deutschen Fußballs. München 1993, S. 14 f.
(9) Rainer MORITZ, *Doppelpaß und Abseitsfalle*, S. 69.
(10) Ulfert SCHRÖDER: Der Fußball und seine Stars. In: K.H. Huba (Hrsg.): *Fußball-Weltgeschichte*. München 1990. S. 306 f.
(11) Dass der Sport seit den siebziger Jahren zu einem unbestreibaren Kultur-Phänomen geworden ist, hat ein anderer Tübinger, Ommo GRUPE, dargelegt. In: ders.: *Sport als Kultur*. Zürich 1987.
(12) *Netzer kam aus der Tiefe des Raumes. Notwendige Beiträge zur Fußballweltmeisterschaft*, hrsg. v. Ludwig HARIG und Dieter KÜHN, München 1974.
(13) *Republikanische Reden*, München 1976, S. 185 u. 187.
(14) Der Deutschunterricht, H. 2 (1998). *Fußball-Medien-Kultur*. S. 6–17.
(15) Ebd., Jörg MAGENAU, S. 49.
(16) Nick HORNBY: *Ballfieber. Die Geschichte eines Fans*. Hamburg 1996.

(17) Dirk Schümer, *Gott ist rund.* S. 219.
(18) Rainer Moritz, *Immer auf Ballhöhe*, S. 63.
(19) Ebd., S. 63.
(20) Helmut Böttiger, *Kein Mann, kein Schuß, kein Tor*, S. 122.
(21) Ebd., S. 124.
(22) Rainer Moritz, *Immer auf Ballhöhe*, S. 64.
(23) Ebd., S. 122.
(24) Ebd., S. 27.
(25) So der Philosoph Martin Seel, Anfangsgründe der Fußballbetrachtung, *Merkur 44*, 1990, S. 520.
(26) Rainer Moritz, *Immer auf Ballhöhe*, S. 126.
(27) Ebd., S. 122.
(28) Rainer Moritz, *Doppelpaß und Abseitsfalle*, S. 161.
(29) Rainer Moritz, *Immer auf Ballhöhe*, S. 139.
(30) Rainer Moritz, *Doppelpaß und Abseitsfalle*, S. 161.
(31) Ebd., S. 163 f.
(32) Ebd., S. 162.
(33) Ebd., S. 108.
(34) Rainer Moritz, *Immer auf Ballhöhe*, S. 76 f.
(35) Ebd., S. 244 f.
(36) Ebd., S. 241.
(37) Ebd., S. 242.
(38) Ebd., S. 262.
(39) Martin Seel: *Anfangsgründe der Fußballbetrachtung*, a. a. O., S. 519.
(40) Ebd.
(41) Ebd., S. 520.
(42) Ebd., S. 521.
(43) Ebd., S. 523.
(44) DU, S. 65.
(45) Ebd., S. 70.
(46) Ebd.
(47) Ebd., S. 72.
(48) Vgl. die Fabel vom „Bauch und den Gliedern" bei Livius, Römische Geschichte, Shakespeare und Brechts „Coriolan"!
(49) A. a. O., S. 186.
(50) A. a. O., S. 256.
(51) Horst Bredekamp, *Florentiner Fußball: Die Renaissance der Spiele*. Frankfurt a. M. 1993, S. 14, (Edition Pandora Bd. 20), vgl. Rainer Moritz, *Immer auf Ballhöhe*, S. 24.
(52) A. a. O., S. 521.
(53) Johannes Dräxler/Harald Braun: *Fußball. Kleine Philosophie der Passionen*. München 1998, S. 113.
(54) A. a. O., S. 271.V.